www.ingramcontent.com/pod-product-compliance
Lightning Source LLC
LaVergne TN
LVHW021225080526
838199LV00089B/5830
9789358723588

اردو افسانہ
۱۹۷۰ء کے بعد
(تحقیق و تنقید)

ڈاکٹر اختر سلطانہ

© Taemeer Publications LLC
Urdu Afsana 1970 ke baad
by: Dr. Akhtar Sultana
Edition: July '2024
Publisher :
Taemeer Publications LLC (Michigan, USA / Hyderabad, India)

ISBN 978-93-5872-358-8

مصنفہ یا ناشر کی پیشگی اجازت کے بغیر اس کتاب کا کوئی بھی حصہ کسی بھی شکل میں بشمول ویب سائٹ پر اَپ لوڈنگ کے لیے استعمال نہ کیا جائے۔ نیز اس کتاب پر کسی بھی قسم کے تنازع کو نمٹانے کا اختیار صرف حیدرآباد (تلنگانہ) کی عدلیہ کو ہو گا۔

© تعمیر پبلی کیشنز

کتاب	:	اردو افسانہ ۱۹۷۰ء کے بعد
مصنفہ	:	ڈاکٹر اختر سلطانہ
صنف	:	تحقیق و تنقید
ناشر	:	تعمیر پبلی کیشنز (حیدرآباد، انڈیا)
سالِ اشاعت	:	جولائی ۲۰۲۴ء
صفحات	:	۱۱۶
سرورق	:	تعمیر ویب ڈیزائن
قیمت	:	-/300 روپے
ملنے کے پتے	:	ڈاکٹر اختر سلطانہ، فون: 09989834479
		ہمالیہ بک ڈپو، نامپلی، حیدرآباد
		ھدیٰ بک ڈپو، پرانی حویلی، حیدرآباد

فہرستِ ابواب

تعارف — ڈاکٹر محمد اسلم فاروقی — 5

پیش لفظ — ڈاکٹر اختر سلطانہ — 6

پہلا باب — 8

پس منظر

دوسرا باب — 15

جدیدیت کا آغاز وارتقا

تیسرا باب — 25

جدید اردو افسانے کے موضوعات

چوتھا باب — 50

جدید اردو افسانے کے تکنیک کے تجربات

پانچواں باب — 97

جدیدیت کا زوال مابعد جدیدیت کا آغاز

چھٹا باب — 109

مجموعی جائزہ

کتابیات — 112

انتساب

اُردو کے ان جدید افسانہ نگاروں کے نام
جنہوں نے اپنے افسانوں سے
فن افسانہ نگاری کو فکر و فن کی بلندی اور شہرت عطا کی۔

تعارف

ڈاکٹر اختر سلطانہ حیدرآباد کے مشہور کالج سروجنی نائیڈو ونیتا مہاودیالیہ کی استاذ اردو اور صدر شعبہ اردو ہیں۔ کالج کی طالبات کو اردو پڑھانے کے علاوہ کالج میں ہمہ جہت اردو سرگرمیوں میں مصروف ہیں۔ ساتھ ہی تحقیق و تنقید میں بھی اپنی گراں قدر خدمات پیش کرتی رہتی ہیں۔ ان کی تحقیقی کتاب ''اُردو افسانہ ۱۹۷۰ء کے بعد'' زیور طباعت سے آراستہ ہو کر شائع ہو رہی ہے۔ یہ خوش آئند بات ہے کہ حیدرآباد کے تحقیق و تنقید کے افق پر ڈاکٹر رفیعہ سلطانہ، پروفیسر مغنی تبسم، پروفیسر سیدہ جعفر، پروفیسر ثمینہ شوکت اور دیگر نے قابل قدر خدمات انجام دی ہیں۔ بعد میں مرکزی اور ریاستی جامعات کے اردو شعبہ جات سے وابستہ اسکالرز بھی تنقید و تحقیق کے میدان میں اپنے کارنامے پیش کر رہے ہیں۔ ان میں ایک ڈاکٹر اختر سلطانہ بھی ہیں۔ جن کی زیر نظر تصنیف اردو افسانے کے عصری مطالعے کو پیش کرتی ہے۔ آزادی کے بعد اردو افسانے کے موضوعات بدلتے رہے۔ تقسیم، ہجرت، غربت اور دیگر انسانی اور سماجی مسائل کو اردو افسانے میں بڑی خوبی سے پیش کیا گیا۔ تقسیم کے بعد فسادات کے موضوع پر جو افسانے لکھے گئے ان میں کسی فرقہ واریت کو ہوا نہیں دی گئی بلکہ اردو کے افسانہ نگاروں نے انسانی ہمدردی کا اظہار اپنے افسانوں میں کیا۔ فسادات کے موضوع پر کامیاب افسانے لکھنے والوں میں کرشن چندر، منٹو، راجندر سنگھ بیدی، قرۃ العین حیدر، عصمت چغتائی، عزیز احمد، احمد ندیم قاسمی، ممتاز مفتی، سہیل عظیم آبادی، خواجہ احمد عباس، خدیجہ مستور، ہاجرہ مسرور، رام لعل، صالحہ عابد حسین اور انتظار حسین شامل ہیں۔ اردو افسانے کا وہ دور زرین ہی کہا جا سکتا ہے جب کہ سنہ ۷۰ء کے آگے اردو کے بیشتر افسانہ نگاروں نے افسانے میں نئے تجربے کیے۔ جدیدیت، تجریدیت اور اشاریت بھی اردو افسانے کے تجربات کا حصہ رہے۔ علامتی اور تجریدی افسانے اس لیے بھی پسند کیے گئے کہ تہذیبی ارتقاء کے ساتھ ساتھ فرد کی تیز نگاہی نے لوگوں کو پلک جھپکتے ہی بات کی گہرائی تک پہنچ جانے کا موقع فراہم کیا۔ تجریدی افسانے نے جدید دور کے انسان کی اس طلب کو بھی ایک حد تک پورا کیا۔ بعد کے دور کے افسانہ نگاروں میں غلام الثقلین نقوی، انور سجاد، رام لعل، بلراج مینرا، رشید احمد، شمس نعمان اور دیگر شامل ہیں۔ اس تصنیف میں ڈاکٹر اختر سلطانہ نے جدید دور کی افسانہ نگاری میں افسانے کے تجربات موضوعات اسلوب اور دیگر عوامل کا کامیاب تجزیہ کیا ہے۔ یہ کتاب سنہ ۷۰ء کے بعد اردو افسانے کے مطالعے میں معاون ثابت ہوگی۔

اس کتاب کی اشاعت کے لیے میں ڈاکٹر اختر سلطانہ کو مبارکباد پیش کرتا ہوں اور اس امید کا اظہار کرتا ہوں کہ ان کی اس کاوش کو ادب کی دنیا میں پذیرائی حاصل ہوگی۔

ڈاکٹر محمد اسلم فاروقی

پیش لفظ

''اُردو افسانہ ۱۹۷۰ء کے بعد' تحقیقی وتنقیدی کتاب میری پہلی کاوش ہے۔ اردو افسانوں کا مطالعہ میرا شوق رہا ہے۔ بیسویں صدی میں اردو ادب کے فروغ میں جس صنف نے اہم کردار ادا کیا ہے وہ اردو افسانہ ہے۔ پریم چند' کرشن چندر' عصمت' منٹو 'بیدی اردو افسانے کے اہم ستون قرار پاتے ہیں۔ آزادی کے بعد اردو افسانے کے بال و پر کو سنوارنے میں اردو کے کئی افسانہ نگاروں نے اس صنف کی آبیاری کی ہے۔ آزادی کے بعد تقسیم' ہجرت' زندگی کے نئے مسائل اردو افسانے کا موضوع رہے۔ اردو افسانے کا ۱۹۷۰ء کے بعد مطالعہ میری اس تحقیقی کتاب کا موضوع ہے۔ اس کتاب میں شامل مختلف ابواب کا تعارف اس طرح ہے۔

پہلا باب۔ پس منظر سے تعلق رکھتا ہے۔ اس باب میں اردو ادب میں جدیدیت کی تحریک کا ذکر کیا گیا ہے جس کی ابتدا چھٹی صدی عیسوی میں شروع ہوئی۔ جدیدیت میں اردو افسانہ پر فطرت نگاری' خارجی حقیقت نگاری کی جگہ داخلی احساس کی پیش کش کو اہمیت دی گئی۔ اس باب میں واضح کیا گیا ہے کہ کس طرح جدیدیت کو ہم ایک عالم گیر اور آفاقی رویہ یا رجحان قرار دیتے ہیں۔ جدیدیت کے انسانیت پر عالمی اثرات کا احاطہ کرتے ہوئے اس کے سیاسی' سماجی' معاشرتی' تہذیبی وثقافتی پہلوؤں کا نفسیاتی' خارجی وداخلی سطح پر اظہار کیا گیا ہے۔

دوسرا باب۔ دوسرے باب میں جدیدیت کے آغاز وارتقا پر بحث کی گئی۔ جدیدیت کی تعریف کے بارے میں مختلف نقادوں نے مختلف تعریفیں پیش کرتے ہوئے اس مسئلے کو سلجھانے کے بجائے مزید پیچیدہ بنا دیا۔ کسی نے کہا جدیدیت کا ایک تاریخی تصور ہے۔ ایک فلسفیانہ تصور ہے اور ایک لسانی اور ادبی تصور ہے تو کسی نے یہ کہا کہ جدیدیت اپنے عہد کی زندگی کا سامنا کرنے اور اسے تمام خطرات اور امکانات کے ساتھ برتنے کا نام ہے اور جدیدیت ہر دور اور ہر عہد میں موجود رہی ہے اور ہاں یہ ضرور ہے کہ اس عہد یا اسی دور میں اس عمل کا نام جدیدیت نہیں کچھ اور تھا۔ جدیدت کے ارتقاء کی تفصیلات کو اس باب میں شامل کیا گیا ہے

تیسرا باب۔ افسانے کے موضوعات پر ماخوذ ہے۔ اس باب میں واضح کیا گیا کہ کس طرح موضوع کا کہانی کے دیگر افراد سے گہرا تعلق ہوتا ہے۔ افسانہ کا اپنا کوئی مخصوص موضوع نہیں ہوتا دنیا اور انسانی زندگی سے متعلق کوئی بھی واقعہ' جذبہ' احساس' تجربہ' موضوع بن سکتا ہے۔ موضوع سے متعلق افسانوں میں اجنبیت اور تنہائی کا جو احساس پایا گیا ہے اس کو اجاگر کیا گیا۔ اس کے علاوہ جدید افسانوں میں عالمی سیاسی صورت حال اور اس کے تاثرات پر قلمبند کئے گئے افسانوں کے حوالے موجود ہیں۔ باب کے آخر میں جدید افسانہ نگاروں نے قدروں کے زوال اور شکست وریخت کے احساس کو منفرد اور متنوع انداز میں جو باتیں بیان کی ہیں وہ درج ہیں۔

چوتھا باب۔ یہ باب جدید اردو افسانے کی تکنیک کے تجربات پر منحصر ہے۔ اس باب میں جدید افسانہ نگاروں نے فن اور تکنیک میں جو نئے تجربات پیش کئے ہیں اس کو بیان کیا گیا ہے یعنی جدید افسانہ نگاروں کے ہاں علامت نگاری یعنی (Symbolism)' تجریدیت (Abstractness) داستانی فضا' اعترافی رجحان مختلف افسانہ نگاروں کے افسانوں کے ذریعہ پیش کیا گیا ہے۔

پانچواں باب۔ جدیدیت کا زوال اور مابعد جدیدیت کے آغاز سے متعلق ہے اس میں یہ واضح کیا گیا ہے کہ جدیدیت اور مابعد جدیدیت میں فرق صرف یہ ہے کہ مابعد جدیدیت فن کے میکانیکی تصور کی نفی کرتا ہے۔ فن ہرگز یہ نہیں کہتا کہ زندگی سے منہ موڑا جائے زندگی سے منہ موڑ کر تو فن بھی فن نہیں رہتا۔ مابعد جدیدیت ایک کھلا ذہنی رویہ ہے تخلیقی آزدی کا' اپنے ثقافتی اور تشخص پر اصرار کرنے کا اسی طرح مابعد جدید افسانے نے زندگی اور افراد کو پوری Totality میں پیش کیا۔ فرد اور سماج کو لازم وملزوم گردانا انہیں جز ولاینفک قرار دیا گیا ہے۔

میں اس تحقیقی کتاب کی اشاعت کے موقع پر اپنے اساتذہ پروفیسر بیگ احساس' پروفیسر میمونہ بیگم' پروفیسر فاطمہ پروین' پروفیسر مجید بیدار ڈاکٹر محمد تاتار خاں' ڈاکٹر معید جاوید صاحب کا شکریہ ادا کرنا چاہوں گی جن کی رہبری اور مفید مشوروں سے میں یہ تحقیقی کتاب پیش کرسکی ہوں۔ میں اپنی ساتھیوں افسری بیگم' انیس سلطانہ' نسیم سلطانہ' عذرا اور لئیق اپنی بہن پروفیسر اطہر سلطانہ سابق صدر شعبہ اردو تلنگانہ یونیورسٹی بہنوائی محمد مجیب الدین اختر سے بھی اس کتاب کی اشاعت کے لیے نیک تمناؤں کے اظہار پر شکریہ ادا کرتی ہوں۔

میں خاص طور پر میرے والد صاحب' والدہ صاحبہ اور بھائیوں کا اپنے دل کی گہرائیوں سے شکریہ ادا کرتی ہوں کہ ان سب کی دعائیں میرے شامل حال رہیں' میرے شوہر اور بچوں کا تعاون بھی مجھے اس کتاب کو پیش کرنے میں معاون رہا۔ میں بانی ''اردو کمپیوٹر سنٹر'' بھائی جلال الدین اکبر کا تہ دل سے شکریہ ادا کرتی ہوں جنہوں نے برق رفتاری سے اس کتاب کی کمپوزنگ کے مراحل انجام دیئے۔ امید ہے کہ اردو ادب کے قارئین اس کتاب کو پسند کی نظر سے دیکھیں گے اور اپنی رائے کا اظہار کریں گے۔

ڈاکٹر اختر سلطانہ
اسوسی ایٹ پروفیسر وصدر شعبہ اردو'
سروجنی نائیڈ و ونیتا مہاودیالیہ حیدرآباد

☆ پہلا باب

پس منظر

اردو ادب میں جدیدیت کی تحریک اس صدی کی چھٹی دہائی میں شروع ہوئی۔ اس تحریک کا اردو افسانہ پر گہرا اثر پڑا۔ فطرت نگاری اور خارجی حقیقت نگاری کی جگہ داخلی احساس کی پیش کش کو اہمیت دی جانے لگی۔ تجدیدی اور علامتی افسانے لکھے گئے اور عصری حسیت کے اظہار پر زور دیا گیا۔

آج جو ہے وہ جدید ہے جو گزر گیا وہ قدیم تھا۔ اس کے علاوہ عصری حسیت کو بھی جدید کہا جاتا ہے۔ جدیدیت کسی تحریک کا نام نہیں ہے۔ جدیدیت کو ہم ایک عالم گیر اور آفاقی رویہ یا رجحان کہہ سکتے ہیں۔ جس میں سارے عالم انسانیت کا احاطہ کرتے ہوئے اس کے سیاسی، سماجی، معاشرتی، تہذیبی، ثقافتی پہلوؤں کا انفرادی، نفسیاتی، خارجی و داخلی سطح پر اظہار کیا جاتا ہے ان ہی پہلوؤں کو لے کر ادب تخلیق پاتا ہے۔ گویا یہ کُل انسانیت کی تفسیر کرتا ہے۔

مغرب میں جدیدیت کے عہد کا آغاز اواخر انیسویں صدی میں ہوا۔ بعض مفکرین نے جدیدیت کے آغاز کو قطعی طور پر متعین کرنے کی کوشش کی ہے۔

جیسے (Konnoly) کنلی ۱۸۸۰ء کو ادب میں جدید حسیت کا نقطۂ آغاز قرار دیتا ہے۔ گراہم ہف Graham Haugh کے خیال میں ۱۹۱۰ء اور ۱۹۱۴ء کے درمیانی وقفے میں جدیدیت کی ابتداء ہوئی۔ رچرڈ ایلمن Richard Ellmann نے ۱۹۰۰ء کو جدیدیت کا نقطۂ آغاز قرار دیا ہے۔

۱۹۱۴ء کی پہلی جنگ سے پیش تر ہی سائنس، ٹکنالوجی اور سماجی زندگی میں تبدیلیاں ظاہر ہونے لگی تھیں۔ اسی لیے یورپ میں مشہور ہے کہ ''نئی دنیا یعنی جدیدیت کا آغاز ۱۴۵۳ء سے ہوتا ہے۔ اکثر مغربی نقاد متفقہ طور پر اواخر انیسوی صدی کو جدیدیت کا آغاز قرار دیتے ہیں۔

پہلی اور دوسری جنگ عظیم نے انسانیت کے دامن کو چاک کر دیا تھا۔ سائنسی بحران کا شکار آدمی اپنے وجود کی بے معنویت کا شکار ہو رہا تھا۔ ایسے وقت بیسویں صدی میں موجودیت پسندی Existentialism کے فلسفے نے جنم لیا۔ فرانس جو نازی جرمنی کی بربریت سے ایک قید خانہ بنا ہوا تھا۔ مزاحمت کی اس تحریک کا جواز ثابت ہوا۔ مذہبی میدان میں اس فلسفے کا امام کیر کیگارڈ Kier-Kegaard (۱۸۳۳ء۔۱۸۵۵) تھا۔ فرانس کے فلسفی ژاں پال سارتر نے اس فلسفے کو مقبول بنایا۔ اس فلسفے کو فروغ دینے والوں میں جرمنی کے کارل یاسپرس (۱۸۸۳) اور مارٹن ہائیڈیگر ۱۸۸۹ء فرانس گیبرل مارشل (۱۸۸۹) قابل ذکر ہیں۔

موجودیت کا موضوع انسان کا وجود ہے فلسفہ موجودیت کے نزدیک انسان محض عقل نہیں اور نہ وہ کسی ایسے جوہر سے عبارت ہے جو بنیادی طور پر ہر انسان میں مشترک ہو بلکہ ان پر لوگوں کے خیال میں انسان دوقسم کے وجود رکھتا ہے۔

ا۔ایک وہ وجود Being جو پتھروں کو بھی حاصل ہے یعنی محض مادی اور جسمانی وجود۔

۲۔دوسرے وجود کا تعلق حسن کے ادراک سے ہے حسن کا عرفان انسان کو اس کے حسی یا ذہنی شعور کی مدد سے ہوتا ہے اس وجود کو یہ لوگ Existence کہتے ہیں۔ جو عقلی اور غیر عقلی عوامل سے تشکیل پاتا ہے۔جذبات' خواہشات' جبلتیں' اورادارہ سب کے سب غیر عقلی عناصر ہیں۔ان کے خیال میں انسان کے وجود کی ماہیت کوئی پہلے سے متعین چیز نہیں ہے یہ سوال تو صرف اس وقت فرد کے سامنے آتا ہے جب اسے کوئی داخلی یا خارجی فیصلہ کرنا پڑتا ہے اور یہ وہ فیصلہ کرکے وہ اپنے جوہر کی ماہیت کا تعین کرتا ہے۔انسان پر اپنے مکمل وجود کا انکشاف بحران Crisis کی حالت میں ہوتا ہے۔آزادی انسان کا فطری جوہر ہے جو وہ کہیں باہر سے حاصل نہیں کرتا انسان کی اصل عدم ہے۔اگر ہم وجود کو پہلے سے متعین کردیں تو وہ پابند ہوجائے گا۔اس کی آزادی ختم ہوجائے گی۔سارتر کے الفاظ میں ''انسان ہر لمحہ اپنی تخلیق آزادانہ کرتا ہے'' موجودیت کے فلسفے نے بیسویں صدی کے جدید عہد کو بہت ہی گہرائی سے متاثر کیا۔

ادب اور فن میں جدیدیت کا آغاز انہیں علمی' سائنسی تہذیبی' اور تاریخی عوامل کے زیر اثر ہوا۔مغرب کی اس جدیدیت کا اہم وصف یہ ہے کہ اس نے کلچر کے عالم گیر بحران کو محسوس کیا جو پہلی جنگ عظیم کے بعد تہذیبی اقدار کی تباہی اور عقلیت کی شکست کا نتیجہ تھا۔اس جدیدیت میں صنعتی تیز رفتاری اور ٹکنالوجی کی ترقی کی پیدا کردہ انسانی صورت حال اور لایعنیت کے وجودی تجربے کا اظہار نمایاں ہے۔

مغرب میں جدیدیت کا دور ۱۹۳۰ میں ختم ہوجاتا ہے ۱۹۳۰ کے بعد کے دور میں سیاست زندگی میں زیادہ دخیل ہوگئی۔ادب اور فنون لطیفہ بھی اس سے متاثر ہوئے۔

فاشزم اور سامراجیت کے مظالم اور ناانصافیوں نے دنیا کو شدید مصائب میں مبتلا کردیا۔ان حالات میں یہ ممکن نہیں تھا کہ کوئی فنکار زندگی کی طرف خالص جمالیاتی رویہ اختیار کرے چنانچہ بہت سے ادیب اور شاعر عالمی حالات اور انسانی صورت حال پر اپنے خیالات کا کھل کر اظہار کرنے لگے۔

حقیقت نگاری کا بھی احیاء ہوا۔لیکن جدیدیت کی رو اپنی جگہ قائم رہی۔ جدیدیت کے اس دوسرے دور کو ''نوجدیدیت'' Neo-Modernism کا نام دیا جاتا ہے۔

David Craig ڈیوڈ کریگ نے اپنے مضمون Loneliness and Anarchy Aspect of Modernism میں وضاحت کی ہے کہ ادب کی تخلیق کا عمل اب تین خطوط پر آگے بڑھے گا۔

ا۔حقیقت نگاری

۲۔محنت کش طبقے کے کلچراور لوک ادب کی روایت۔

۳۔جدیدیت۔

یہ ایک حقیقت ہے کہ ۱۹۳۰ سے قبل کی جدیدیت نے فن اور ادب پر ایسے دیرپا اثرات ڈالے ہیں کہ آج تک بھی ان کو مٹایا نہیں جا سکا۔ جدیدیت نے ہمارے ادب کو زرخیز بنایا۔ اس نے وجود کی پیچیدگی کے ادراک میں شدت اور گہرائی پیدا کی۔

اس تحریک نے ادب کو ایک خاص نظریئے کا تابع بنا دیا تھا۔ جس کی وجہ سے ادب میں یکسانیت اور سطحیت پیدا ہوگئی۔ ادب پروپگنڈہ کی صورت اختیار کرنے لگا۔ فرد کی انفرادیت کو یکسر نظرانداز کر دیا گیا۔

اسی زمانے میں اردو ادب میں ایک اور تحریک ابھری جسے ''ارباب ذوق'' کی تحریک کا نام دیا گیا۔

۱۹۳۶ء میں لاہور میں پروفیسر عبدالمجید' حفیظ ہوشیارپوری' شیر محمد اختر' تابش صدیقی' سید اقبال احمد جعفری' محمد فاضل اور نصیر احمد نے ''بزم داستاں گویاں'' کے نام سے ایک ادبی انجمن کی بنیاد رکھی۔ جس کے سکریٹری نصیر احمد اور نائب سکرٹری تابش صدیقی مقرر ہوئے۔ اس بزم کے پیش نظر افسانے اور ڈرامے لکھنے کی تحریک کو فروغ دینا تھا۔ اس کے اجلاس ہفتے میں ایک دفعہ منعقد ہوتے جس میں افسانے اور ڈرامے پڑھے جاتے اور ان پر تنقید کی جاتی۔ بہت سے ترقی پسند ادیب جن میں کرشن چندر' راجندر سنگھ بیدی' اوپندر ناتھ اشک' شامل تھے۔ حلقے کے جلسوں میں شریک ہوتے اور اپنی تخلیقات پیش کرتے تھے۔

۱۹۶۰ء کے لگ بھگ جدید ذہن کے ادیبوں نے ترقی پسند مصنفین کی جماعت بندی اور نظریاتی وابستگی کے خلاف آواز بلند کی۔ انہوں نے کہا کہ ادیب کی وابستگی کسی سیاسی جماعت یا نظریہ سے نہیں بلکہ اپنی ذات سے ہونی چاہئے۔ ادیب جو کچھ محسوس کرتا ہے اسے اپنی تخلیقات میں پیش کرے۔ جدید لکھنے والوں نے فرد کو انبوہ سے نکال کر اس کی ذات کے مسائل کا جائزہ لیا ساتھ ہی ساتھ اپنے عہد کی حسیت کی ترجمانی کی۔

عصری حسیت اپنے عہد کی کلی انسانی صورت حال سے آگاہی کا نام ہے اس کے لیے ضروری ہے کہ ادیب اور فنکار اپنے اردگرد کے سماجی اور معاشرتی مسائل کے سیاسی' معاشی محرکات سے گہری واقفیت رکھیں اور جدید ٹکنالوجی سے پیدا ہونے والے مسائل کا بھی انہیں شعور ہونا چاہیے۔

جدید حسیت سے یہ مراد نہیں ہے کہ ان مسائل کو موضوع بنایا جائے یا ان کے بارے میں اظہار خیال کیا جائے بلکہ ہونا یہ چاہئے کہ یہ حسیت فنکار کے شعور میں اس طرح رچ بس جائے کہ اس کا طرز احساس اور زاویۂ نگاہ بدل جائے زندگی کی ایک نئی بصیرت اسے حاصل ہو اور وہ اس کی تخلیقات میں نمایاں ہو۔

جدیدیت کا اہم تقاضا یہ ہے کہ ادب اور فن میں عصری حسیت کا اظہار ہوا۔ آج کا انسان بیگانگی' عدم شخصیت اور تنہائی کے احساس کا شکار ہے۔ بیگانگی ہمارا مقدر ہے۔ موجودہ فلسفیوں اور مارکس کے علاوہ بعض جدید ماہرین سماجیات

نے اس موضوع پر جن خیالات کا اظہار کیا ہے ان سے جدید انسان کی بیگانگی اور اسباب کو سمجھنے میں مدد ملتی ہے۔

Simmel کے مطابق اکثر تہذیبوں کے ارتقا میں حیات اور ہیت Form میں ایک داخلی تصادم ہوتا ہے۔ کسی تہذیب میں زندگی کا تخلیقی لمحہ قانون، ٹکنالوجی، سائنس اور مذہب میں اظہار کی راہ تلاش کرتا ہے۔ ان اظہارات کا مقصد اس زندگی کا تحفظ ہے جو انہیں پیدا کرتی ہے لیکن ہوتا یہ ہے کہ وہ اظہارات آزادانہ طور پر خود اپنے راستے پر چل نکلتے ہیں۔ ابتدا میں وہ اس زندگی سے ہم آہنگ ہوتے ہیں۔ جس نے انہیں تخلیق کیا لیکن جب وہ نشو ونما پاتے ہیں تو زندگی سے منقطع ہونے لگتے ہیں اور اس کے حریف بن جاتے ہیں۔ ان میں تسلسل اور بے زمانیت حاصل کرنے کا رجحان پیدا ہوتا ہے اور وہ ہئیت بن جاتے ہیں زندگی اور ہئیت کا یہ تقابل اور تضاد ہمارے عہد میں شدید ہو گیا ہے۔ اس صورت حال نے ہمارے فلسفیانہ تصور کو بہت زیادہ متاثر کیا ہے۔

Simmel لکھتا ہے کہ تاریخ کا ہر دور ایک مخصوص نظریہ تخلیق کرتا ہے جو مختلف بھیس بدل کر اس عہد پر حکومت کرتا ہے۔

کلاسیکی یونان میں وجود کے تصور کو مرکزیت حاصل تھی۔ اسی طرح قرونِ وسطیٰ میں خدا کا تصور اور ساتویں صدی میں فطری قانون حاوی رہتا۔

اٹھارویں صدی میں فرد مرکزی موضوع رہا۔

انیسویں صدی میں حیات کا تصور دوسرے تمام تصورات پر حاوی رہا۔

چنانچہ ہم دیکھتے ہیں کہ مصوری کے میدان میں اظہاریت Expressionism کو فروغ ہوا۔ مصوروں نے خارجی مواد سے گریز کرتے ہوئے مصوری کو اپنی ذات کے اظہار کا ذریعہ بنایا۔

فلسفے میں ''عملیت'' Pragmatism بھی اسی طرح کی بغاوت تھی۔ اس فلسفے سے مذہب بھی متاثر ہوا۔ روایتی رسوم اور عبادات کے طریقوں سے مذہب کو علاحدہ کرنے کا رجحان پیدا ہو گیا۔ جدید دور میں ہئیت Form اور زندگی کا یہ تصادم انسانی رشتوں سے بڑھ کر شخصی اور مذہبی پہلوؤں تک پہنچ گیا ہے یہاں تک کہ جدید دور میں جنسی زندگی بھی اس سے شدید متاثر ہوئی ہے۔ جدید دور میں طوائفیت بھی محبت کے رشتے کی نفی کرتے ہوئے فرد کی جنسی زندگی کو ہئیتوں میں تبدیل کر رہی ہے۔ اور وہ مکمل طور پر غیر شخصی تعلق کی اجازت دیتی ہے۔

Simmel نے جو مثالیں دی ہیں ان سے عصری انسان کے اس خوف کا اظہار ہوتا ہے اس کی انفرادیت تباہ ہو جائے گی اور یہ کہ وہ ایسے حالات میں زندگی بسر کر رہا ہے جو اسے مجبور کر رہے ہیں کہ وہ اپنے آپ سے اجنبی بن جائے۔ جدید دور میں موجود فلسفے کے مقبول ہونے کا سبب یہی ہے۔

انیسویں صدی میں بعض مفکروں نے اس نقطۂ نظر کے خلاف آواز بلند کی۔ کیر کے گارڈ Kierkegard نے لکھا تھا کہ علم عالم سے ایک رشتہ رکھتا ہے۔ جو لازمی طور پر ایک زندہ فرد ہوتا ہے اور اسی سبب سے تمام علم لازمی طور پر زیست رکھتا

ہے۔

اورٹیگا واگی سٹOrtega-y-Gasset لکھتا ہے،ہم یہ نہیں کہہ سکتے کہ انسان ''ہے'' صرف یہ کہہ سکتے ہیں کہ یہ ''بادہ'' بننے کے راستے میں انسانی زیست درحقیقت ایک امکان ہے انسانی زیست کو اپنی سمت جانے کے لیے خود سے باہر حرکت کرنا ہوتا ہے۔مشہور موجودیت پسند ادیب اور مفکر کامیوMyth of Sisyphus میں انسان کی اجنبیت کو زندگی کی لایعنیت Absurdity کا اہم سبب قرار دیتا ہے کامیو کے خیال میں انسانی علم حقیقت کو پانے میں ناکام رہا ہے وہ کہتا ہے کہ یہ دل جو مجھ میں ہے اسے محسوس کرسکتا ہوں اور میں فیصلہ کرتا ہوں کہ وہ وجود رکھتا ہے۔اسی طرح اس دنیا کو جسے میں چھوسکتا ہوں اس کے وجود کا یقین کرتا ہوں اور یہاں میرا سارا عالم ختم ہوجاتا ہے۔اس کے آگے محض خیالی تعمیر رہ جاتی ہے کیونکہ اگر میں اس چیز کو جس کے بارے میں میرا احساس ہے کہ وہ وجود رکھتی ہے پکڑنے کی کوشش کرتا ہوں اوراس کو متعین کرنا چاہتا ہوں تو وہ پانی کی طرح میری انگلیوں میں سے پھسل جاتا ہے یہ دل جو میرا اپنا ہے میرے لیے ناقابل تقسیم رہے گا میں اپنے وجود کے بارے میں جو یقین رکھتا ہوں اور اس یقین کو میں جو مواد دینے کی کوشش کرتا ہوں اس کے درمیان ایک خلیج ہے جو کبھی پاٹی نہیں جاسکتی اور میں ہمیشہ اپنے آپ سے اجنبی رہوں گا۔یہ دنیا اپنی ذات میں غیر معقول ہے میں نہیں جانتا کہ دنیا کوئی ماورائی معنی رکھتی ہے۔میں جانتا ہوں کہ میں وہ معنی نہیں جانتا اوراس وقت میرے لیے ناممکن ہے کہ اسے جانوں میری اپنی حالت کے باہر کوئی معنی میرے لیے کوئی مفہوم نہیں رکھتے۔میں صرف انسانی اصطلاحوں میں سمجھ سکتا ہوں۔میں کس چیز کو چھوررہا ہوں کون سی چیز مجھے روک سکتی ہے بس میں یہی کچھ سمجھ سکتا ہوں۔موجودہ دور کی زندگی میں ''اجنبیت'' حالیہ دور کی تاریخ کے چند حادثوں کا نتیجہ نہیں بلکہ یہ ہمارے عہد کی بنیادی رجحانات میں سے ایک ہے۔

جدید دور میں ٹکنالوجی ترقی انسان کی اجنبیت کا ایک اہم سبب قرار دیا جاتا ہے۔قرون وسطٰی کے بعد ٹکنالوجی کی بتدریج ترقی انسانی صورت حال پر مسلسل اثرانداز ہوتی رہی۔وہ فرد جو خود کو اپنے مادی اور روحانی وجود کے ساتھ ایک آفاقی نظام کا حصہ تصور کرتا تھا مذہبی یقین اور مافوق الفطرت عناصر کے زیرسایہ بننے والی دنیا کے باہر نکل آیا۔وہ خطرات کی قوتوں کو زیر کر کے انہیں اپنے مقاصد کے حصول کا ذریعہ بنا سکتا ہے۔اس دور میں ٹکنالوجی کی ترقی کا مفہوم انسان کی ترقی تھا۔مذہبی فکر میں بھی اہم تبدیلی واقع ہوئی۔

آج مشین پر ہمارا اعتقا متزلزل ہوگیا ہے۔مشین کے خلاف شدید بغاوت انہوں نے کی جن کی گزربسر کا انحصار محنت پر تھا۔مشین کے دور کو روزگار کے متاثر ہونے کا خوف تھا۔مزدوروں نے نئی مشینوں کو اپنا دشمن قرار دیا۔آج ٹکنالوجی کی ترقی کے تصور کی مخالفت معاشی گوشوں کی طرف سے اتنی نہیں ہوتی جتنا کہ ان گرہوں کی طرف سے ہوتی ہے جو روحانی اور تہذیبی قدروں سے تعلق خاطر رکھتے ہیں۔وہ کہتے ہیں ہم ایک ایسی ترقی کا شکار ہوگئے ہیں جس سے ٹکنالوجی کو تو فائدہ ہوا۔لیکن انسان گھاٹے میں رہ گیا۔

رومانو گارڈنیRomano Gardini نے جذبے اوراحساس کے کند ہوجانے کی موثر تصویر پیش کی ہے۔ماضی

میں جب ایک شخص دوسرے شخص کو قتل کرتا تھا تو اس میں اس کے عمل کی ایک مکمل شخصی شناخت ہوتی تھی۔لیکن آج جب ہوائی جہاز میں بیٹھ کر بلندی سے انسانوں کو سائنٹفک طور پر قتل کیا جاتا ہے تو صورت مختلف ہو جاتی ہے۔

ایک بٹن دبا دیا جاتا ہے تو ہزاروں لاکھوں لوگ نیست و نابود ہو جاتے ہیں۔

جدید ٹکنالوجی کی نشوونما میں ایک پوشیدہ المناک تضاد ہے اب مشین نے جس کو افراد کے مقاصد کی تکمیل کے لیے بنایا گیا تھا خود اتنی قدرت حاصل کر لی ہے کہ اسے انسانی ادارے کی پروا نہیں۔انسان کی خود اختیاری میں اضافہ کرنے کے بجائے مشین اس پر غالب آ گئی ہے اور ہم اس کے مقابلے میں خود کو مجبور پاتے ہیں۔

مشینی عہد کی خصوصیات کو مختصراً یوں بیان کیا جا سکتا ہے کہ انسان اپنے کام کے ذریعہ اپنی ذات کا اظہار اب نہیں کر سکتا۔مشینوں کی دنیا انسانی ہدایت سے آزاد ہو کر اپنے داخلی قوانین پر کاربند رہتی ہے نتیجہ یہ ہے کہ اس ٹکنالوجی کے دور میں انسان اپنے کام، اپنی ذات سماج اور فطرت کی حقیقت سے اجنبی ہو گیا ہے۔

Stefenzweg اسٹینوں زویگ اپنی یادداشتوں The World of Yesterday میں لکھتا ہے ''میں اب یہ محسوس نہیں کر پاتا کہ میرا اپنی ذات سے کوئی رشتہ ہے میری اصلی اور بنیادی عناصر سے فطری مطابقت ہمیشہ کے لیے ختم ہو گئی۔شدید طور پر میں یہ محسوس کرتا ہوں کہ اس صدی میں کس قدر انسانی وقار مجروح ہوا ہے۔

زویگ کی اس بات پر یہ کہا جا سکتا ہے کہ اب حالات بدل چکے ہیں۔جنگ کے بعد انسان اپنی ذات سے پھر قریب آ گیا ہے اور وہ اپنی زندگی کو اپنی مرضی کے مطابق بسر کر سکتا ہے اگرچہ سیاسی جماعتوں کا دخل بڑھ گیا ہے اور جدید زندگی کے مسائل اس کو اجازت نہیں دیتے کہ ہر معاملے میں اپنے رائے منوا سکے اس کے باوجود اپنی آواز دوسروں تک پہنچا تو سکتا ہے یہ مان بھی لیا جائے کہ سیاسی انتخابات کسی جبر و دباؤ کے بغیر دیانت دارانہ طور پر منعقد ہوتے ہیں۔تب بھی اکثر شہری یہ محسوس کرتے ہیں کہ منتخبہ حکومتی جماعتوں اور ان کے درمیان ایک خلیج ہے۔سیاسی نمائندوں اور عوام کے طرز فکر میں اختلاف ہمیشہ باقی رہتا ہے۔اس بات سے سیاسی رہنما بھی واقف ہیں اور عوام سے رشتہ قائم کرنے کے لیے مصنوعی طور پر مسائل پیدا کرتے ہیں اور یہ جتانے کی کوشش کرتے ہیں کہ ان عوام کی فلاح سے دلچسپی ہے لیکن حقیقت میں ان کو اپنے سیاسی موقف کو مستحکم بنانے دلچسپی ہوتی ہے ان کی نیت اگر نیک بھی ہو تب بھی وہ آسانی کے ساتھ ایسی صورت حال کا شکار ہو جاتے ہیں اور ایسی راہ عمل اختیار کرنے پر مجبور ہو جاتے ہیں جس سے اصل مقصد کی نفی ہوتی ہے۔

انسان کی اجنبیت کا ذمہ دار وہ سیاسی ڈھانچہ بھی ہے جس کے تحت سیاسی ادارے کام کرتے ہیں مارکس کے بموجب اجنبیت کا دوسرا سبب یہ ہے مزدور کے لیے اس کی محنت کی پیداوار ایک ایسا بیگانہ معروض ہوتی ہے جو خود مزدور پر حاکم بن بیٹھتی ہے۔انسان اپنی پیدا کردہ یا بنائی چیزوں سے بیگانہ اس لیے ہو جاتا ہے کہ خود وہ کل جس نے تخلیق کیا تھا اجنبیت کا شکار تھا۔اجنبیت کی یہ وہ صورت ہے جس میں مزدور کے لیے اس کی محنت نہ صرف ایک معروض، ایک خارجی وجود بن جاتی ہے بلکہ وہ اس کے باہر اپنا آزادانہ وجود رکھتی ہے اور اس سے منحرف ہو کر بااختیار بن جاتی ہے۔

مزدور کی پیدا کردہ چیزیں اس سے ان معنوں میں بھی اجنبی ہوتی ہیں کہ وہ انہیں زندہ رہنے کے لیے یا مزید پیداواری عمل میں معروف رہنے کے لیے استعمال نہیں کرسکتا۔اس کی پیدا کردہ چیزیں دوسروں کی ملکیت ہوجاتی ہیں۔ نہ صرف یہ کہ وہ انہیں استعمال نہیں کرسکتا بلکہ انہیں اپنی چیز ہونے کی حیثیت سے پہچان بھی نہیں سکتا۔ وہ یہ بھی نہیں جانتا کہ ان کا مستقبل کیا ہوگا۔ انسان خود کو ان ساری چیزوں سے محروم کر دیتا ہے جنہیں اس نے نئی شکل دی تھی۔ مارکس نے اسے ایک تجر یدی مشغولیت Abstract Activity کا نام دیا ہے۔

مارکس کہتا ہے کہ اجنبیت زدہ انسانی محنت انواع کو Species کو انسان سے اجنبی بناتی ہے اجنبیت زدہ محنت انسان سے اس کی پیدا کردہ اشیاء ہی کو نہیں چھینتی بلکہ اس کی نوعی زندگی کو بھی چھین لیتی ہے اس کی فطرت اس سے چھین لی جاتی ہے اس کے آزادانہ عمل کو مادی زندگی گذارنے کے ذریعے میں بدل دیتی ہے۔ مارکس کے نزدیک پیداواری زندگی نوعی زندگی ہوتی ہے۔

سوال یہ ہیکہ کیا اجنبیت پر قابو پایا جاسکتا ہے؟ آج کے انسان کی اجنبیت کا ایک اہم سبب ٹکنالوجی کی ترقی بتایا جاتا ہے جس کی وجہ سے حقیقت سے انسان کا براہ راست رشتہ گم ہوگیا۔

Romano Guardini نے جو مثال دی تھی اس میں ایک شخص دوسرے کو کسی ہتھیار سے مارتا ہے تو اسے اپنے عمل کا فوری تجربہ ہوتا ہے لیکن جب کوئی شخص ہوائی جہاز میں بیٹھ کر نہایت بلندی سے ایک بٹن دبا دیتا ہے اور جس کے نتیجے میں زمین پر بسنے والے سینکڑوں ہزاروں لوگ مرجاتے ہیں اور وہ اپنے عمل کے تجربے سے فوری طور پر نہیں گزرتا اس کا ایک دوسرا پہلو یہ ہے کہ اس بدلی ہوئی صورت میں قاتل یہ نہیں جانتا کہ اس نے کس کو ختم کیا۔

☆ باب دوم

جدیدیت کا آغاز وارتقا

آل احمد سرور نے ۳۱ ر مارچ سے ۲ ر اپریل ۱۹۶۷ء تک ''جدیدیت اور ادب'' کے موضوع پر شعبہ اردو علی گڑھ کی جانب سے ایک سیمنار منعقد کیا جس میں پیش کردہ مقالات کا انتخاب ''جدیدیت اور ادب'' کے نام سے اگست ۱۹۶۹ء میں شائع ہوا۔ اس کتاب میں جدیدیت کی تعریف وتوصیف مختلف انداز واسالیب میں کی گئی ہے۔

یوسف جمال خواجہ جدید فلسفیانہ افکار کی روشنی میں جدیدیت کے مفہوم کی اس طرح وضاحت کرتے ہیں جامد اور مطلق اقدار کی بجائے تازہ اقدار کی تلاش اور اپنے عہد کی روح کی دریافت کو جدیدیت کی بنیاد قرار دیا۔ وحید اختر نے سائنسی رویے کو جدیدیت کے لیے لازمی سمجھا اور ساتر کے وجودی فلکر کو عہد حاضر کی سب سے موثر قوت تسلیم کرتے ہوئے جدیدیت کو ترقی پسندی کی توسیع سے تعبیر کیا۔

شمس الرحمٰن فاروقی نے وحید اختر سے اختلاف کرتے ہوئے کہا میں سمجھتا ہوں جدیدیت تمام فلسفوں اور نظریوں کی حدود کو توڑنے کا نام ہے ناوابستگی ہی اس کی وہ خصوصیت ہے جو اسے پچھلے تمام ادبوں سے ممتاز کرتی ہے فاروقی نے مغربی ادب کے پس منظر میں اس خیال کا اظہار کیا مغرب کی جدیدیت دراصل رومانیت ہی کی توسیع ہے۔ فاروقی کے نظریئے سے اختلاف کرتے ہوئے وحید اختر نے کہا۔

جدیدیت رومانیت کی اگلی منزل نہیں ہے بلکہ ترقی پسندی کی اگلی منزل ہے آل احمد سرور کے نزدیک جدیدیت آدمی کی تلاش کا نام ہے انہوں نے مزید یہ کہا کہ جدید دور میں آئیڈیالوجی کے خلاف ردعمل ہے۔ آج کا ادیب اس غلامی کو قبول کرنا نہیں چاہتا وہ انسانی زندگی کو آزادنہ دیکھنے اور برتنے کا حق مانگتا ہے اسی کا نام ''جدیدیت'' ہے ڈاکٹر دیوراج نے فرمایا جدیدیت اس تنقیدی بصیرت سے پیدا ہوتی ہے جو زمانے کی تبدیلی کے بعد ماضی سے اچھے عناصر منتخب کر کے جذب کر لیتی ہے اور بے کار عناصر کو خارج کر دیتی ہے۔ ڈاکٹر عبدالعلیم کے مطابق جدیدیت کوئی ایک رجحان ہے اس لیے اس کی تعریف او راس کے زمانی تعین میں دشواریاں پیش آتی ہیں.......... بلراج کومل کا خیال ہے ایک جدیدیت وہ ہے جو محض فیشن کے طور پر پیدا ہوئی ہے اور اس کا دائرہ محض فارم کے انوکھے تجربوں تک محدود ہے۔

دوسری جدیدیت طرز احساس اور زندگی کے بدلتے ہوئے مسائل کے ادراک سے وجود میں آتی ہے۔

جدیدیت کی مندرجہ بالا متضاد اور مخالف تعریفوں نے مسئلے کو سلجھانے کے بجائے مزید پیچیدہ بنادیا ہے۔

یہی صورت حال اب تک برقرار ہے جدیدیت آج بھی ایک معما ہے۔

جدیدیت لفظ جدید سے مشتق ایک ادبی اصطلاح ہے جس کا اطلاق ۱۹۵۷ء کے بعد کے ادب پر

ہوتا ہے۔

ترقی پسند تحریک کی ابتدائے زوال اور جدیدیت کے نقطۂ آغاز کا درمیانی عہد عبوری دور کی حیثیت رکھتا ہے ۱۹۴۷ء سے ۱۹۵۷ء تک کا ادب (وابستہ ادب سے بڑی حد تک الگ ہوکر) تقسیم ہند اور اس قلزم خوں کی شناوری کا مرثیہ ہے۔

جس سے جلاوطنی، بے زمینی، بے جڑی اور بے تعلقی کے احساس کو تاریخی واقعیت کی عقبی زمین فراہم کر دی۔ عبوری عہد کی ایسی تخلیقات کے لیے ''نیا ادب'' کی اصطلاح استعمال کی جائے گی۔ گرچہ ترقی پسندوں نے مارکسی ادب کو بھی ''نیا ادب'' سے موسوم کیا ہے نیا ادب فرد کے ذاتی تجربے کا آئینہ دار ہے۔ اس کو کوئی باضابطہ فلسفیانہ بنیاد تو حاصل نہیں لیکن اس عہد کے مختلف افکار ونظریات کے اثرات اس پر ملتے ہیں۔

ترقی پسند ادب اور نیا ادب تقریباً ایک ہی معاشرتی وعصری پس منظر رکھتا ہے۔ نیا ادب ترقی پسند ادب کے برعکس موضوعیت کا نمائندہ ہے یہی نیا ادب جدیدیت کا جمالیاتی پس منظر ہے۔ اردو میں ۱۹۵۷ء کو باضابطہ طور پر جدیدیت کے نقطہ آغاز کی حیثیت حاصل ہے۔ اس زمانی پس منظر میں جدیدیت کی اصطلاح عصری تخلیقی شعور، جمالیاتی داخلیت، اور موضوعی تنقیدی بصیرت وبصارت کے لیے مستعمل ہے یعنی عصری حسیت کی موضوعی معروضی تنقید کا نام جدیدیت ہے جدیدیت کے جمالیاتی نظام کی تشکیل میں درج ذیل اقدار وافکار اساسی کردار ادا کرتے ہیں۔

> ''۱۔ انتشار وبحران ۲۔ کسمپرسی و بے کسی ۳۔ مایوسی وناامیدی ۴۔ تنہائی وتاریکی ۵۔ خوف ودہشت ۶۔ خلاونفی ۷۔ نیستی وعدمیت ۸۔ بے معنویت ومہملیت ۹۔ بے زمینی وجلا وطنی ۱۰۔ بیگانگی واجنبیت ۱۱۔ لاشخصیت ولافردیت ۱۲۔ میکانیت وبوریت ۱۳۔ شیئت وچیزیت ۱۴۔ تکرار ویکسانیت ۱۵ بے زاری وبے کیفی ۱۶۔ بے سمتی وکلبیت ۱۷۔ بے رشتگی و بے تعلقی ۱۸۔ محدودیت وزوالیت ۱۹۔ تقدیریت و جبریت ۲۰۔ تشکیک وتذبذب ۲۱۔ گریز وفرار ۲۲۔ یاسیت وقنوطیت ۲۳۔ غصہ واحتجاج ۲۴۔ انکار وبغاوت ۲۵۔ جرم ومعصیت ۲۶۔ بے ترسیلی و بے زبانی ۲۷۔ متلی اور ابکائی ۲۸۔ اکیلا پن اور ایکاکی پن ۲۹۔ ماضی پسندی و رومانیت ۳۰۔ موضوعیت وانفرادیت وغیرہ۔ (۱)

غیر محفوظیت وغیر مامونیت، بے قیمتی وبے بغاعتی، خود فراموشی وبے خبری، شکست وریخت، کش مکش وکشاکش، بے حاصلی وبے ثباتی تردد وتفکر، درد وکرب، سفاکی وبے رحمی، التہاب واضطراب، وحشت ودیوانگی، اور عامیانہ پن اور اوسطیت وغیرہ کے رجحانات انہیں اقدار وافکار سے مصنوعی طور پر منسلک ہیں اور محض لغوی امتیاز رکھتے ہیں ۱۹۶۰ء کے بعد آہستہ آہستہ جدیدیت جو ایک مثبت ردعمل کی صورت میں ظہور پذیر ہوئی تھی اپنا رخ متعین کرنے سے پہلے فیشن اور فارمولا بنتی چلی گئی۔

رمزیت پر ضرورت سے زیادہ زور اور نئی تکنیک کے تجربوں کو ہی سب کچھ سمجھ لینا مناسب نہیں۔ جدیدیت دراصل موجودہ دور کے طرزِ احساس واظہار کی سچی حقیقت پسندانہ تعبیر ہے نہ کہ کسی مخصوص فارم مخصوص قسم کے خیالات کے یکساں اور Stereo Typed بیان کا نام۔

ہم جدیدیت کو پچھلی تحریکوں کی توسیع یا اگلا قدم کہہ سکتے ہیں۔

جدید نثر اور تنقید کو اتنا ہی واضح، قطعی اور منطقی ہونا چاہئے (یہ بھی جدیدیت ہی کا تقاضا ہے)......

اردو ادب میں جدیدیت اصطلاح کا استعمال صحیح معنوں میں اس صدی کے چھٹے دہے کے نصف آخر سے شروع ہوا ہے لیکن اس اصطلاح کے مفاہیم اور معانی متعین نہ تھے اس صورت حال کو ختم کرنے اور جدیدیت کے اصل معنی و مفہوم کو متعین کرنے کے لیے متعدد سمینار بھی کئے گئے۔ مگر جو فکر و نظر کا

(۱) لطف الرحمٰن جدیدیت کی جمالیات ۱۹۹۳ء۔ ص ۱۳۹۔

اختلاف ناقدین کے درمیان تھا وہ اپنی جگہ باقی رہا۔ اور جدیدیت کی کوئی ایسی تعریف متعین نہ کی جا سکی جس پر سب نہیں تو کم از کم بیشتر ناقدین کا اتفاق ہوتا۔ فکر و نظر کا یہ اختلاف درج ذیل اقتباسات سے بخوبی ظاہر ہو سکے گا۔

شمس الرحمٰن فاروقی نے جدیدیت کی تعریف ان الفاظ میں کی:

''جدیدیت نہ صرف انحراف بلکہ تنسیخ کا نام ہے۔ قدیم کی یہ تنسیخ جب ہوئی تو ہم عصر ذہن کو حیرت نہیں ہوئی کیوں کہ ہر عہد میں ادیب' مقدور بھر' نہیں باتیں کہتے آئے تھے۔ لیکن ادب کے آئندہ مورخ کی نظر میں یہ تنسیخ ایک حیرت انگیز اور عظیم الشان حادثہ قرار پائی۔ کیوں کہ اس سے پہلے انحراف و تنسیخ قدم بہ قدم نہ تھے۔ یاد رکھنے کے قابل صرف یہ ہے کہ انحرف اور تنسیخ تاریخ ادب میں کوئی عدیم المثال حادثہ نہیں ہے۔ عدیم المثال حادثہ یہ ہے کہ اس تنسیخ کا کھل کر اظہار ہوا اور جدیدیت وجود میں آئی'' (۲)

آل احمد سرور صاحب نے جدیدیت کی تعریف کچھ اس طرح کی ہے

''جدیدیت کا ایک تاریخی تصور ہے' ایک فلسفیانہ تصور ہے' اور ایک لسانی اور ادبی تصور ہے' تاریخی نقطہ نگاہ سے دیکھئے تو جدیدیت کی رو مغرب میں نشاۃ ثانیہ کے بعد شروع ہوئی ہندوستان میں اس کے نقوش اٹھارویں صدی کے آخر نصف صدی سے ملنے لگتے ہیں۔ ''جدیدیت'' ہم عصریت کے مترادف نہیں ہے میرے نزدیک جدیدیت کے بنیادی مظاہر' عقلی نقطۂ نظر اور بقول اقبالؔ واقعات کی حس' سائنس کا فروغ' اور صنعت کاری کا آغاز' فرد کی اہمیت کا احساس' مشین سے کام لینا' تسخیر فطرت انسان کی عظمت کا احساس

اور انسانی دوستی کے فلسفے کا اثر اور نفوذ' مذہب اور مذہبی اداروں کے اثرات کا کم ہونا......غرض جدیدیت ایک ہزار شیوہ ہے۔ اور اس کی کوئی سیدھی سادی تعریف ممکن نہیں ہے کیوں کہ اس میں کئی میلانات کام کر رہے ہیں کچھ لوگ جدیدیت کو صرف عقلیت سائنس کا عطا کیا ہوا علم اور ٹیکنالوجی کی بہشت' سیکولر فکر کی دلاویزی انسان اور اس کے شعور میں

مکمل اعتماد کے مترادف سمجھتے ہیں۔ دوسرے فطرت انسان فرد اور سماج کے بہتر علم' ماضی کے حال میں موجود رہنے اور حال کو متاثر کرنے اور بڑھتے علم کے ساتھ بڑھتے ہوئے خطرات کے احساس' بلندیوں میں پستی دیکھنے اور دکھانے کو بھی جدیدیت سمجھتے ہیں۔'' (۳)

مظفر حنفی نے جدیدیت کی تفہیم قدرے وضاحت کے ساتھ کی ہے اور لکھتے ہیں:

''جدیدیت کوئی تحریک نہیں۔ مختلف ادبی رویوں کے اجتماع کا نام ہے نیا شاعر ہونے کے لیے ضروری نہیں کہ ترقی پسندی سے بیزاری کا اعلان کیا جائے'' لیکن یہ بھی ضروری نہیں کہ نئی شاعری کو ترقی پسندی کی توسیع سمجھا جائے جدید رجحان رکھنے والوں میں بیشتر شاعر ایسے نکلیں گے جو ترقی پسندانہ خیالات یا اینٹی کمیونسٹ نظریات رکھنے کے باوجود کامیاب نئے شاعر ہیں۔ بات صرف یہ ہے کہ نئی شاعری مخصوص نظریات کی قائل نہیں۔ ہر نیا شاعر اپنی جگہ اپنے طور پر سوچنے کے لیے آزاد ہے۔'' (۴)

ڈاکٹر تبسم کاشمیری کے نزدیک جدیدیت کسی ایک عہد پر منطبق نہیں ہوئی بلکہ اس کا تعلق زماں و مکاں سے ہے وہ لکھتے ہیں:

''ادبی اصلاح کے طور پر جدیدیت کے اضافی تصور کی وضاحت بھی ضروری ہے جدیدیت کو ہم حتمی اور قطعی معنی نہیں دے سکتے اس لیے کہ جدیدیت کا تعلق زماں و مکاں سے ہے اس لیے ہر عہد میں جدیدیت کے اپنے معنی ہوتے ہیں جو اس دور کے سماجی عمل سے مرتب ہوتے ہیں لہذا ہر عہد اپنی مخصوص جدیدیت رکھتا ہے۔'' (۵)

باقر مہدی جدیدیت کو مختلف معنی و مفہوم سے تعبیر کرتے ہوئے اور اس کا سلسلہ حالی سے ملاتے ہوئے اس کی تشریح اس طرح کرتے ہیں۔

''جدیدیت کی اصطلاح اردو ادب میں مختلف معنی و مفہوم رکھتی ہے جب حالی نے پیروی مغرب کی تجویز پیش کی تھی اس وقت انگریزی میں جدیدیت کے وہ معنی نہیں تھے جو

بعد میں ایلیٹ وغیرہ سے دیئے۔ حالؔی صنعتی تہذیب کو لبیک کہنا چاہتے تھے۔ گو کہ انہیں صنعتی انقلاب کے جان لیوا اور خوش آئندہ دونوں قسم کے اثرات کا علم نہیں تھا۔ ان کے زمانے میں پیروی مغرب کی تجویز ایک جدت تھی۔ پھر حلقہ ارباب ذوق اور ترقی پسند تحریک نے جدیدیت کے الگ الگ معنی ومفہوم پیش کیئے۔ ایک نے تجربے اور ذات کے ستون تعمیر کرنے کی کوشش کی تھی دوسرے نے سماجی حقیقت نگاری کو جدیدیت نگاری کو جدیدیت کی کاٹ سمجھ کر سوویٹ مارکسزم کو اپنایا تھا۔ یہ بحث خاصی پرانی ہے۔ پھر ترقی پسند مصنفین کی تحریک پارہ پارہ ہوگئی اور جدیدیت ایک سیلاب کی طرح اردو ادب پر چھا گئی۔''(۶)

وحید اختر جو کسی زمانے میں اردو کی ترقی پسند ادبی تحریک سے وابستہ تھے جدیدیت کی تعریف یوں کرتے ہیں:

''جدیدیت کی مختصر ترین تعریف یہی ہوسکتی ہے کہ یہ اپنے عہد کی زندگی کا سامنا کرنے اور اسے تمام خطرات اور امکانات کے ساتھ برتنے کا نام ہے۔ ہر عہد میں جدیدیت ہم عصر زندگی کو سمجھنے اور برتنے کے مسلسل عمل سے عبارت ہوتی ہے اس لحاظ سے جدیدیت ایک ایسا مستقل عمل ہے جو ہمیشہ جاری رہتا ہے۔''(۷)

مندرجہ بالا اقتباسات میں جدیدیت کی جو تعریف کی گئی ہے وہ ایک دوسرے کے خلاف وبرعکس ہے ایک دوسرے کے خلاف وبرعکس ہے ایک کے نزدیک جدیدیت صرف انحراف سے نہیں تنسیخ سے عبارت ہے تو دوسرے کے یہاں مختلف ادبی رویوں کے اجتماع کا نام ہے۔ تو کسی کے یہاں جدیدیت کا تعلق زماں ومکاں سے ہے اور کسی کے ہاں حالؔی سے جدیدیت کے معنی ومفہوم متعین کیے گئے ہیں تو کسی کے یہاں ایک مسلسل عمل ہے جو ہم عصر زندگی کو سمجھنے اور برتنے کا عمل ہے۔ یہاں نہ تو انحراف کا تصور سامنے آتا ہے اور نہ تنسیخ کا۔ اسی تعریف کی رو سے یہ بھی کہا جاسکتا ہے کہ جدیدیت ہر عہد اور ہر دور میں موجود رہی ہے ہاں یہ ضرور ہے کہ اس عہد یا اس دور میں اس عمل کا نام جدیدیت نہیں کچھ اور تھا۔

جدیدیت اور ''نئے نام''......ایک شام

حیدرآباد میں ۱۵؍جنوری ۱۹۶۸ء کو لیگ آف ڈیموکریٹک یوتھ حیدرآباد نے ''جدیدیت'' پر ایک گفتگو کا اہتمام کیا تھا۔ خوش قسمتی سے ان ہی دنوں علیگڈھ سے پروفیسر آل احمد سرور بھی حیدرآباد آئے ہوئے تھے چنانچہ انہیں مہمان خصوصی کی حیثیت سے مدعو کیا گیا۔ اس ادبی اجلاس کی صدارت ڈاکٹر مسعود حسن خاں نے کی اس کے بعد ڈاکٹر مغنی تبسم نے اپنی تقریر میں ''ایہام کے مسائل اور معیاری قاری'' کے سلسلے میں اپنی کچھ وضاحتیں پیش کیں۔ محترمہ صفیہ اریب نے اپنا پہلے سے لکھا ہوا مضمون ''جدید ذہن اور اس کا پس منظر'' پڑھا۔ پروفیسر آل احمد سرور نے اپنی بہت ہی واضح اور پرمغز تقریر میں ''جدیدیت کے تعلق سے بیشتر غلطیوں کو دور کرنے کی کوشش

کی ۔آخر میں ڈاکٹر مسعود حسن خاں نے جدیدیت اور''نئے نام'' پر اپنے خیالات کا اظہار کیا۔

پروفیسر آل احمد سرور، ڈاکٹر مسعود حسین خاں اور ڈاکٹر مغنی تبسم کی تقریریں اور محترمہ اریب کے مضمون کا کچھ اقتباس ذیل میں دیا جارہا ہے۔

ڈاکٹر مغنی تبسم :۔

جدیدیت کے تعلق سے بڑی غلط فہمیاں ہیں جو فطری بھی ہیں جن کو دور کرنا ضروری ہے اول تو جدیدیت کوئی تحریک نہیں ترقی پسند تحریک کے رد عمل کا بھی اس سے اظہار نہیں ہوتا۔جدیدیت کے نتیجہ میں پیدا ہونے والے اسی طرح مقتول بھی اپنے قاتل کو نہیں پہچانتا۔

جدید دور میں Gunther Andurs نے بیان کیا ہے کہ ریڈیو اور ٹیلی ویژن کی وجہ سے واقعات ہم تک پہنچتے ہیں ہم واقعات تک نہیں جاتے ۔ہم کو گھر کے اندر کرسی پر بیٹھے جو دنیا دکھائی دیتی ہے اور جسے ہم قبول کرتے ہیں اس کے بنانے میں ہمارا کوئی حصہ نہیں ہوتا لیکن اس سے ایک غلط نتیجہ اخذ کیا جاتا ہے کہ اس صورت حال کی ذمہ دار مشین ہے اجنبیت میں کیفیاتی تبدیلیاں واقع ہوتی رہیں آج اس کا مفہوم وہ نہیں ہے جو گزشتہ ادوار میں تھا۔تاریخ کے موجودہ دور میں سائنس او رٹکنالوجی کی ترقی نے انسان کو فطرت کی قوتوں کا حاکم بنادیا ہے اب انسان زندگی کو اپنی مرضی کے مطابق ڈھال سکتا ہے۔اس صورت حال میں انسان کی اجنبیت اس کی ناگزیر تقدیر نہیں رہتی سوال یہ پیدا ہوسکتا ہے کہ کیا اجنبیت پر قابو پایا جاسکتا ہے! جدید دور میں اجنبیت کے جو اسباب ہیں ان پر پوری طرح قابو پانے کی امید موہوم معلوم ہوتی ہے۔مارکس نے بھی اپنی تحریروں میں اس بات پر زور دیا ہے۔اس طرح ٹیونس کے خیال میں بھی اجنبیت کے رجحان کو فوری طور پر روکنا ممکن نہیں ہے لیکن وہ یہ امید رکھتا ہے کہ مستقبلِ بعید میں ہوسکتا ہے کہ ایسا سماج تشکیل پائے۔ہم کو اس مقصد کے حصول کے لیے جدوجہد کرتے رہنا چاہئے۔چنانچہ وہ تجویز کرتا ہے کہ پیدا کنندوں اور صارفین کی Co-Operatives بنانی چاہئے تاکہ معاشی زندگی میں

افادیت کی قدر بحال ہو۔

جدید افسانے کا عمومی طرز اظہار علامتی ہے علامت کی کوئی قطعی تعبیر نہیں ہوتی۔تجزیئے کی سہولت کے پیش نظر چند اہم اور نمایاں موضوعات کو عنوان بنا کر یہ دکھایا گیا ہے کہ جدید اردو افسانے میں عصری حسیت کا اظہاری کن پیرایوں میں ہوا ہے۔جدید افسانے کا عمومی طرز اظہار علامتی ہے علامت کی کوئی قطعی تعبیر نہیں ہوتی۔تجزیئے کی سہولت کے پیش نظر چند اہم اور نمایاں موضوعات کو عنوان بنا کر یہ دکھایا گیا ہے کہ جدید اردو افسانے میں عصری حسیت کا اظہار کن پیرایوں میں ہوا ہے۔ادب کا ترقی پسند ادب سے تقابل کریں تو ایک واضح فرق نظر آتا ہے وہ ہے نظریہ کا ترقی پسندوں کے پاس ادب خود کوئی مقصد نہیں بلکہ مقصد کو حاصل کرنے کا ذریعہ ہے جدیدیت پسند اسے محض ایک نہیں سمجھتے بلکہ ادب کو ایک END اور ایک مقصد سمجھتے ہیں اس سے ہٹ کر ترقی پسند اور جدیدیت میں کوئی تصادم نظر نہیں آتا جدیدیت پر غور کرتے ہوئے سب سے پہلا مسئلہ قدروں کا

آتا ہے جدید شاعری کا ایک لازمی جدید حسیت Sensitivity کا اظہار ہے یعنی جس عہد میں ادیب وشاعر سانس لیتا ہے یہ ہونا چاہیئے کہ اس عہد کی حقیقت کا اظہار ہو، تب ہی اس کی تخلیقات غیر روایتی ہوں گی۔ لیکن روایت سے سرے سے انحراف کا سوال پیدا نہیں ہوتا بعض نقادوں نے جدید ادب پر تنقید کرتے ہوئے یہ اعتراض کیا ہے اور مختلف گوشوں سے بھی اس خیال کا اظہار کیا جاتا رہا ہے کہ جدید ادیب وشاعر جو کچھ لکھتے ہیں نہایت مبہم ہوتا ہے بعض لوگ تو یہاں تک کہتے ہیں کہ ان کی تخلیقات بالکل مہمل ہوتی ہیں اس میں کوئی جان نہیں ہوتی ''نئے نام'' میں صرف ایک شاعر افتخار جالب کی نظم کو مبہم کہا جا سکتا ہے اگر اسے مہمل بھی کہا جائے تو میں تھوڑی دیر کے لیے اسے بھی ماننے تیار ہوں۔ اس سے ہٹ کر اس مجموعے کی کوئی اور ایسی نظم نظر نہیں آتی جس کو مبہم کہا جائے۔

صفیہ اریب:۔

نئے ذہن کا عکاس نئے ادب کا جو سیلاب اس وقت امڈا چلا آرہا ہے اس سے نہ تو خوف زدہ ہونے کی ضرورت ہے اور نہ ہی اس پر برافروختہ ہونے کی۔ میں نئے ادب کے بارے میں نہ تو نقادوں کی غیر ہمدردی اور بے لچک تنقید سے متفق ہوں اور نہ میں نئے ذہن کے فوری ردعمل کی پیداوار تحریروں کو...... نمائندہ نیا ادب سمجھتی ہوں میری ذاتی رائے یہ ہے کہ نئے ادب کا مطالعہ کرتے ہوئے سنجیدہ قاری کو دو باتوں پر گہری نظر رکھنی چاہیے۔ آج کل نئے ادب کے جس رجحان پر زیادہ تر زور دیا جارہا ہے وہ اپنے عہد کی حسیت کا مظہر ضرور ہے مگر فوری۔ اور وقتی مظہر۔ یہ اصل میں آج کے معاشرے میں پھیلی ہوئی عام پراگندگی کو ظاہر کرتا ہے یہ جدید ترین ذہن صرف موجود لمحہ ہی کہ اندر زندہ رہنا چاہتا ہے وہ ہر لمحہ کو اسی لمحہ میں سر کر لینا چاہتا ہے جس کے لیے وقتی شہرت، سنسنی خیزی اور وقتی تشفی ہی چاہیئے وہ جسم کی ہو یا ذہن کی اصل حقیقت سمجھا ہے۔

یہ نوجوان سماج میں اپنی انفرادیت کو اپنے اندر وضع قطع اور لباس سے متاثر کرتے ہیں۔ ان کی راہ میں حائل ہونے والی ہر شئے بلکہ ہر جاندار کو قتل کر دیتے ہیں۔ یہ جسموں کو نوچتے ہیں اور زمانے کے چڑاتے ہیں...... یہ ادبی رسالوں میں تحریروں کے ساتھ چھائے نظر آ کتے ہیں۔ انہیں کسی چیز کی تلاش نہیں ہے۔ یہ اپنی انفرادی، مادی اور فانی زندگیوں سے ماورا کسی قدر کو تسلیم نہیں کرتے۔ یہ تخریب کے پروردہ ہیں اور انہیں تخریب ہی کے عمل میں پناہ ملتی ہے تخریب کا طنابیں کائنات کی ہر شئے سے لے کر ان کی ذات تک پھیلی ہوئی ہیں۔ میں اسے جدید ادب کا صحافتی رجحان کہوں گی۔ جہاں فن کار زندگی کی صرف اوپری سطح کو چھوتا ہے اور اگل دیتا ہے۔ تخلیق فن کار سے اس کی اپنی ذات اور شخصیت کا حساب مانگتی ہے بے معنویت کی باتیں کرنا یوں تو بہت آسان معلوم ہوتا ہے مگر اس منزل تک رسائی بہت ہی دشوار ہے۔

یوں دیکھا جائے تو معنویت کے سارے Process ہی میں جی جان کا دھوکا ہے اس سے کوئی بچ جائے تو پھر آگے کی طرف بڑھنا ممکن ہی ہے معنویت کا فلسفہ جب تک صرف فلسفہ بنے رہے گا اور فن کار کے تجربے کا جزو بن کر اس کی ذات میں حل نہیں ہوگا۔ تب تک اس کا احساس سچے اظہار کی گرفت میں نہیں آئے گا۔ جس طرح ذہن کا استدلالی رویہ پنے پیچھے اپنی ایک منطق رکھتا ہے اسی طرح غیر استدلالی اشتہار پسند Association of thought free کا عمل بھی اپنی

تہ میں اپنی ذاتی منطق رکھتا ہے۔ جدید ادب کے اس سطحی رجحان کو ایک طرف ادبی رسالے ہوا دے رہے ہیں تو دوسری طرف نقادوں کے برپا کیئے ہوئے ہنگاموں نے الجھن اور بڑھا دی ہے۔ سیلاب کی یہ شدت ہمیشہ برقرار نہیں رہے گی۔

اس زور میں جو چیزیں بہی چلی آرہی ہیں وہ باڑھ کے اترنے پر ایک طرف دھری رہ جائیں گی خود ترقی پسند تحریک نے اپنے شباب کے دور میں جو کچھ ادب پیش کیا تھا وہ سارے کا سارا آج ہمارے لیے قابل قدر نہیں ہے۔

اس شور و ہنگامے سے پہلو بچا کر کسی تعصب کے بغیر نئے ادب کے مطالعے کی ضرورت ہے نیا ذہن اور اس کا رجحان نیا ادب نہ تو زندگی کی نفی کرتا ہے اور نہ ہی انسانیت کش ہے۔ قابل غور بات یہ ہیکہ آخر ناکامی، تنہائی، اور مایوسی کا یہ احساس کس بات کا غماز ہے کیا تلاش کے جذبے کے بغیر ناکامی اور مایوسی کوئی معنی بھی رکھتی ہے۔ زندگی کی بے معنویت کا احساس بھی تو آدمی کو زندہ رکھتا ہے منفی رجحانات اور ردعمل بھی اپنے اندر ایک مثبت قوت رکھتے ہیں۔ یہ تخلیقات بے معنویت کے احساس کی پروردہ ضرور ہیں۔ کرب و افسردگی کا مظہر ضرور ہیں۔ مگر یہ اس نئے ذہن کی پیداوار ہیں۔ جو یکہ وتنہا بے سروسامان زندگی کے عمل سے گزر رہا ہے جو اس گھٹا ٹوپ اندھیرے میں روشنی کی ایک ہلکی سی کرن ہی سہی پانا چاہتا ہے جو زندگی کے نئے معنی دریافت کرنا چاہتا ہے لیکن جو کسی فرسودہ نظریئے سے اپنے آپ کو وابستہ نہیں کرتا۔ اس لیے کہ زندگی کے سچے اظہار سے آج غداری کے مترادف ہے یہ ادب پڑھنے والے کو کچھ بھی نہیں دیتا۔ رمق برابر خوشی نہیں دیتا، کوئی تسلی کوئی تشفی نہیں دیتا مگر یہ قاری کو اندر ہی اندر گہرائی میں Disturb کر دیتا ہے۔ غیر محسوس طریقے پر اس کی شخصیت کی بنیادوں کو ہلا دیتا ہے بلکہ یہ قاری سے اس کے اپنے سہارے بھی چھین لیتا ہے۔ جھوٹ کے اس پردے کو چاک کر دیتا ہے۔

جو اس نے اپنے اوپر اوڑھ رکھا ہے یہ اسے اس میدان میں لے آتا ہے جو قیامت کا میدان ہے جہاں کوئی کسی کو نہیں جانتا جہاں سب ایک دوسرے کے لیے اجنبی ہیں۔ جہاں انہیں ان گناہوں کی سزا ملتی ہے جو ان سے سرزد نہیں ہوئے۔ اور اس طرح قاری مجبور ہو جاتا ہے کہ زندگی کی اس بے معنویت کو خود بھی محسوس کرے سب وعلل کے رشتے سے آزاد زندگی کو ذرہ ذرہ، لمحہ لمحہ بکھرا ہوا دیکھے اور خود بھی فن کار کی طرح بکھر کر رہ جائے۔

پروفیسر آل احمد سرور:۔

ہر دور کی پہچان یہ ہوتی ہے کہ وہ اس دور کے معنی خیز اور قیمتی لمحات کو کس طرح پیش کرتا ہے۔ اسی طریقے سے ادارے شہر یا مرکز بھی صرف ماضی پر نظر نہیں رکھتے۔ آج اردو ادب میں جو کچھ ہو رہا ہے اس میں حیدرآباد کا قابل قدر حصہ ہے۔ آج کے ادب میں باوجود بعض لوگ جمود کا ذکر کرتے ہیں کج روی اور گمراہی کا ذکر کرتے ہیں۔

مختلف قسم کے تجربے ہو رہے ہیں جو کچھ کیا تھا اس پر تکیہ کر کے نہیں بیٹھ رہے ہیں ہر چیز کو اپنی نظر سے دیکھ رہے ہیں دوسروں کی مانگی ہوئی عینکوں سے استفادہ نہیں کر رہے ہیں۔ میں اس چیز کو اہمیت دیتا ہوں کہ آپ کے پاس اپنی نظر ہے یا مانگی ہوئی۔ میرے نزدیک جدیدیت کی یہی خصوصیت ہے جو زیادہ متاثر کرتی ہے اور اہمیت رکھتی ہے ہر دور کے ہر فنکار، ہر صاحب نظر کو اس بات کا حق ہے کہ جو خود وہ دیکھتا ہے، خود محسوس کرتا ہے جس طریقے سے اس نے زندگی کو برتا ہے اسی

طریقے سے پیش کرے۔اس برتنے میں اس دیکھنے میں ظاہر ہے کہ وہ چاہے تو مدد لے سکتا ہے۔ان طریقوں سے ان اصناف سے فکر اور فن کے ان پیمانوں سے جو اس سے پہلے کے ہیں وہ مدد لیتا بھی ہے اور ان کو مہذب بھی کرتا ہے۔لیکن ضروری نہیں ہے کہ وہ ان کا سہارا لے کر چلے اس لیے جدیدیت کے سلسلے میں ہمارا فرض ہے کہ ہم وہ ذہنی ہمدردی پیدا کریں جو کہ ہر شخص کو اپنے دور سے ہونا چاہئے۔

وحید اختر اپنے ایک مضمون ''جدیدیت کے بنیادی تصورات'' میں لکھتے ہیں:۔

''جدیدیت کے مفہوم کے تعین کے لیے ہر عہد کے مخصوص حالات اور نظام اقدار کو بھی پیش نظر رکھا جائے۔اپنے عہد کی حقیقی زندگی اور اس کے

خطرات وامکانات کو معیار بنا کر ہی جدیدیت کا مفہوم مقین ہوسکتا ہے۔جدیدیت وسیع تر مفہوم میں ایک مسلسل عمل ہے......جدیدیت کو سمجھنے کے لیے انسانی زندگی کے ہر پہلو کا جائزہ لے کر سماجی، سیاسی، معاشی، فکری، خارجی، اور داخلی سطح پر ان عناصر وعوامل کا تجزیہ کریں جنہوں نے ہم عصر ذہنوں کی تشکیل کی ہے۔جدیدیت کوئی قطعی، مستقل، مکمل اور جامد تصور نہیں۔یہ ایک تخلیقی عمل ہے۔

جس میں زمانہ اور انسان برابر کے شریک ہیں......جدیدیت ادعائیت کی دشمن ہے ادعائیت اپنی اور دوسروں کی آزادی کو سلب کرنے کا نام ہے۔اسی لیے جدیدیت ہمیشہ برسرپیکار رہتی ہے۔ادعائیت کو رد کرنے کا دوسرا نام نظریاتی وابستگی ہے......جدیدیت کی تعریف ممکن نہیں۔لیکن جدیدیت کی تفسیر ممکن ہے......جدیدیت کسی ایک فکری دھارے کا نام نہیں بلکہ اس میں مختلف اور متضاد سمتوں میں بہتے ہوئے دھارے بھی شامل ہیں، جو کبھی آگے لے جاتے ہیں کبھی پیچھے، کبھی ایک مثبت عمل بن جاتے ہیں کبھی محض منفی ردعمل، جدیدیت ان سب کو قبول کرتی ہے۔لیکن اگر ہم جدیدیت کو ایک ارتقاء پذیر عمل کا تسلسل سمجھتے ہیں تو مستقل طور پر پیچھے کی طرف دیکھتے رہنے اور منفی ردعمل ہی کو سب کچھ سمجھنے کا نام کچھ اور ہو تو ہو جدیدیت نہیں ہوسکتا......جدیدیت روایات کی توسیع بھی کرتی ہے او رنئی اقدار کی تشکیل بھی۔ترقی پسند تحریک اپنے زمانے کی جدیدیت ہی کا اظہار تھی۔جدیدیت ادب کے اس عرفان کے ساتھ یقیناً ترقی پسندوں سے اگلا قدم ہے کیوں کہ یہ اس کے (بعد کے) یک رخے پن سے انحراف کر کے اس کی صحت مند روایت کی توسیع کرتی ہے ترقی پسندی نے فرد پر سماج کو اور انفرادی احساس پر اجتماعی شعور کو اس قدر غالب کر دیا تھا کہ ادب میں اس کے خلاف ردعمل ہونا ضروری اور فطری تھا۔جدیدیت

اس ردعمل کے اظہار سے ہمارے ادب کا نیا رجحان بن کر سامنے آئی......

جدیدیت کا جو تصور میرے ذہن میں ہے وہ اتنا پیچیدہ اور مختلف ومتضاد عناصر سے عبارت ہے کہ اسے کسی قاعدے، کلیئے، باضابطے میں قید نہیں کیا جا سکتا اسی لیے جدیدیت کی کوئی جامع اور مانع تعریف مشکل ہے......

تشکیک دراصل اداعائیت کے خلاف بغاوت ہے اور اس لحاظ سے صحت مند ہے کہ ایمان بالغیب اور مذہبی سیاسی یا ادبی ملائیت کو رد کر کے حقیقت کے عرفان کی جستجو اپنے ذہن سے کرتی ہے آج کے حالات میں کوئی بھی ادعائی فلسفہ تشفی بخش طریقے سے مسائل کو نہ سمجھ سکتا ہے نہ حل کر سکتا ہے۔ خود ہمارے ملک ہی ادعائیت کے قدم اکھڑتے جا رہے ہیں اور وہ پورا نظام اقدار رو بہ زوال ہے جس نے ادعائیت کے لیے زمین فراہم کی تھی...... آج کا صحت منداور توانا ذہن راہ فرار اختیار کرنے کے بجائے اس کا سامنا کرتا ہے یہ باتیں وحید اختر نے آزادی کے چند برس بعد لکھی تھیں......

جدیدیت تاریخ کے اس لمحے کے عرفان کا نام ہے جو ہمیں ملا ہے جسے ہم بھگت ہی نہیں رہے ہیں بلکہ اس کے عملی حصہ دار بھی ہیں۔ یہ لمحہ محدود نہیں خلا میں لٹکا ہوا نہیں بلکہ اس کا ایک سرا ماضی تک پہنچتا ہے اور دوسرا مستقبل کی نشاندہی کرتا ہے''۔(۸)

(۱) ڈاکٹر وحید اختر ''جدیدیت کے بنیادی تصورات'' مشمولہ 'فلسفہ اور ادبی تنقید' ۱۹۷۲ لکھنو۔ص ۱۵۳ تا ۱۹۲۔

☆ تیسرا باب

افسانے کے موضوعات

افسانہ میں موضوع کی تعریف نسبتاً مشکل ہے کیوں کہ جہاں دوسرے اجزا مثلاً کردار، Setting عمل وغیرہ ٹھوس Concrete ہوتے ہیں وہاں موضوع غیر محسوس خیالی یا ذہنی Abstract ہوتا ہے اس لیے اس کی تعریف کرنا قدرے مشکل ہے۔ کسی بھی تخلیق میں موضوع بنیادی حیثیت رکھتا ہے کیوں کہ اس پر افسانہ کی عمارت کھڑی کی جاتی ہے بنیاد پائیدار ہو تو عمارت بھی پائیدار ہوگی۔ اسی طرح موضوع اچھا ہو تو اور حقیقت اور واقعیت پر مبنی ہو تو اس کے بل پر بہت خوبصورت موضوع بالواسطہ یا بلاواسطہ حقائق زندگی اور اس کے مسائل سے تعلق ضرور رکھتا ہے لیکن مسائل کا حل پیش کرنا اس کے لیے ضروری نہیں۔

'موضوع' کا کہانی کے دیگر افراد سے گہرا تعلق ہوتا ہے افسانہ کا اپنا کوئی مخصوص موضوع نہیں ہوتا دنیا اور انسانی زندگی سے متعلق کوئی بھی واقعہ، جذبہ، احساس، تجربہ، مشاہدہ اس کا موضوع بن سکتا ہے گویا انسانی زندگی جتنی وسیع ہے اتنی ہی وسعت افسانہ کے موضوعات میں پائی جاتی ہے۔ جو زندگی کے سچے، حقیقی اور فطری مرقعے پیش کرتے ہیں ان کا مقصد زندگی کی وسعتوں میں سمٹی ہوئی تمام موجودات کی تشریح، وضاحت، ان کا تجزیہ، توجیہ و تعلیل پیش کرنا ہے وہ ماضی، حال، مستقبل تینوں زمانوں کے مشاہدات و تجربات سمیٹے ہوتے ہیں جن کے ذریعہ انفرادی، واجتماعی زندگی کی تصویر کشی کی جاتی ہے۔

کسی بھی موضوع کو افسانہ کے سانچہ میں ڈھالنے کے بعد تخلیق کار اسے کوئی خوبصورت اور موزوں نام دینا چاہتا ہے اکثر اوقات مرضی کے ذریعہ افسانہ کے مرکزی خیال و مقصد کو سمجھایا جاسکتا ہے موقعہ و محل کے مطابق ہی موزوں اور مختصر سرخیاں رکھی جانی چاہیے۔

ایڈر بن۔ ایچ۔ جیف اور ورجل اسکاٹ ایک فارمولے کے ذریعہ کہانی میں موضوع اور دیگر اجزاء کے باہمی ربط کو اس طرح سمجھاتے ہیں۔

"The nature of characters (characterisation) plus what they do (plot)plus what happens to them as a rusult of their actions (ending) plus why they do what they do (molivation) equals the theme of a story" (1)

جدید افسانوں میں آج کے عہد کی زندگی کی مختلف پہلوؤں کو موضوع بنا کر موجودہ انسانی صورت حال کی موثر تصویر کشی کی ہے۔ سائنس اور ٹکنالوجی، بے مہار ترقی کے اثرات، عالمی جنگ کا خطرہ، بڑی طاقتوں کی رسہ کشی کی سیاسی ریشہ دوانیاں۔ نو آزاد ملکوں پر سامراجی دباؤ، قدروں کی شکست وریخت، انسانی رشتوں کا ٹوٹنا، سیاسی جبریت

سیاسی اور معاشی وجوہات سے ترک وطن اور ہجرت اور اس کے نتیجے میں پیدا ہونے والے تہذیبی اور نفسیاتی مسائل، نسلی اور فرقہ وارانہ فسادات، آزادی نسواں کی تحریک اور عورتوں کے مسائل برصغیر کے افسانہ نگاروں نے ان سارے مسائل کو اپنے افسانوں کا موضوع بنایا ہے لیکن جدید افسانے کا اصل موضوع تو انسان اور انسانیت کا زوال ہے جسے افسانہ نگار خیال کی صورت میں نہیں بلکہ احساس کی سطح پر اجاگر کرتا ہے۔ جدید افسانہ کا عمومی طرز اظہار علامتی ہے علامت کی کوئی قطعی تعسیر نہیں ہوتی تجزیہ کے لیے مجبوراً امکانی تعسیروں کا سہارا لینا پڑتا ہے۔

(ا) زندگی کی لایعنیت، اجنبیت اور تنہائی

۱۹۶۰ء اور ۱۹۸۰ء کا درمیانی دور اردو افسانے کے موضوعات کے لحاظ سے ایک قوس قزح کی

(ا) ایڈرین۔ ایچ۔ چیف اینڈ ورچل اسکاٹ ''تھیم اینڈ پلاٹ''، ''اسٹڈیز ان شارٹ اسٹوری''، نیویارک، ۱۹۵۹ء۔ صفحہ ۲۱۸۔

حیثیت رکھتا ہے کیوں کہ قومی اور بین الاقوامی دونوں سطحوں پر سیاسی اور سماجی حالات میں بڑی تیزی سے الٹ پلٹ ہوئی۔ اس الٹ پلٹ نے ساری دنیا کو متاثر کیا اندرون ملک میں بھی حالات تیزی سے بدلنے لگے ان پیدا شدہ حالات کا ردعمل ہمیں افسانوں میں ملتا ہے یہ موضوع ''زندگی کی لایعنیت'' بھی اسی صورتحال کا نتیجہ ہے۔

زندگی کی لایعنیت جدید دور کی دین ہے۔ ان کے کردار اکثر و بیشتر اپنی ذات کا عرفان حاصل کرنے کی کوشش میں مصروف دکھائی دیتے ہیں وہ ذات کی تہوں سے گزر کر ذات ہی کی توسط سے زندگی کے اسرار اور رموز کی تلاش میں سرگرداں ہیں۔ یہ خالص ذاتی اور داخلی فکر معاشرتی نظام میں نمو پا کر ایک اجتماعی تصور کو پیش کرتی ہیں اجنبیت، تنہائی، زندگی کی لایعنیت بڑھتی ہوئی سائنسی اور صنعتی ترقی سے رونما ہونے والے اس بحران کی عکاسی کرتے ہیں۔ جس میں انسان مشین کا ایک پرزہ بن گیا ہے اور اپنی شناخت کھو چکا ہے ایٹمی انرجی کے بڑھتے ہوئے خطرئے نے عدم تحفظ اور بے حسی کی فضا پیدا کر دی ہے، جس کی وجہ سے اجنبیت اور تنہائی کے احساس نے اسے گھیر لیا۔ قدروں کا زوال اور بے سمتی اسی انتشار کی لہریں ہیں جو سارے انسانی معاشرت میں پھیل چکا ہے، انور سجاد کی کہانی 'کیکر' میں مرکزی خیال انسان کا اپنی زمین سے رشتہ ہے ناوابستگی انسان کو بعض وقت ایسا مقام پر لا کھڑا کرتی ہے جہاں انسان بے بس ہو کر رہ جاتا ہے اس کا کوئی وجود نہیں ہوتا۔

یہ کہانی آج کے دور کا ایک ایسا منظر پیش کرتی ہے جہاں پر انسان کا رجحان معیشت اور سماجی زندگی کے ایسے سانچے میں ڈھل گیا اور مادہ پرستی کی طرف بڑھنے لگا۔ کام سے انسان کا لگاؤ ختم ہو گیا وہ کاہل ہو گیا کیوں کہ کام کے ذریعہ وہ اپنی ذات کا اظہار نہیں کر سکتا۔ سہل پسندی سے دولت کو حاصل کرنا اس کا مقصد حیات بن گیا۔ انسانی قدروں اور رشتوں کو فراموش کرتا جا رہا ہے۔

یہاں لوگ خشک سالی کی وجہ سے نقل مقام کر رہے ہیں یہ واحد مستکلم انہیں روکتا ہے کہ وہ اپنی جگہ چھوڑ کر نہ جائیں۔ بلکہ سب لوگ یہاں مل کر زمین کو دریا کے پانی سے سیراب کریں گے۔ لوگ اس کی باتوں کا مذاق اڑاتے اور نقل مقام کر جاتے ہیں حتیٰ کہ وہ تنہا رہ جاتا ہے۔ اس کے ساتھ انجیر اور کیکر کے چند پیڑوں اور ایک عدد گدھے کے سوا کچھ نہیں

رہتا۔ وہ اپنے فیصلے پر اٹل رہ کر لگاتار محنت کرتا ہے گدھے پر بالٹیاں باندھ کر دریا سے پانی بھر لاتا ہے اور سوکھی زمین پر بہاتا ہے۔ زمین اس قدر خشک ہے کہ پانی بھاپ بن کر اڑ جاتا ہے۔ لیکن وہ یہ عمل لگاتار دہرائے چلا جاتا ہے۔

بعض وقت واحد متکلم اپنے آپ کو گدھے سے شناخت کرتا ہے کیوں کہ اگر کوئی رشتوں یا اقدار کی بات کرتا ہے تو دوسروں کے نزدیک احمق اور پاگل قرار پاتا ہے۔

''بڈھے نے چاروں طرف دیکھتے ہوئے کہا تھا۔

......تم اس ویرانے میں زندہ نہیں رہ سکو گے۔ وہ دیکھتے ہو سامنے تنڈ منڈ درختوں پر گدھ سر نیوڑھائے بیٹھے تھے''۔

......میں نے اپنے لیے یہ فیصلہ خود کیا ہے کیوں کہ مجھ میں زندہ رہنے کی خواہش ہے۔ تم لوگوں میں سکت نہیں' اس لیے بھاگ رہے ہو وہ دیکھتے ہو سامنے کیکر کے درخت کیسے ہرے بھرے ہیں جو ہر روز ایک سوت بڑھتے ہیں۔ بڈھے نے احمقوں کی طرح کیکروں کو دیکھا تھا۔

......ان کی جڑیں اتنی گہری ہیں کہ اتھاہ سے رس بیتی ہیں۔ تم نے فرار کا راستہ خود چنا ہے۔ تم اس جگہ کو ترک کر کے کہیں جگہ نہیں پاؤ گے بھٹکتے رہو گے تمہاری یہی سزا ہے۔''

اس کہانی میں انور سجاد نے کیکر کے درخت اور اس کی جڑیں جو زمین میں مضبوط اور گہری ہیں لیکن انسان کا احساس دن بدن اس وابستگی سے عنقا ہوتا جا رہا ہے۔ کیوں کہ انسان خود یہ راستہ اختیار کیا اس لیے اپنی آہ کو باہر نکلنے سے روکتا ہے۔

''اس نے اپنی لڑکی کا کندھا تھپتھپایا تھا...... یہ سیاہ بخت ہے لڑکی نے اپنی بجھتی لونگ پر سفید چادر کا پلو گرا دیا تھا اور چلی گئی تھی اور رینگتی لکیر کی آخری کڑی بن گئی تھی تنڈ منڈ درختوں پر سارے گدھوں نے اپنے پر پھڑ پھڑاتے تھے۔ اور لکیر کے ساتھ ساتھ ہو لیے تھے''۔

''ہوں دریا آ آ آ آ سکی جوار باجرہ میں چاول کیسے بوڈں کہ سونا کاٹوں دریا آ آ آ۔

اس نے آہ کو فوراً گلے میں دبا دیا۔

میں آہ کو حلق سے نکلنے نہیں دوں گا کہیں وہ لوگ سن لیں میں ہارا نہیں کیکر کے درخت سبز ہیں ان کی جڑ سے دور دور زمین کی کوکھ تک اتر گئی ہیں کہ یہ سسر سبز ہیں۔ میں بھی وہاں ہوں ایک دن ہماری جڑیں زمین کی چھاتیوں سے دودھ گڑیں گی۔ لیکن کب؟ کب؟ ان لوگوں کو یہاں سے بھاگے صدیاں بیت گئی ہیں اور میرا جسم شل ہو گیا ہے۔ میں آہ نہیں بھروں گا کہیں وہ سن نہ لیں وہ بڈھا نہ سن لے جس نے کہا تھا کہ ''میں معتوب ہوں' محرم ہوں اور میری سزا ہے کہ ساری عمر اس قید میں رہوں۔ میں آہ نہیں بھروں گا یہ راستہ میں نے خود پسند کیا ہے۔

دریا سے یہاں تک یہاں سے دریا تک یہ اسیری میں نے خود چنی ہے اور میں بہت خوش ہوں یہ آہ نہیں نکلنی چاہیے''۔

''آؤ پھر دریا کو چلیں کہ پانی بھاپ بن کر آسمان پر چلا گیا ہے آؤ کہ ہم اس دائمی عمل کا حصہ ہیں۔ یہی ہمارا انعام

ہے یہی ہماری سزا ہے کہ ہمارا اپنا فیصلہ ہے کہ ہم زندہ رہیں گے ہماری کشمکش ہماری خواہشوں کا تسلسل ہے''۔

اس کہانی کو پڑھنے کے بعد مجھے یہ محسوس ہوا کہ انسان اپنے فیصلے پر اٹل ہے کیوں کہ یہ خود کا منتخب کیا ہوا راستہ ہے جس طرح کیکر کے درخت کی جڑیں مضبوط ہیں وہ نقل مقام نہیں کرتیں اس طرح وہ انسان بھی اپنے فیصلے پر اٹل ہے۔

آج کا انسان کو کام سے کوئی دلچسپی نہیں ہے کیوں کہ کام کی جگہ مشینوں نے لے لی جو انسان کو کاہل بنا دی ہے۔انسان کام کے ذریعہ اپنی ذات کا اظہار نہیں کرسکتا۔اس لیے وہ سہل پسندی جہاں ہے وہاں نقل مقام کرنے کو بھی تیار ہو جاتا ہے۔

(۲) سریندر پرکاش کا افسانہ ''دوسرے آدمی کا ڈرائنگ روم''

اس افسانہ کے ذریعہ سریندر پرکاش نے قدیم دور سے لے کر جدید دور کی صنعتی ترقی کی بدولت پیدا ہونے والے' اجنبی احساسات' برق رفتار صنعتی ترقی اور ایٹمی فطرات سے پریشان انسانوں کے مسائل کا ذکر کیا ہے۔

آج کا انسان میں عدم تحفظ' تنہائی' علحد گی پسندی اور بے حسی پیدا ہوگئی ہے انسان علم میں اتنا ترقی کر چکا کہ وہ اپنی گھریلو زندگی اور اپنائیت سے دوری کا شکار ہو گیا ہے جہاں پر انسان اپنے معاشرے اپنی زمین اور اپنی تہذیب میں رہتے ہوئے بھی اپنے آپ کو ان سے اجنبی محسوس کر رہا ہے۔اپنی شخصیت کے احساس سے محرومیت اس کے لیے ایک سوالیہ نشان بنی ہوئی ہے۔

اس کہانی کا ہیرو سمندر اور وادی پار کر کے جب وادی میں اترا تو دوسرے تھوتھنیا اٹھائے اس کی طرف دیکھ رہے تھے۔ان کی گردنوں میں بنی ہوئی گھنٹیاں ''الوداع الوداع'' پکار رہی تھیں۔وہ گرد آلود پگڈنڈیوں کو چھوڑ کر صاف وشفاف چکنی سڑک پر آ گیا۔سورج پہاڑ پر سیڑھی سیڑھی چڑھ رہا تھا وہ ایک گول کشادہ مکان کے بڑے گیٹ پر کا اس کو لگا کہ اس سے پیشتر بھی یہاں کئی دفعہ آ چکا ہے۔(۹)

دروازے سے ہوئے وہ ڈرائنگ روم تک جا پہنچا جہاں کی آرائش مکین کی خوش اخلاقی کا مظاہرہ کر رہی تھی۔آتش داں کی راکھ میں چنگاریوں کی چمک موجود تھی۔دھات کے گلدان کو چھوکر اسے خشکی کا احساس ہوا۔آتش دان کی جا بجا مسلسل دھاریوں میں وہ خود کو ڈھونڈنے لگا۔کارنر پر رکھی ایک تصویر اس کے ہاتھ کے دھکتے سے گر گئی۔اس تصویر کو اٹھا کر اس نے دیکھا جس میں ایک آدمی ایک ننھی سی لڑکی کو گود میں لیے ایک عورت کے ساتھ بیٹھا ہوا ہے۔اسے یاد آتا ہے کہ یہ تصویر اسی کی ہے۔

برآمدے میں کسی کے لکڑی ٹیک کر چلنے کی آواز آرہی ہے اسے خیال آتا ہے کہ باہر برف گر رہی ہے اور جب وہ کھڑکی سے باہر ہاتھ نکال کر دیکھتا ہے تو برف نہیں ہوتی۔یہاں اپنی تنہائی کے احساس سے غمزدہ ہو جاتا ہے اچانک اس کے ذہن سے ایک سانپ نکل کر بیڈروم میں چلا جاتا ہے جہاں پر ایک عورت انگڑائی لیتی اور ایک لڑکی کھیلتی ہوئی نظر آتی ہے لاٹھی ٹیکنے کی آواز پھر قریب آتی ہے وہ پردے سے باہر دیکھتا ہے ایک اندھا ادھیڑ عمر آدمی لاٹھی کے سہارے آگے بڑھ رہا ہے اس

کے روکنے سے پیشتر ہی وہ آگے بڑھ جاتا ہے اس کے دل میں خیال آتا ہیکہ کاش ڈرائنگ روم کی تمام چیزیں اور بیڈ روم میں مسکراتی عورت اور لڑکی اس کی ہوتیں لیکن وہ اپنے آپ کو قالین پر اوندھا پڑا پاتا ہے' لکڑی ٹیکنے کی آواز وہ دروازے کی طرف بڑھتا ہے' اس کے پکارنے کے باوجود اندھا آگے بڑھ جاتا ہے دروازے کے قریب تپائی پر ایک کاسنے میں ڈھلا ہوا بوڑھا بے فکری سے ناریل پی رہا ہے۔اس کے دل میں خیال آتا ہیکہ وہ بھی اس طرح بے فکری سے بوڑھے کی طرح تمبا کو پیتا رہے۔ وہ اپنے آپ میں سوچتا ہیکہ ایک بپھرے ہوئے سمندر اور ریت اڑاتے صحرا اور برف کے طوفان میں اکیلا آدمی کچھ نہیں کرسکتا۔ وہ دل ہی دل میں اس چیز کو گالی دیتا ہے جو یہ سب کچھ سوچتی ہے مگر نظر نہیں آتی۔ وہ ڈرائنگ روم کی چیزوں کو للچائی ہوئی نظروں سے دیکھتا ہے آواز پھر آتی ہے کہ یہ سب تمہارا ہی تو ہے مگر اب زیادہ مہلت نہیں وہ کسی انجانی چیز کے کھو جانے کے غم سے پھوٹ پھوٹ کر رونے لگتا ہے بے بس ہو کر اس نے کہنا چاہا کہ اگر کوئی کمزور نحیف بے سہارا کشتی ساحل سے آ کر لگے تو سمجھ لینا کہ وہ میں ہوں۔

اس کہانی میں انسان اپنے ہی ڈرائنگ روم کو دوسرے آدمی کا ڈرائنگ روم سمجھ رہا ہے وقت گزرنے کے ساتھ اس کی شخصیت منقسم ہوگئی ہے چیزوں سے اس کا رشتہ منقطع ہونے لگا ہر چیز اس کے لیے اجنبی دکھائی دینے لگی۔

اس کردار کے ذریعہ آج کے دور کے انسانی صورتحال کو پیش کیا گیا۔ انسان جب تک فطرت سے قریب تھا وہ اپنی فطرت پر قائم تھا سائنس اور ٹکنالوجی کی ترقی نے اسے فطرت سے دور کر دیا وہیں اس کے وجود کو دو حصوں میں بانٹ دیا۔

> ''وادی میں اونچے بے ترتیب درخت جا بجا پھیلے ہوتے تھے جن کے جسموں کی خوشبو فضا میں پھیل گئی تھی۔ نئے راستوں پر چلنے سے دل میں رہ رہ کر امنگ سی پیدا ہوتی۔ سورج مسکراتا ہوا پہاڑ پر سیڑھی سیڑھی چڑھ رہا تھا کہ میں گرد آلود پگڈنڈیوں کو چھوڑ کر صاف شفاف چکنی سڑکوں پر آ گیا پختہ سڑکوں پر صرف میرے پاؤں سے سے جھڑتی ہوئی گرد تھی جو میں پگڈنڈیوں سے لے کر آیا تھا۔
>
> یا پھر میرے قدموں کی چاپ سنائی دے رہی تھی چکنی سڑک کی سیاہی دھیرے دھیرے ابھر کر فضا میں تحلیل ہونے لگی اور افق پر سورج کمزوری سے لڑھکنے لگا''۔(۱۰)

اس حوالہ کے مطالعہ سے یہ نتیجہ اخذ ہوتا ہیکہ انسان کا قدیم کلچر سے جدید کلچر کی طرف سفر کرنا ہے۔ سورج' سائنسی اور صنعتی ترقی کے روز افزوں ارتقاء کی تصویر پیش کرتا ہے سڑک آج کی صنعتی ترقی ہوسکتی ہے جس پر چلتے ہوئے انسان کی خواہشات آگے بڑھنے کی تمنائیں ختم ہی نہیں ہوتیں آتش داں اور بجھی ہوئی آگ قدروں کا زوال ہے وہ محسوس کرتا ہیکہ ڈرائنگ روم میں رکھی ہوئی ہر چیز اس سے بے تعلق ہے کسی کو اس کے وجود سے سروکار نہیں۔

''کارنر ٹیبل پر رکھے دھات کے گلدان کو میرے بڑے سے ہاتھ نے چھو کر چھوڑ دیا ہے اس کے جسم کی خنکی ابھی تک انگلیوں پر محسوس ہو رہی ہے۔ گل داں کا اپنا ایک الگ وجود میں نے قبول کرلیا ہے ہاتھ میرا اس لیے احساس بھی میرا ہے لیکن

گل دان نے میرے احساس کو قبول نہیں کیا''

گل دان سے ہٹ کر میرا ذہن کچھ ہاتھوں کے بارے میں سوچتا ہے جن میں پھول ہیں پھر ہوا کھڑکی کے پردوں کو چھیڑتی ہے' دروازے کا پردہ بھی سرسراتا ہے اور میں بالکل تنہا ان تمام چیزوں کے بارے میں سوچتا ہوں اور محسوس کرتا ہوں اور پھر غمزدہ ہو جاتا ہوں...... بے وجہ کا غم...... بے بنیاد اکیلا پن''۔

اس حوالے میں کارنر پر رکھی ہوئی تصویر ماضی کی یاد دلاتی ہے اس تصویر میں وہ اپنی بیوی اور بچی کے ساتھ ہے سب مسکرا رہے ہیں اسے یاد آیا ہے وہ اپنی گزری ہوئی باتوں کو یاد کرتا ہے جو فوٹو گرافر نے کہا تھا:

''ذرا مسکرائیے''۔

ہم تینوں مسکرائے اور فوٹو گرافر نے کہا! ''تھینک یو!'' اور ہم اٹھ کر بکھر گئے اور ابھی تک بکھرے ہوئے ہیں' یعنی کہ جدا ہو گئے ہیں اب وہ کبھی نہیں مل سکتے اگر کبھی ملے بھی تو مسکرا نہیں سکتے باقی تصویر ویسی کی ویسی کھینچ جائے گی''۔ جدید دور کی معاشرتی زندگی میں خاندانی رشتوں کے کمزور پڑ جانے اور احساسات کے کند ہو جانے کی طرف بڑی خوب صورتی سے اشارہ کیا ہے۔

جو بیت چکا وہ لوٹ کر نہیں آ سکتا۔ انسانی رشتوں کو توڑ کر ایک طویل پر تعیش زندگی بسر کرنے کے بعد اس کی لایعنیت کا احساس ہوتا ہے لیکن اب اس کا تدارک ممکن نہیں۔

''مجھے تم نے پہلے کیوں نہیں بتایا'' میں چیخا...... کم از کم میں پچھلے دروازے سے اندر جا کر ان میں ایک لمحے کے لیے بیٹھ تو جاتا۔ ان کی چاہت ان کی اپنائیت کی گرمی سے اپنی آغوش کے خالی پن کو آسودہ تو کر لیتا...... یہ ظلم ہے۔ سراسر ظلم......!

''ہا...... ہا...... ہا......''

میں نے خالی قالین کو ایک نظر دیکھا اور پھر بڑھ کر اسے اپنی باہوں میں بھر لینے کے لیے اس پر اوندھا لیٹ گیا۔ اور میرے پشیمانی کے آنسوؤں سے اس کا دامن بھیگنے لگا''۔

(۳) خالدہ حسین کا افسانہ ''ہزار پایہ''

خالدہ حسین نے اپنے افسانوں میں روز بروز بڑھتی ہوئی سائنسی اور صنعتی ترقی سے رونما ہونے والے اس بحران کی عکاسی کرتے ہیں جس میں انسان مشین کا ایک پرزہ بن گیا ہے اور اپنی شناخت کھو چکا ہے ایٹمی انرجی کے بڑھتے ہوئے خطرے نے عدم تحفظ اور بے حسی کی فضا پیدا کر دی ہے جس کی وجہ سے اجنبیت اور تنہائی کے احساس سے اسے گھیر لیا ہے الفاظ نے اپنا مفہوم کھو دیا ہے قدروں کا زوال اور بے سمتی یہ اس انتشار کی لہریں ہیں جو سارے انسانی معاشرے میں پھل چکا ہے۔

خالدہ حسین کا افسانہ ''ہزار پایہ'' جدید دور کے انسان کے المیے کو پیش کرتا ہے جو ترقی کے دور میں دوسروں سے سبقت کی سعی و جستجو میں اس قدر تھک گیا ہے کہ اس کے اندر ایک منفرد احساس ہزار پا کی شکل میں پرورش پا رہا ہے اس کے جسم

میں ہزار پایہ جوں جوں پھیلتا اور اپنی جڑیں گہری کرتا چلا جاتا ہے اس کی ذہنی کیفیات اور احساسات میں تبدیلی آتی جاتی ہے اسے محسوس ہوتا ہے کہ چیزوں کے نام اجنبی ہوتے جا رہے ہیں۔ وہ ناموں کو محفوظ کرنے کے لیے انہیں کاغذ پر لکھتا جاتا ہے جو جو نام رقم ہوتے جاتے ہیں وہ اشیا حافظے سے محو ہو جاتی ہے اس کا دل اپنی تصنیف سے اچاٹ ہو گیا اور وہ ناموں کے بجائے ٹھوس چیزوں سے دلچسپی لینے لگا ہے وہ خاص خاص چیزوں کو اپنے حافظے میں تازہ کرنے لگتا ہے لیکن رفتہ رفتہ خاص چیزوں کا خیال آنا بند ہو جاتا ہے اور وہ عام چیزوں کی تلاش میں رہتا ہے پھر چیزوں اور ناموں کی شناخت بھی اس نے کھو دی اور اس کی تمام توجہ ہزار پایہ مرکوز ہو گئی جسے وہ دیکھنا اور جاننا چاہتا ہے لیکن معلوم ہوتا ہے کہ وہ کسی ایکس رے میں نہیں آسکتا۔ ڈاکٹر ہزار پایہ کو ختم کرنا چاہتے ہیں وہ ان کو روکنا اور کہنا چاہتا ہے۔

''نہیں نہیں...... میں نے کہنا چاہا۔ یہ زہریلا دھڑکتا گودا جڑواں بھرا میرے اندر...... ہر مقام پر' میرے ہر مسام پر اور دنیا کے ہر لفظ پر حاوی ہے''۔

لیکن شاید وہ اسے سن نہیں پاتے اور ہزار پانے کو...... اس پہلی اور آخری آواز کو ہلاک کرنے کے لیے اسے لے کر کہیں چلے جاتے ہیں چیزوں کے نام بھولنا شناخت کھونا ہے اگلے وقتوں پر نام کی لگن اس کے اندر حسد کا مادہ پیدا کرتی ہے نام یعنی مادی دنیا کی آسائش اور ترقیاں جو انسان کو معاشرے میں برتر ظاہر کرتی ہیں۔ انسان ترقی کے اس دور میں سبقت حاصل کرنے کی کوشش کرتا ہے کہانی کا مرکزی کردار بھی اسی معاشرے کا ایک حصہ ہے جو جنون کی حد تک ناموں کو حاصل کرنا چاہتا ہے ان کا علم حاصل کرتا ہے اور اس کی تصنیف کرتا ہے لیکن وہ نام بھولتا جاتا ہے تب اس کے انداس بے نام احساس کی شاخیں اپنا گھر کرتی ہیں۔

ہزار پایہ موت کا وہ ہیبت ناک تصور ہے جو وجود کی انتہا یا پھر حقیقت کا نقطہ انجام ہے جس سے ہر ذی روح کو گزرنا ہے موت کا یہ تصور واحد متکلم کو اپنی شناخت سے دور کرتا ہے اور اپنے معاشرے اور سوسائٹی میں اجنبی کی طرح زندگی گذار رہا ہے موت کا یہ احساس عصری انسان کو واحد مسئلہ ہے جو ایٹمی انرجی کے زیر اثر انسان میں عدم تحفظ اور زندگی کی لایعنیت کے احساس کو فروغ دے رہا ہے۔

''مگر اس روز کے بعد اپنی تصنیف سے میرا جی بالکل اچاٹ ہو گیا ہر چیز کے اوپر ایک خول چڑھا تھا اور خول کے اندر ایک گرم دھڑکتا گودا ایک ہزار پایہ تھا۔ ہر چیز شاخیں پھیلائے...... تھی نام کے بے جان خول کے اندر۔ اس لیے اب اکثر چیزوں کے نام میری یادداشت نے ٹھکرا دیئے۔ اب میں کم سے کم ناموں کے ساتھ رہ رہا تھا''۔

آج کا انسان نام کا خول اپنے اوپر چڑھائے دوسروں میں امتیاز حاصل کرتا ہے نام کے خول کے اندر دھڑکتا گودا وہ خواہشات ہیں جن کی کوئی انتہا نہیں لیکن ہر نام والی چیزوں کے ساتھ ہزار پایہ موت بھی ہوتی ہے جو ہر چیز کا انجام ہے وجود کی اس بدہیتی کو ایکس رے رپورٹ سے ظاہر کیا گیا ہے کہ انسان ہڈیوں کے ڈھانچے کے سوا کچھ اور نہیں اور فنا ایک اٹل حقیقت ہے جو ہر چیز کا اولین اور واحد مفہوم ہے۔

(۴) مسعود اشعر۔ خاموشی

خاموشی یعنی سکوت لیکن اس کے برعکس شور سے بھری ہوئی یہ کہانی ہے اس کہانی میں مختلف اقسام کے شور دکھائے گئے جیسے ریڈیو کا شور، بچے کے رونے کا شور، چڑیوں کا شور، اور نل کا شور، شور کے ساتھ وقت کے گذرنے کا تاثر قائم ہوتا ہے اس کے برخلاف سکوت میں انجماد اور ٹھہراؤ دکھائی دیتا ہے جو وقت کو روک دیتا ہے وقت کا گزرنا ہمارے زندہ رہنے کو ثابت کرتا ہے یعنی زندہ رہنے کا احساس ہم کو وقت کے گزرنے سے ہوتا ہے اور سکوت موت کی علامت ہے بہتا ہوا پانی وقت کے گزرنے کا احساس دلاتا ہے قدیم اساطیر اور کہانیوں میں ''دریا'' کو وقت کی علامت کے طور پر پیش کیا گیا ہے۔

کہانی کا مرکزی کردار اپنے وجود کا احساس مسلسل شور میں کرتا ہے اس کی صبح ریڈیو کے شور سے ہوتی ہے ہر صبح بیوی چائے بنا کر لاتی ہے اور دونوں لحاف کے اندر پیر پھیلائے چائے پیتے ہیں۔ یوں تو چائے دونوں باری سے بناتے لیکن کچھ دنوں سے خاوند دنیا بھر کے ریڈیو اسٹیشنوں سے خبریں سننے میں اتنا محو ہے کہ اسے فرصت ہی نہیں ملتی چائے بنانے کی۔

دو چیزیں زندگی میں اہمیت کی حامل ہوتی ہے ایک عمل دوسرا نتیجہ۔ آدمی جب کوئی عمل کرتا ہے تو اس کا نتیجہ اس کو مل جاتا ہے اس کے بجائے کہانی کا مرکزی کردار عمل کے بجائے خبروں پر اکتفا کرتا ہے۔ اس کی ساری زندگی خبریں سننے میں گزری جب وہ غسل خانے کے آئینے میں اپنے جھریوں بھرے چہرے کو دیکھتا ہے تو پریشان ہو جاتا ہے کہ آج تک وہ خبریں سنتا رہا خود اس نے کوئی عمل نہیں کیا عمل کے بغیر ہی وہ تبدیلی کا خواہش مند رہا وہ کوئی ایسی خبر سننا چاہتا ہے جس سے پتہ چلے کہ حالات بدل گئے ہیں اب انسانیت کو کوئی خطرہ نہیں رہا اور اس خبر کی امید میں اس کے کان نشر ہونے والی خبروں پر لگے رہے۔ اور نگاہیں اخبار کے صفحوں پر جمی رہیں۔

وہ عمل کی دنیا سے پرے اپنا دن ریڈیو سننے اور اخبار پڑھنے میں گزارتا ہے لیکن اپنے منشاء کے مطابق ابھی تک اس نے ایسی کوئی خبر نہیں سنی جس کا وہ منتظر ہے۔

''صبح آنکھ کھلتے ہی تم جو ریڈیو کے پیچھے پڑتے ہو تو تمہیں اپنی خبر بھی نہیں رہتی''

''اپنی خبر کے لیے ہی تو ریڈیو سنتا ہوں''

''پھر کچھ ملا؟'' اس نے طنز کیا۔

اگر کچھ ملتا تو میں یہاں بیٹھا ہوتا۔''

پہلے وہ خبریں رات ساری جاگ کر سنتا اس کا ساتھ بیوی بھی دیتی کیوں کہ ان خبروں کا کوئی مفہوم بھی ہوتا مگر رفتہ رفتہ وہ اکیلے خبریں سننے لگا اس کی بھی امید خبروں سے ٹوٹ گئی تھی اب وہ ریڈیو محض اس لیے سنتا ہے کہ اس کا شور اس کے اپنے وجود کی تصدیق کرتا اس کے ہونے کو ظاہر کرتا ہے۔

''میں نے سوچا ابھی تھوڑی دیر میں چڑیاں خاموش ہو جائیں گی دن کا سورج نکل آئے گا بچے کو دودھ مل جائے

گا اور وہ سو جائے گا یا پھر سورج کی کرنوں سے کھیلنے لگے گا۔ اس لیے ریڈیو ہی چلتا رہنا چاہیے کوئی آواز آتی رہے گی شور کا احساس تو ہوتا رہے گا اور کیا معلوم کوئی خبر بھی آجائے خواہ کسی زبان میں بھی ہو۔

''پھر میں نے غسل خانے میں گھس کر نل کھولا اور اپنے دونوں ہاتھ بہتے پانی کے نیچے رکھ دیئے۔ بہتا پانی وقت گزرنے کا احساس دلاتا رہے گا''

کہانی میں ''بچے کا رونا'' عمل کا استعارہ ہے جس سے مرکزی کردار عاری ہے رونے کے عمل سے ماں بچے کو دودھ دیتی ہے۔ مرکزی کردار عمل کی ان حدوں سے تجاوز کر چکا ہے۔ اس جمود اور ٹھراؤ سے اسے گھن لگ گئی ہے اور وہ کوئی ایسی خبر سننا چاہتا ہے جس سے زندگی میں تبدیلی کا احساس ہو۔ بیوی ہر وقت اپنے شوہر کو اس کی بے عملی کا احساس دلاتے رہتی ہے بیوی کا یہ طنز کہ صرف چیزوں کو ایک جگہ رکھے ہوئے بو آجاتی ہے اس طرح بے عمل انسان زندہ لاش کی طرح ہوتا ہے اس میں بھی کافور کی بو آتی ہے۔

اس کہانی میں ہم کو دو کردار دکھائے گئے ہیں ایک بیوی ہے انہیں بچہ نہیں ہے اس لیے وہ اپنے آپ کو ہمیشہ مصروف رکھتی ہے اور وہ پھر بھی پر امید ہے یہی امید اسے عمل کے لیے اکساتی ہے دوسری جانب اس کا شوہر ہے جو صرف عمل ہی نہیں بلکہ خبر سے بھی نا امید ہو گیا ہے اس میں زندگی کی کوئی حرارت باقی نہیں رہی۔ اب وہ ریڈیو صرف شور کے لیے لگاتا ہے تاکہ اسے اپنے وجود کا احساس ہو زندگی کی بے معنویت کے احساس کی وجہ سے وہ بے عمل اور عدم تحفظ کا شکار ہے۔

(۵) اقبال مجید: ایک حلفیہ بیان

یہ کہانی ایک کیڑے کی حرکات کے گرد گھومتی ہے برسات کی ایک اندھیری رات میں ایک بڑا کالا کیڑا ٹیوب لائٹ کی مصنوعی روشنی کو دیکھ کر روشن دان کے ذریعہ ایک لکیر بناتی ہوئی باہر جارہی تھی اپنی فطری جبلت کے زیر اثر بند کمرے میں داخل ہو جاتا ہے۔

اس کی بھناہٹ کی آواز کچھ دیر تک کمرے میں گونجتی ہے پھر پٹ کی ایک آواز کے کہانی سنانے والے کی مسہری سے ایک میٹر کی دوری پر کیڑا پیٹھ کے بل الٹا گر جاتا ہے۔ سیدھا ہونے کی کوشش میں وہ مسلسل اپنے پیروں کو چلائے جاتا ہے تب کہانی گو پیر کی دھمک پیدا کرتا ہے جس کو سن کر وہ یکدم ساکت ہو جاتا ہے تقریباً ایک گھنٹہ کے بعد پھر سے وہ اپنا پیر چلانے کا عمل شروع کرتا ہے اور جب کہانی کو دوبارہ پیر کی دھمک سے کیڑے کو باہری خطرے سے آگاہ کرتا ہے تو پھر وہ مردہ بننے کے ناٹک کرتا ہے۔

اس طرح صبح ہونے تک وہ فضا میں پیر چلاتے ہوئے فرش پر الٹا پڑا رہتا ہے۔

یہاں ہم کہانی میں کیڑے کی ایک ایک حرکت کو بیان کرتے ہیں اس کیڑے کو عصری انسان کی علامت سمجھ سکتے ہیں۔

''یہ ایک رات کی بات ہے۔

ایک اندھیری سنسان برسات کی رات کی بات ہے۔

اس رات جب میں اکیلا اپنے بستر پر لیٹا تھا دیوار پر ٹیوب لائٹ جل رہی تھی کمرے کا دروازہ بند تھا۔
روشن دان کھلا تھا بارش کا موسم تھا ٹیوب لائٹ پر بہت سے چھوٹے چھوٹے کیڑے رینگ رہے تھے یقیناً یہ برساتی کیڑے تھے تب ہی میرے سر کے اوپر سے مسہری اور کمرے کی چھت کے درمیان فضا میں بھنبھناہٹ کی آواز کے ساتھ ساتھ کسی قدر بڑے کیڑے کی آواز آئی اور پھر مسہری کے برابر فرش پر پٹ سے کسی کے گرنے کی آواز۔''

کمرے کا ماحول غیر فطری ہونے کی وجہ سے ہم ٹیوب لائٹ کی مصنوعی روشنی اور برساتی کیڑوں کلبلاہٹ کو آج کے انسان میں سائنسی تبدیلیوں کے زیر اثر پیدا ہونے والے انتشار کی کیفیت سے تعبیر کر سکتے ہیں جو اس کے فطری عمل میں مداخلت کر رہے ہیں۔ کمرہ ترقی یافتہ سماج کی علامت ہے۔

''ٹانگیں بے حد باریک بھدا جسم اور جسم کا خاصا وزن، بس وہ ٹانگیں چلائے جا رہا تھا دو منٹ' پانچ منٹ دس منٹ وہ مستقل اپنے کو پلٹنے کی کوشش میں لگا ہوا تھا۔

دراصل یہ ایک ہی جگہ پڑ کر چکنے فرش سے بے نیاز ہو کر کی جانے والی کوشش کی بات ہے یہ ایک اندھیری بے معنی رات میں بے مقصد کوشش کی بات ہے جب کہ پیٹھ چکنی ہو' فرش چکنا ہو' پر چھوٹے ہوں' ٹانگیں باریک ہوں اور ان کی دست رس میں فضا تو ہوز مین نہ ہو''۔

یہ جو کوشش ہے لامتناہی عمل ہے جو آج انسان اپنے ماحول کی لایعنی صورت حال کا شکار ہونے کے باوجود کئے جا رہا ہے گو کہ وہ بہتر صورت حال کی تلاش میں اس معنوی روشنی کی طرف اپنی فطری جبلت کے زیر اثر کھینچا چلا آیا ہے لیکن یہ نئی سائنسی ترقی ہے جو اسے بے سمتی کے احساس سے دو چار کر رہی ہے اور یہی بے سمتی اس میں زندگی کی بے معنویت کا احساس بھی پیدا کر رہی ہے وہ سمجھ رہا ہے کہ یہاں سے فرار کا راستہ ناممکن ہے اس لیے اس میں کوشش کرنے کا عنصر عنقا ہو رہا ہے۔

کہانی گو جو کچھ اپنی آنکھوں سے دیکھا اس کو بیان کر رہا ہے کہ اس کے پیر کی دھمک کی آواز سے اس کیڑے پر ایک عجیب اثر ہوا وہ یکا یک جیسے بے سدھ ہو گیا' اس کی ٹانگیں چلنا بند ہو گئیں۔ اور بالکل بے حرکت اس طرح بن گیا جیسے اس میں جان ہی نہ ہو۔ دراصل یہ ایک بے سدھ اور اپنے کو مردہ ظاہر کر دینے والے کیڑے کی بات ہے کسی باہری خوف کے تحت اپنے کو پرسکوت پرامن اور In effective ظاہر کر دینے والے ایک وجود کی بات ہے''

باہر خطروں سے ڈر کر انسان اکثر اپنے آپ کو مردہ ثابت کرتا ہے دوسرا یہاں پر کیڑا کمزور اور لاچار نحیف انسان کی مثال ہے جو اپنے وجود کی بقا کے لیے مصلحت آمیز رویہ اختیار کیئے ہوئے احتجاج کے بجائے خاموشی کو اپنا نصب العین بنا لیتا ہے۔

عالمی سیاسی صورت حال اور اس کے تاثرات:۔

آج کے جدید افسانے میں عالمی سیاسی صورت حال میں آزادی اور تقسیم ہند کے بعد کے سیاسی حالات کا گہرا عکس ملتا ہے۔

دوسری جنگ عظیم کے بعد ہماری دنیا تین حصوں میں منقسم ہوگئی ایک حصہ اشتراکی مما لک پر مشتمل ہے جس میں روس اور چین کی دو بڑی قوتوں کے علاوہ چند چھوٹی چھوٹی اشتراکی مملکتیں شامل ہیں دوسرے حصے میں وہ سامراجی اور سرمایہ دارانہ ملک ہیں۔

جو خود کو آزاد دنیا سے موسوم کرتے ہیں بیش تر ملکوں میں جمہوری حکومت رائج ہے۔ تیسری دنیا زیادہ تر تو آزاد مشرقی ملکوں پر مشتمل ہے اور مشرق کے بعض ملکوں پر آج بھی سامراج کا تسلط برقرار ہے۔

تیسری دنیا کے ترقی پذیر مما لک علمی، سائنسی اور صنعتی ترقی یافتہ اور مالدار ملکوں کی اعانت کی محتاج ہیں یہ امداد انہیں غیر مشروط طور پر حاصل نہیں ہوتی۔ امداد کے ساتھ سیاسی مداخلت بھی شروع ہوجاتی ہے بڑی طاقتیں تیسری دنیا کے ملکوں کو اپنے زیر اثر رکھنے کے لیے کوشش کرتی ہیں کہ ان ملکوں میں ایسی جماعتیں اور شخصیتیں برسر اقتدار آئیں جو ان کے تابعدار ہو وہ ان ملکوں میں فوجی اڈے قائم کرتی ہیں۔ سامراجی اور سرمایہ دار ملک تجارت کی غرض سے سامان حرب تیار کرتے ہیں اس مال کی نکاسی کے لیے ضروری ہیکہ تیسری دنیا کے مما لک ایک دوسرے سے برسر پیکار رہیں۔ تیسری دنیا کے ملکوں میں مسلسل عدم استحکام کی صورت قائم رکھنے کے لیے سامراجی مما لک ان ملکوں میں سازشوں کا جال بچھاتے ہیں، مسلح تنظیمیں قائم کرتے اور انہیں خفیہ طور پر اسلحہ فراہم کرتے۔ ان ملکوں میں نسلی اور فرقہ وارانہ فسادات کرواتے ہیں جس کی وجہ سے لوگ بڑے پیمانے پر ترک وطن کرنے پر مجبور ہوتے ہیں۔ اور دوسرے ملکوں میں سیاسی پناہ لیتے ہیں ایران اور عراق برسوں سے ایک دوسرے کے خلاف ہیں ہندوستان اور پاکستان میں آزادی کے بعد سے آج تک سرد جنگ جاری ہے اور دو بار ان کے درمیان جنگیں بھی ہوچکی ہیں۔ عالمی جنگ کے خطرے کے گہرے نفسیاتی اثرات ساری عالم انسانیت پر مرتب ہو رہے ہیں موت اور فنا کی دہشت نے انسان سے اس کی خود اعتمادی چھین کر ذہنوں کو مسموم بنادیا ہے۔

یہ صورتحال آج کے دور میں انسانی اقدار کے زوال، زندگی میں لایعنیت اور عالمگیر احساس جبر کی ذمہ دار ہے۔

جدید افسانے میں ان تجربات واحساسات کو سادہ انداز میں پیش نہیں کیا گیا۔ بلکہ ان کی پیچیدہ نوعیت اور کربناکی کی شدت کو پوری طرح تفصیل سے بتانے کی کوشش کی ہے۔

(ا) ''کافور کی بو'' (قمر عباس ندیم)

اس افسانہ کے لکھنے والے قمر عباس ندیم ہیں۔ انہوں نے اپنی اس کہانی میں ایک ایسے شخص کی داستان کو بیان کیا ہے جو عدم تحفظ کا شکار ہے اور یہ تصور کررہا ہے کہ گھر ایک ایسی چار دیواری ہے جس میں آدمی اپنے آپ کو دنیا کی تمام بلاؤں اور مصیبتوں سے محفوظ پاتا ہے۔ یعنی گھر تحفظ اور سلامتی کی علامت تھا گھر کے تصور کو وسعت دی جائے تو وطن بھی انسان کا اپنا گھر ہوتا ہے۔

ساجد اعلیٰ تعلیم حاصل کر کے وطن لوٹتا ہے اس کہانی میں زندگی کے دو دور کو پیش کیا گیا ہے ایک بچپن کی زندگی جب فلیٹ سے کچھ دور باہر نکل جاتا تو ماں پریشان ہو جاتی اس کی واپسی پر خفا ہو کر کہتی ہے کہ ''باہر نہ جانا باہر خطرہ ہے'' کبھی کہتی کہ ہندو مسلم فساد چل رہے ہیں اور ہندو اسے مار ڈالیں گے یہ خوف اس کی ماں کا ہے۔ ملک میں ہونے والی چھوٹی چھوٹی خانہ جنگیاں جو کم از کم آدمی کو یہ احساس دلائے رکھتی ہے کہ اگر وہ گھر پہنچ جائے گا تو ان فسادات سے محفوظ رہے گا۔ لیکن آج گھر کا 'وطن کا یہ تصور جاتا رہا انسان عدم تحفظ کا شکار ہے دہشت اور خوف کا احساس اس کے اوپر چھایا ہوا ہے تمام عالم انسانیت اس بحران سے دو چار ہے۔

جب ساجد اعلیٰ تعلیم حاصل کرنے انگلینڈ جاتا ہے تو اسے واپسی کی امید ہوتی ہے اور وہ یہ سمجھتا ہے کہ وہاں کے گھما گھمی میں یہ خوف جو اس کے ملک میں تھا وہاں نہ ہوگا لیکن اسے یہ علم ہوتا ہے کہ فرار اور پناہ کی تلاش ہر جگہ قائم ہے کوئی ایک ملک سے دوسرے ملک فرار ہو کر پناہ تلاش کرتا ہے تو کوئی خانقاہ میں یا پھر نشہ آور دواؤں میں یعنی خوف کا یہ مسئلہ ہر جگہ موجود ہے ہندوستان اور پاکستان میں جنگ چھڑ جانے کی وجہ سے اس کا جہاز تہران پر ہی روک دیا جاتا ہے اور جب وہ پندرہ دن بعد کراچی ایر پورٹ پر جہاز سے اترتے ہوئے سوچتا ہے کہ جب وہ ماں سے ملے گا تو وہ اسے خفا ہو کر گلے لگائے گی اور کہے گی خبردار باہر نہ جانا باہر خطرہ ہے۔

''ساجد نے قدموں کی چاپ سنی' کوئی آہستہ آہستہ آرہا تھا دروازہ کھلتا ہے 'اماں' وہ ماں کے سینے سے لپٹ جاتا ہے...... ''تو آ گیا ساجد'' وہ شدتِ جذبات میں رونے لگتی ہے۔ اسے ماں کے سینے سے لپٹ کر کیسا عجیب سا سکون محسوس ہوا۔ اس کی آنکھوں کے راستے بہنے لگا نم ہوگئیں اور اس کا اضطراب آنکھو کے راستے بہنے لگا وہ سوچ کر دل میں مسکرا رہا تھا کہ ماں ابھی کہے گی تو آ گیا مگر دیکھ اب باہر نہ جانا۔

پھر وہ اسے سینے سے الگ کرتی ہے اور ڈبڈبائی آنکھوں سے اس کے چہرے کی طرف دیکھتی ہیں اور ان کے ہونٹ کانپنے لگتے ہیں۔

''تو آ گیا ساجد......'' وہ کہتی ہیں......تو کیوں آ گیا۔ ساجد واپس چلا جا...... خدا کے لیے کہیں دور چلا جا...... خدا کے لیے کہیں دور چلا جا......

یہاں خطرہ ہے......وہ پھوٹ پھوٹ کر رونے لگتی ہیں۔''

(۲) سعیدہ غزدر ''ڈاکو''

سعیدہ غزدر کے افسانے سماجی تنقید ہیں ان کے افسانے ذاتی اور انفرادی مسائل کے علاوہ عالمی صورتحال پر بھی محیط نظر آتے ہیں۔ ان کے افسانوں میں معنی خیز علامتیں استعمال ہوتی ہیں۔

ملکی اور بین الاقوامی سطح پر برسر اقتدار حکومتیں یا طاقتور قوتیں اپنا نظم و نسق برقرار رکھنے کے لیے ضابطہ کی تکمیل جھوٹے اور مکارانہ حربوں کے ذریعہ کرتی ہیں شہرت اور نیک نامی کے لیے کھوکھلی اصول پسندی کو عوام کے سامنے پیش کیا جاتا ہے

ضابطہ کی تکمیل کا یہ طریقہ ہم دنیا کی دو بڑی طاقتوں روس اور امریکہ کے پاس بھی دیکھتے ہیں۔ مہلک ہتھیاروں اور دولت کے بل بوتے پر یہ قوتیں تیسری دنیا کے ممالک کے معاملات میں بیجا مداخلت کرتی رہتی ہیں۔ سعیدہ غزدر نے اپنی کئی کہانیوں میں جمہوریت پسند عوام پر سرمایہ دارانہ حکومت اور ڈکیٹیٹروں کے جبر وتشدد کو موضوع بنایا ہے۔ پولیس کے مظالم اور ایذا رسانی کی رونگھٹے کھڑا کردینے والی تصویریں انہوں نے ان کہانیوں میں اس طرح کھینچی ہیں کہ انہیں پڑھ کر سرمایہ داریت اور سامراجیت کے خلاف شدید نفرت کا جذبہ پیدا ہوتا ہے۔

اس کہانی میں ایک دیہاتی اپنی بکری لیے جارہا تھا ایک جگہ وہ اپنی بکری کو پانی پلانے کے لیے رکتا ہے۔ پولیس کے سپاہی اسے پکڑ کر تھانے لے جاتے ہیں اسے مار پیٹ کر ایک اقبال بیان پر اس کے انگوٹھے کا نشان لیتے ہیں اس کا تعلق ڈاکوؤں کی ٹولی سے ہے۔ وہ مشین گنوں اور رائفلوں سے مسلح تھے ایک تخریب کار گردہ نے یہ اسلحہ فراہم کیا تھا۔ ڈاکوؤں نے مقامی آبادی کو لوٹا وہاں پولیس پہنچ گئی اس کے سب ساتھی فرار ہوگئے لیکن پاؤں میں گولی لگنے سے وہ بھاگ نہ سکا بیان پر انگوٹھے کا نشان لینے کے بعد دیہاتی کو چھوڑ دیا گیا۔ وہ مار پیٹ کی اذیت اور بدکلامی کے بعد بھی نجات پا کر خوش ہوگیا وہ اپنی بکری کھول کر لے جانے لگا تو پولیس والوں نے پیچھے سے فائر کرکے اسے ہلاک کردیا۔ دوسرے روز ڈاکوؤں اور پولیس کے مسلح تصادم کی خبر اخباروں میں صفحۂ اول پر شائع ہوئی اس خبر کے ساتھ ایک ڈاکو کی تصویر بھی تھی۔ جو فرار ہونے کی کوشش میں ناکام ہوگیا تھا۔ ڈاکوؤں سے تصادم کی فرضی روداد بنا کر پولیس یہ جتانا چاہتی ہے کہ وہ شہریوں کی حفاظت کس مستعدی کے ساتھ کررہی ہے اور اس روداد کو حقیقت کا رنگ دینے کے لیے ایک معصوم دیہاتی کو ظلم کا نشانہ بناتی ہے۔

''دوسرے اخباروں میں ڈاکوؤں اور پولیس کے مسلح تصادم کی خبر پہلے صفحے پر چھپی تھی۔ درمیان میں ایک ڈاکو کی لاش کی تصویر تھی جو زخمی حالت میں پکڑا گیا تھا اور حراست سے فرار ہونے کی کوشش کرتے ہوئے مارا گیا۔''

برسراقتدار سیاسی رہنما اپنے مخالفین کو ختم کرنے کے لیے بھی اس طرح کے حربے استعمال کرتے ہیں۔ سیاسی کرپشن اور پولیس کے مظالم آج کے دور میں عالمگیر صورت اختیار کرگئے ہیں۔

شہرت وعزت، حکومت و دولت کے لیے آدمی اس انتہا تک بھی پہنچ جاتا ہے کہ انسانیت اس سے شرمندہ ہوجاتی ہے جھوٹے گواہوں اور معصوم انسانوں پر ظلم کرکے بھی وہ مطمئن نہیں ہوتا بلکہ اپنے مفاد کے لیے قتل وغارت گری سے بھی گریز نہیں کرتا۔

(۳) انتظار حسین :۔ ''ہندوستان سے ایک خط''

انتظار حسین نے ہجرت کے تجربے سے ابھرنے والے احساسات سے متاثر ہوکر کئی کہانیاں لکھیں۔ انہوں نے دوسرے موضوعات پر بھی بہت کچھ لکھا ہے۔ لیکن ہجرت کے تجربے کے ساتھ ہی ذہن میں انتظار حسین کا نام ابھرتا ہے۔ موجودہ دور میں مسلمانوں کی پاکستان کو ہجرت کے علاوہ بھی بڑے پیمانے پر ترک وطن کے واقعات تلاش روزگار یا زیادہ دولت کمانے کی خواہش میں خلیجی ممالک امریکہ اور دوسرے ملکوں کو جاتے ہیں بیشتر اپنے وطن اور خاندان سے دور رہ کر زندگی

بسر کرتے ہیں بہت سوں نے مستقل طور پر وطن ترک کر دیا تارکین وطن کے تہذیبی اور نفسیاتی مسائل اور مہاجرین کے اسی نوعیت کے مسائل میں بڑی مماثلت ہے یہاں ہم دو ایک کہانیوں کا جائزہ لیں گے۔

یہ افسانہ ایک ''خط'' کی صورت میں ہے جسے قربان علی نے لکھا ہے ہندوستان کی تقسیم کے بعد قربان علی کا خاندان تتر بتر ہو گیا۔ کچھ لوگ مغربی پاکستان اور کچھ مشرقی پاکستان (موجودہ بنگلہ دیش) چلے گئے یہ خط ۱۹۷۷ء کا مرقومہ ہے۔

آزادی کے ستائیس برس بعد بہت سی تبدیلیاں آئیں۔ جو لوگ ہندوستان سے ہجرت کر کے چلے گئے تھے اب اگر وہ ہندوستان آئیں تو ان کے احساسات کیا ہوں گے۔ اس کا اندازہ اس خط نما کہانی سے لگایا جا سکتا ہے۔ قربان علی کے بھتیجے ''عمران میاں'' ہندوستان آتے ہیں وہ اپنے دادا کی قبر پر فاتحہ پڑھنے کے لیے جانا چاہتے ہیں تو قربان علی وہاں دن میں جانے سے منع کرتے ہیں کہ کوئی انہیں پہچان نہ لے عمران میاں نے جھٹ سے جواب دیا۔

''چچا جان! میں گھر آنے سے پہلے بستی میں گھوم پھر لیا ہوں۔ اس مٹی نے مجھے نہیں پہچانا۔''

اس خط میں قربان علی اپنے بھتیجے (عمران میاں کے بھائی) کو لکھتے ہیں۔

''جب میں قبرستان جاتا ہوں اور میاں جانی اور چھوٹے بھیا کی قبروں پر فاتحہ پڑھتا ہوں تو قبلہ بھائی صاحب بہت یاد آتے ہیں۔ کیا وقت آیا ہے کہ اب ہم میں سے کوئی جا کر ان کی قبر پر فاتحہ بھی نہیں پڑھ سکتا۔ جو خاندان ایک جگہ جیا' ایک جگہ مرا اب اس کی قبریں تین قبرستانوں میں بٹی ہوئی ہیں۔

......خاندان کی یادگاریں مع شجرۂ نسب کے قبلہ بھائی صاحب اپنے ہمراہ ڈھاکہ لے گئے تھے۔ جہاں افراد خاندان ضائع ہوئے وہاں وہ یادگاریں بھی ضائع ہو گئیں۔......سب سے بڑا سانحہ یہ ہوا کہ شجرہ نسب گم ہو گیا......اب ہم ایک آفت زدہ خاندان ہیں جو اپنا ٹھکانا اور شجرہ گم کر چکا ہے اور انتشار کا شکار ہے۔''

پھر آگے ایک جگہ لکھتے ہیں:

''کیا پاکستان میں سب ہی خاندانوں کے شجرے کھو گئے؟ عجب کہ ہم نے دیار ہند میں صدیاں بسر کیں' عیش کا زمانہ بھی گزارا' ادبار کے دن بھی دیکھے اس پاکستان کی حکومتیں بھی محکوم بھی رہے مگر شجرہ ہر حال میں بحفاظت رہا پھر ادھر لوگوں نے پاؤ صدی میں اپنے شجرے گم کر دیئے خیر خوش رہیں۔''

شجرہ اپنی روایت' تہذیب اور زمین سے جڑے رہنے کی علامت ہے شجرے کا کھو جانا ماضی سے منقطع ہو جاتا ہے۔ ترک وطن اور ہجرت کا سب سے بڑا المیہ یہی ہے۔

(۴) قدیر زماں ''دھند''

اس کہانی میں عالمی صورت حال پر گہرا طنز ہے۔

اس کہانی میں تو میں اپنے مسائل کا حل جنگ میں تلاش کرتی ہیں۔ یہ جنگیں ماضی کی جنگوں سے جداگانہ ہے آج کی جنگوں میں صرف سپاہی ہلاک نہیں ہوتے بلکہ امن پسند عوام بھی ان کی زد میں آتے ہیں لاکھوں بے گناہ شہری مارے جاتے

ہیں ان جنگوں کے پیچھے بڑی طاقتوں کا ہاتھ ہوتا ہے ان کے اپنے مفادات ہوتے ہیں۔

اقوام متحدہ کی تنظیم پر بھی ان کی اجارہ داری ہے جس کی وجہ سے یہ تنظیم غیر فعال ہوکر رہ گئی ہے ان حالات میں امن پسند انسان خود کو بے بس محسوس کرتے ہیں ان کی بے بسی آہستہ آہستہ بے بسی میں بدل جاتی ہے کہانی میں ایک واقعہ ہے جو آج سے چند برس پہلے پیش آیا تھا۔

فلسطینیوں نے ایک ہوائی جہاز کو اغوا کر کے انہیں ایرپورٹ پر اتار دیا تھا۔اس طرح دباؤ ڈال کر وہ اپنے مطالبات منوانا چاہتے تھے۔لیکن اسرائیلیوں نے نہایت پھرتی اور چالاکی سے حملہ کر کے اغوا کرنے والوں کو زیر کیا۔اور اپنے ساتھیوں کو چھڑا لے گئے۔گوپی ناتھ صبح اٹھ کر ریڈیو سنتا ہے جیسے ہی یہ خبر اس کے کانوں میں پڑتی ہے وہ ریڈیو بند کر کے شیو کرنے لگتا ہے۔اس اثنا میں انار کے پیڑ پر بے شمار چڑیاں جمع ہو جاتی ہیں اور ایک دوسرے سے لڑنے لگتی ہیں وہ سوچتا ہے۔

آج وہ چڑیاں لڑ کیوں رہی ہیں ان کا پرابلم کیا ہے انار کا پیڑ بہت چھوٹا سہی لیکن جب بھی چڑیاں اسی پر پھیل جاتی تو وہ بہت تھوڑی ہی لگتیں ٹہنیوں پر تو ان کا کوئی وزن ہے اور نہ کوئی تعداد ہے۔

...... چڑیوں کا غول پتہ نہیں کہاں سے آیا اور کدھر جائے گا......انار کی یہ ٹہنیاں ان کا مسکن تو ہے نہیں! ہاں شاید یہ ہوگا کہ کسی چڑے نے کسی دوسرے چڑے کی چڑیا کے ساتھ کوئی زیادتی کی ہوگی اور یہ ساری برادری اس چڑے اور چڑیا کو سنگسار کرنا چاہتی ہوگی۔''لیکن گوپی ناتھ دیکھتا ہے کہ اسی لمحے بہت سارے چڑے چڑیاں دوسری چڑے اور چڑیوں پر ٹوٹ پڑتے ہیں اور ایک دوسرے کو لہولہان کر رہی ہیں وہ سوچتا ہے کہ کیا میں اس خونی کھیل کو بند نہیں کر سکتا۔کچھ ہی دیر میں وہ چڑیاں ایک دوسرے کا پیچھا کرتی ہوئی اڑ جاتی ہیں۔اس کے آگے کچھ نہیں دیکھ سکتا اس طرح کہانی کا اختتام ہوتا ہے۔

شیو کرنے سے پہلے گوپی ناتھ بلیڈ کی دھار کو اپنی انگلی کے پوروں سے دیکھنا چاہا بلیڈ کی دھار اور انگلی کے درمیان ایک دھند سی دکھائی دیتی ہے۔

''اف کتنی تیز ہے یہ دھار''

گوپی ناتھ نے گھبرا کر بلیڈ کو ریزر میں بند کیا اور شیو کرنے لگا۔چڑیوں کی لڑائی زندگی کی لایعنیت کی مثال ہے۔

بلیڈ کی دھار اور انگلی کے درمیان نظر آنے والی دھند استعارہ ہے اس دہشت اور خوف کا عالم آج سارے انسانیت پر مسلط ہے جس کے تصور کو وقتی طور پر ذہن سے جھٹک کر لوگ دنیوی معمولات میں مشغول ہو جاتے ہیں۔

(۵) سواری۔خالدہ حسین

یہ ایک پراسرار سواری کی کہانی ہے جو چاروں طرف گھوم رہی ہے ''سواری'' میں خالدہ حسین ایک پراسرار علامت تخلیق کی ہے۔

افسانے کا مرکزی کردار ''میں'' جس کی واپسی ہر شام ایک پل پر سے ہوتی ہے جہاں پر سوکھے ہوئے راوی کے دلدل میں سورج ڈوبتا نظر آتا ہے ایک دن اس کی نظر پراسرار تین اشخاص پر پڑتی ہے۔جو پل پر کھڑے ڈوبتے سورج کا نظارہ

کرئے میں محو دکھائی دیتے ہیں دوسرے دن بھی وہ لوگ اسی طرح سورج کا نظارہ کرتے دکھائی دیتے ہیں۔اسی طرح تیسرے دن بھی تینوں اشخاص نے ڈوبتے سورج کا منظر دیکھ رہے تھے تو ''میں'' کو تجس ہوا۔تو ''میں'' ان سے سوال کرتا ہے کہ وہ آخر ہر شام پل پر کیا دیکھتے ہیں؟ اس سورج کو کیوں دیکھتے ہیں۔تو ان میں کا معمر شخص بتاتا ہے کہ سورج کے ڈوبنے پر مشرق کی طرف سرخی دن بدن گہری ہوتی جاتی ہے اور دیر گئے رات تک آگ کی طرح دہکتی رہتی ہے۔رفتہ رفتہ سارے شہر میں اس سرخی کا چرچا ہونے لگا اور لوگ تبصرہ کرنے لگے۔

بعض کا خیال تھا کہ یہ ایٹمی تجربوں کا اثر ہے' پھر ایک دن اچانک ایک تیز اور ناگوار سی مہک محسوس ہوئی جس کی وجہ سے لوگوں کو سانس لینے میں دشواری ہونے لگی وہ گرانی اور خفقان کے آزاد میں مبتلا ہوگئے۔اس کی وجہ سے سارے شہر میں دہشت پھیل گئی۔ایک شام ایک عجیب وغریب سواری دکھائی دی جسے دو سفید بیل کھینچ رہے تھے۔

چاروں طرف سفید پردے پڑے تھے اور اگلی طرف دو گاڑی بان بیٹھے تھے۔جن کے آدھے چہرے چھپے ہوئے تھے۔سیاہ پردوں میں سے درد و دہشت بھری اس مخصوص مہک کی لہریں اٹھ کر ہر طرف پھیل رہی تھیں یہ سمجھا گیا کہ گاڑی میں کوڑا کرکٹ بھرا ہے جس سے تعفن پھیل رہا ہے۔

اس مہک کے اثر سے لوگ بیمار رہنے لگے ان کے چہرے زرد ہوگئے ایک دن وہ تین اشخاص پھر دکھائی دیئے ان کے چہرے پر موت کی سی دردی تھی اسی وقت پراسرار گاڑی نمودار ہوئی وہ تینوں اس گاڑی کے پیچھے بھاگنے لگے دوڑ کر انہوں نے گاڑی کا پردہ اٹھایا اور چیخ کر پلٹے ان کی زبانیں گنگ ہوگئی تھیں وہ بھاگتے ہوئے غائب ہوگئے اب گاڑی نے اپنا راستہ بدل دیا اور شہر میں داخل نہیں ہوئی۔لوگ اس مہک کے عادی ہو چکے ہیں۔

اس کہانی میں خالدہ حسین نے آج کے ایٹم زدہ اقدار سے عاری ہوئی دنیا کی جھلک کو دکھایا ہے۔ماضی کے مقابلے میں دنیا بہت کچھ بدل چکی ہے اور مسلسل بدل رہی ہے۔تبدیلی مادی' روحانی اور اخلاقی سطح پر ہو رہی ہے۔تبدیلی کا ہلکا سا احساس ہوتا ہے رفتہ رفتہ لوگ اس کے عادی ہو جاتے ہیں۔اس طرح آج کا انسان ایک مریضانہ زندگی بسر کر رہا ہے۔لیکن اسے مرض کا احساس نہیں رہا۔کہانی میں ایک ہلکا سا اشارہ ایٹمی تجربوں اور ان کے مضر اثرات کی طرف کیا گیا ہے اب چودھری صاحب کہتے ہیں۔

''کیوں بھائی'' تمہارا کیا خیال ہے؟ کہتے ہیں یہ سب ایٹمی تجربات کا اثر ہے سنا ہے اب دنیا کے سرد حصے گرم اور گرم سرد ہو جائیں گے رتوں Seasons کا سلسلہ بھی بدل جائے گا۔''

یہ ایک پراسرار اور علامتی کہانی ہے ان ہونی اور غیر متوقعہ چیزیں وقوع پذیر ہو رہی ہے تبدیلی کا عمل دو رخا ہے ایک خارجی دوسرا داخلی جس کا تجربہ ہم سبب اور عمل کی منطق سے کر سکتے ہیں۔لیکن تبدیلی انسانی ذہن و دماغ اور نفسیات پر جو اثرات مرتب کر رہی ہے اس کی نوعیت ایک احساس کی ہے۔جو مختلف احساسات سے مرکب ہے جس کو کوئی نام نہیں دیا جا سکتا۔

(٦) ڈاکٹر بیگ احساس: ''آسمان بھی تماشائی ہے''

اس موضوع کی آخری کہانی ''آسمان بھی تماشائی'' ہے اس کے مصنف ڈاکٹر بیگ احساس صاحب ہیں۔

یہ افسانہ ایک سوال سے شروع ہوتا ہے۔

''آپ وہی بزرگ ہے نا'' اس نے سوال کیا۔

''جو صدیوں پہلے نہر حیات کے کنارے ملے تھے'' اخیر کے جملے میں بھی نہر حیات ہوتا ہے۔

جملہ اس طرح ہے کہ ''یہ کہہ کر وہ بزرگ غائب ہوگئے۔ وہ نہر حیات کے کنارے تنہا رہ گیا۔''

افسانے کے شروع میں جو جملہ ہے وہ Story Oriented ہے۔

سوال پیدا ہوتا ہے کون بزرگ؟

ظاہر ہے اشارہ خواجہ خضر کی جانب ہے۔ سوال کرنے والا ایک مسافر معلوم ہوتا ہے۔ جو شاید ایک رپورٹر ہے خواجہ اس کو اپنے ساتھ سفر کرنے کے لیے اجازت تو دے دیتے ہیں مگر تنبیہ کرتے ہیں کہ وہ کچھ دیکھے تو ان سے سوال نہ کرئے اور اگر اس نے سوال کیا تو وہ اس سے پھر الگ ہو جائیں گئے۔

پہلا منظر صدیوں پرانی بستی کا ہے جس میں کچھ لوگ پیشانی پر ایک رنگ کی پٹیاں باندھے ہوئے ہیں۔

ایسا معلوم ہوتا ہے کہ مصنف کا اشارہ کارسیوکوں کی طرف ہے اس افسانے میں بار بار ایک ''عمارت'' کا ذکر کیا گیا ہے۔ معلوم ہوتا ہے کہ یہ بابری مسجد ہے اس کے بعد مصنف نے مسلمانوں کے کئی طبقات میں سے تین یا چار کرداروں کو منتخب کیا ہے۔ جس کی سوچ بابری مسجد کے حوالے سے سامنے لائی گئی ہے پہلا کردار مذہبی ہے۔ وہ ایک ''چراغ'' سے چپکا ہوا ہے۔ اور اس کی جی جان سے حفاظت کرنا چاہتا ہے۔

چراغ ایک وقت قدامت پسندی کی علامت ہے اور یہ بھی کہ مخصوص کلچر کی علامت ہے چراغ کا تحفظ اپنے کلچر کا تحفظ ہے اپنی شناخت کو برقرار رکھنا ہے۔ افسانے میں مندرجہ ذیل جملے اسی حقیقت کی طرف اشارہ کرتے ہیں۔

مسافر.....لیکن یہ تو بہت ہی قدیم چراغ ہے ''ہاں مجھے یہی پسند ہے............ اللہ کی رسی کو مضبوطی سے تھام لو' عبادت گاہوں کو حیران کر دیا جائے تو وہ زمین سے ہٹالی جاتی ہیں۔ اس Religious Pridiction کے ساتھ ایک تمیح بھی اس صورت حال پر ہے۔ مثلاً ''اعمال درست کرلو تو وہی حفاظت کریگا۔ کیا اس نے پرندے نہیں بھیجے تھے۔ جن کے پنجوں میں کنکریاں تھیں''۔

دوسرا کردار لیڈر ہے۔ وہ پر جوش باتیں کرتا ہے کہ اسلام خطرے میں ہے۔ یہ کردوں گا۔ وہ کردوں گا تیسرا کردار متوسط طبقے کا ایک ادھیڑ عمر شخص ہے۔ بیٹا بڑی مشکل سے عرب گیا ہے اب گھر کے حالات سدھرے ہیں۔ مشکل سے مکان بنا ہے۔ آرام آسائش کی ہر چیز گھر میں ہے۔ اب اچھے دن آئے ہیں کہ یہ جھمیلا پیدا ہو گیا ہے۔ اس کا خیال ہے کہ وہ جو کچھ کرنا چاہتے ہیں کر لینا دیا جائے کیا حرج ہے۔

چوتھا کردار ترقی پسند ہے شاید پروفیسر ہے کتاب پڑھ رہا ہے کتاب پڑھ رہا ہے۔خواجہ اور رپورٹر جب اس مسئلے کی طرف دھیان دینے کو کہتے ہیں تو لکچر دیتا ہے۔

''مذہب نے بڑی گربڑ مچائی ہے دنیا میں دراصل سارا کرئس (Crisis) شناخت کا ہے۔اور اپنی شناخت لیے کچھ لوگ مذہب کا سہارا لے رہے ہیں۔مذہب کی روح ختم ہوگئی ہے۔اب مذہب روایت بن گیا ہے۔اس کردار کی باتوں کو کوئی نہیں سنتا۔اس کا کہنا ہے کہ ''میرے پاس وہ لفظ ہی نہیں جوان کی ذہنی سطح کو چھوسکیں۔وہ (یعنی لوگ) اس کی بات سنتے ہیں جو چھت پر کھڑا ہے'' یہی نہیں اس افسانے میں ان کرداروں کے علاوہ عرب کے شہنشاہ وغیرہ بھی ہیں۔جو اس لڑائی میں شریک اس لیے نہیں ہونا چاہتے کیوں کہ ان کا خیال ہے کہ ''پھر ہمارے ہاتھ میں اونٹ کی نکیل آجائے گی''۔دولت مند ہیں جو دروازے بند کر کے اندر اپنے آپ کو محفوظ سمجھ رہے ہیں۔اس کہانی میں سفید مکان والا ہے۔جو لیڈر ہے وہ محل والوں سے بہتر ہے کہ وہ کم از کم برا یا بھلا رول اس افراتفری کو ختم کرنے کے لیے نبھار رہا ہے۔خواجہ کے ساتھ چل رہا مسافر یا رپورٹر بار بار سوال منع کرنے پر بھی کرتا ہے۔جسے خواجہ ڈانٹ دیتے ہیں۔

اس طرح اس افسانے میں سات بار رپورٹر سوال کر چکتا ہے حالاں کہ خواجہ نے سوال نہ کرنے کی تاکید کی ہے۔

سوال دیکھیں:

۱۔آپ وہی بزرگ ہیں نا......''

۲۔لیکن اے بزرگ یہ سب کیسے ہوا؟ (یعنی مسلمانوں کے شاندار ماضی کا خاتمہ کیسے ہوگیا) خضر......لمبی کہانی ہے۔کیا تم سوال کے علاوہ کچھ اور نہیں کر سکتے (خضر کا جواب کتنا طنز ہے)

۳۔اس نے بزرگ سے سوال کیا ''اپنی سانسوں کے چھننے کے خوف سے یہ لوگ اپنے محلوں کے دروازے بند کرلیں گے تو کیا طوفان سے بچ جائیں گے؟

(اس مرتبہ بزرگ نے شرط کے خلاف سوال کرنے پر تنبیہ فرمائی)

۴۔حاکم نے منافقت کیوں کی؟ اونگھتی ہوئی فوج نے نہتھوں پر گولیاں کیوں چلائیں؟

۵۔سیاہ فام لوگوں سے متعلق اظہار افسوس کا سوال۔

۶۔ایسا کیوں ہو رہا ہے؟

۷۔جب وہ سب بھوک سے مر جائیں گے تو وہ کس پر حکومت کریں گے؟

بزرگ نے کہا لو صاحب مجھ میں اور تم میں حسب قرار جدائی ہوگئی۔تم نے خود ہی کہا تھا کہ میں کوئی بات پوچھوں تو مجھے الگ کر دینا۔

اس کہانی میں جس ماقبل متن کی یا تازہ ہوتی ہے وہ متن حاتم طائی کا سات سوال ہے یہاں ہر سوال کا پس منظر حاتم کے سوال سے بھی زیادہ پراسرار اور جواب طلب ہے سوال قاری کے اندر متن کی از سر نو تعمیر کا جذبہ پیدا کرتے ہیں خاص

طور سے خواجہ کا سوال پر پابندی لگانا اور سوال کرنے پر اس کا جواب نہ دینا متن میں ایک ایسا گیپ پیدا کرتا ہے۔ جو قاری اپنے جواب سے پر کر سکتا ہے۔ داستانوں میں اکثر سوال نہ کرنے اور جواب نہ دینے کے پیچھے داستان کے راز کو پوشیدہ رکھنا ہوتا ہے۔ حالاں کہ ان سوالوں کے جوابات بیانیئے۔ میں پوشیدہ ہیں۔ آخری سوال کے بعد سوال کرنے والے خواجہ کا۔ یہ استفسار کہ۔

''لیکن اس وقت تو آپ سارے سوالوں کی وضاحت کی تھی اور بعد میں علحدگی اختیار کی تھی۔''

خضر کا کہنا ہے کہ...... ''ہاں وہ ان دنوں کی بات تھی جب علم ادھورا تھا اور وقفہ وقفہ سے بھیجا جا رہا تھا لیکن اب آسمانی سبق مکمل ہو چکا ہے۔ اب کوئی آنے والا نہیں اس لیے آسمان خاموش تماشائی بن گیا ہے اپنے سوالوں کا جواب خود ہی تلاش کرو۔''

اس کہانی کا اشارہ قرآن کی آیتوں کے نزول کی طرف ہے اور اس کے مکمل ہونے کی طرف ہے۔ زیادہ سوال کرنا بچوں کی فطرت ہے لیکن بچے میں حالات بدلنے کی سکت کہاں ہوتی ہے۔ موجودہ زمانے کے مسائل نے نئی نسل کو جیسے سوالوں کا مجسمہ بنا دیا ہے اس افسانے میں جس مسئلے کو شدت سے اٹھایا گیا ہے۔ وہ شناخت کا مسئلہ اور یہ ایک پیچیدہ مسئلہ ہے چپکا ہوا بوڑھا شخص اپنی شناخت کھونا نہیں چاہتا۔ مگر جس کے گھر سب کچھ موجود ہے وہ اپنی شناخت کھو چکا ہے۔ یا نئی شناخت کی فکر میں ہے۔ لیڈر کچھ اور طرح کی شناخت رکھتا ہے۔ مگر ''اسلام خطرے میں ہے'' جیسے نعرہ لگانے والے کی آواز میں آواز ملا کر اپنی شناخت پر ایک جھوٹی پرت چڑھائے رکھتا ہے۔ سعودی عرب کا بادشاہ بھی اپنی شناخت بھول کر کسی قسم کی شناخت کی تشکیل میں منہمک ہے۔ بوڑھا ترقی پسند پروفیسر مذہب سے الگ شناخت بنانے کی وکالت کراتا ہے۔ مارکس نے کلاس کو طبقے کو تشخص سے جوڑا۔ ذات کے اعتبار سے انسان نہیں پہچانا جاتا اگر مذہب کو شناخت بنایا جائے تو یہ ایک طرح کا مغالطہ آمیز شعور (False Consciousness) ہے جدیدیت کے نزدیک آپ کا موجودہ ہیولیٰ حیثیت ہی آپ کی شناخت ہے۔ آپ نے جو کچھ حاصل کیا ہے۔ وہ آپ کی شناخت ہے یعنی Rationality ہی شناخت ہے یعنی شناخت کو پوری طرح سے Define نہیں کیا جا سکتا۔ اوپر سے کچھ اور دکھے گا اور جب کھرچیئے گا تو کچھ اور نکلے گا زیادہ سے زیادہ آدمی اپنے مقام سے جڑا ہوتا ہے۔ اس افسانے میں شناخت کو اس نئے تناظر میں دیکھنے کی کوشش کی گی ہے۔

قدروں کی شکست وریخت

جدید افسانہ نگاروں نے قدروں کے زوال اور شکست وریخت کے احساس کو موجودہ دور کے سماجی سیاسی اور تہذیبی تناظر میں اجاگر کیا ہے اس کے اسباب ذہنی اور جذباتی درعمل کی صورتیں جدا جدا ہیں جن کا اظہار جدید افسانہ نگاروں نے منفرد اور متنوع انداز میں کیا ہے۔

(۱) جیلانی بانو کی کہانی ''پرایا گھر''

اپنی اس کہانی میں انہوں نے جدید دور کی مادہ پرستی قدروں کے زوال اور انسانی رشتوں کے ٹوٹنے کو اجاگر کیا ہے۔ افسانے کا مرکزی کردار کار کے حادثے میں دماغی خلل کا مریض ہو گیا ہے ہسپتال سے گھر واپس آنے کے بعد وہ

اپنے بیوی بچوں اور ملازموں کو پہچاننے سے قاصر ہوتا ہے اس کا رشتہ اپنی بیوی بچوں کے ساتھ صرف ہر ماہ آنے والی سات سو روپیئے کی پنشن سے قائم رہتا ہے ورنہ مہینے تمام وہ سب اس کے ساتھ غیر اخلاقی برتاؤ روا رکھتے ہیں اس کو پاگل سمجھ کر گھر کے افراد اپنی من مانی کرتے ہیں اس کا بیٹا امتیاز اس کے چہرے پر سگریٹ کا دھواں چھوڑتا ہے اور رات دیر گئے شراب کے نشے میں چور گھر لوٹتا ہے بیوی اس کے دوست کے ساتھ ناجائز تعلق قائم کر لیتی ہے یہ سمجھ کر کہ وہ پاگل ہے اور بیٹی ایک نوجوان کے ساتھ محبت کی پینگیں بڑھاتی ہیں ۔ ان لوگوں کو اب اس سے کوئی خوف باقی نہیں رہتا۔ کیوں کہ اب وہ ان کی کفالت کرنے کی اہلیت نہیں رکھتا۔ امتیاز جو اسے ہر وقت کھا جانے والی نظروں سے گھورتا نظر آتا ہے مہینے کی پہلی تاریخ آنے پر اس پر مہربان ہو جاتا ہے اور اپنا حق جتاتا ہے تو دوسری طرف بیوی نمو اپنا حق زوجیت جتاتی ہے اس دورخی رویہ سے وہ اس قدر پریشان ہے کہ کبھی احساس ہوتا ہے کہ وہ جو ہے' نہیں ہے بلکہ اس کو توقتی رشتوں کی سولی پر لٹکا دیا گیا ہے۔

اس کہانی میں یہ دکھایا گیا ہیکہ دنیا کے تمام خالص رشتے جیسے ماں' باپ' بہن بھائی وغیرہ آج صرف دولت کی بنیاد پر قائم ہیں ورنہ خالی جذبات کی کوئی اہمیت نہیں۔

لیکن ان سب سے پرے مرکزی کردار کی چھوٹی لڑکی چوں چوں کی محبت بے غرض ہوتی ہے کیوں کہ اس کی بنیاد دولت اور منفعت پر نہیں ہے۔ اس کی کم عمری ہے جو اسے بھی دنیوی لالچ سے بے تعلق رکھے ہوئے ہے۔ جب مرکزی کردار گھر والوں کی لالچی فطرت سے تنگ آ کر گھر سے بھاگ نکلتا ہے تو چوں چوں بھی اس کے ہمراہ ہو جاتی ہے۔

''ابا ابا بھائی جان آپ کی پنشن کے لیے امی کو مار رہے ہیں۔''

چوں چوں کہتی ہے'

پنشن کے لیے......! اب میں کیا کروں' کہیں امتیاز اب مجھے بھی مارنا شروع نہ کر دے''

......ارے ابا ابا......جلدی بھاگیے......وہ دیکھئے' امی آپ کو پکڑنے آ رہی ہیں۔''

......ارے باپ رے باپ...... میں اور تیز تیز بھاگنے لگتا ہوں مگر کچھ سمجھ میں نہیں آتا کہ نمو سے چھپ کر کہاں جاؤں......

سامنے تو دور دور تک پانی ہی پانی ہے......چوں چوں چلو اس پانی میں چھپ جائیں......پھر دیکھیں کوئی ہمیں کیسے پکڑتا ہے......؟''

(۲) سلام بن رزاق ۔ ''البم''

اس کہانی میں سلام بن رزاق نے موجودہ دور میں انسانی رشتوں کے اقتصادی پہلو پر روشنی ڈالی ہے یہ ایک ایسے شخص کی کہانی ہے جس پر سارے خاندان کی کفالت کا بوجھ ہے اس کو ورثے کی کوئی جائیداد اور دولت نہیں ملی صرف ایک ٹوٹا پھوٹا مکان مستقل بیماریاں اور بارہ ہزار کا قرض ملا۔ اس کے باپ کی آمدنی اچھی خاصی تھی۔ لیکن انہوں نے سارا روپیہ بے دردی سے اڑا دیا۔ ازدواجی زندگی کی ناآسودگی نے شراب نوشی پر مائل کر دیا تھا۔ اور وہ طوائفوں کے کوٹھوں پر بھی جانے لگے

تھے باپ کے مرنے کے بعد بیٹے نے ماں کے اصرار پر شادی کر لی تھی۔ اس کی آمدنی محدود تھی جس میں مشکل سے گذر بسر ہوتی تھی۔ جب کہ گھر کا خرچ آمدنی سے کہیں زیادہ تھا دائم المریض ماں کے علاج پر کافی روپیہ اٹھ جاتا اور پھر بیوی کی آئے دن فرمائیش بیوی کو صرف دو چیزوں سے پیار تھا زیورات سے اپنے سات سالہ بیٹے ببلو سے اخراجات کی تکمیل کے لیے وہ رشوت لیتا ہے غرض مندوں پر ظلم ڈھاتا ہے عہدہ داروں کی خوشامدیں کرتا ہے ماں بیمار نہ ہوتی اور بیوی کو زیورات کی حرص نہ ہوتی تو شاید وہ باعزت طریقے سے زندگی گزار لیتا۔ دوستوں اور رشتہ داروں کے بھی اسے تلخ تجربے ہوئے اور اس نے جان لیا کہ یہ رشتے اور تعلقات بھی کسی نہ کسی غرض پر مبنی ہے۔ وہ محسوس کرتا ہے کہ اس کی اپنی کوئی زندگی نہیں ہے۔ وہ محض ایک آلۂ کار ہے دوسروں کی ضرورتوں اور خواہشوں کی تکمیل کا......

اور جب کبھی وہ البم میں اپنی تصویر چسپاں کرنے کی کوشش کرتا ہے تو اس کی تصویر پر کئی دوسرے چہرے چپک جاتے ہیں۔

''یہ چہرے کوئی اور نہیں میرے ہی عزیزوں رشتے داروں اور دوستوں کے چہرے ہیں۔ جنم جنم کی معصومیت لیے سفاک چہرے جن کی خاموش چنگھاڑے میرے دماغ کی نسیں چٹخنے لگتی ہیں۔

ٹکڑے ٹکڑے جوڑ کر ایک پیکر گڑھنے کی کوشش کرتا ہوں۔ مگر ہوا اس قدر تیز ہے کہ ریزہ ریزہ بکھر جانے کا خوف برابر لگا رہتا ہے۔ میں اس بدنصیب شخص کی طرح ہوں جو دوڑتے دوڑتے ہائپ گیا ہو۔ مگر ستانے کے لیے جس درخت کے سائے تلے بیٹھا ہوں اس کی ساری جڑوں کو کیڑے چاٹ چکے ہیں مجھے مجھ تک پہنچنے کے لیے جانے کتنے جہنموں سے گزرنا پڑتا ہے۔''

دنیا کا ہر رشتہ فرض سے وابستہ ہے جو انسانوں کو ایک دوسرے سے منسلک رکھتا ہے اور انسان رشتوں کا بوجھ اٹھائے اپنی ذات کی تلاش میں سرگرداں نظر آتا ہے لیکن جب اسے یہ احساس ہوتا ہیکہ اس کی ذات تو دوسروں کے طفیل ہے اور وہ خود کچھ نہیں تو یہ رشتے اسے بے معنی نظر آتے ہیں۔

(۳) اقبال مجید ''دو بھیگے ہوئے لوگ''

اس کہانی میں اقبال مجید نے ایک ہی معاشرے میں سانس لیتی ہوئی دو متضاد شخصیتوں کی نفسیات کو پیش کیا ہے جن کے جینے کے ڈھنگ الگ الگ ہیں۔

دو آدمی ایک سائبان کے نیچے کھڑے بارش کے رکنے کا انتظار کر رہے ہیں۔ لیکن بارش میں بتدریج اضافہ ہوتا جاتا ہے جب کبھی ہوا کے جھکڑ چلتے ہیں سائباں کی بوسیدہ چھت سے بوندیں تیز رفتاری سے گرنے لگتی ہیں۔ جس کی وجہ سے ان دونوں کے کپڑے بھیگنے لگتے ہیں۔ ایک آدمی اپنی اس حالت پر جھنجھلا جاتا ہے وہ اکتا کر اجنبی سے کہتا ہے کہ اس طرح تھوڑا تھوڑا بے بسی سے بھیگنے کے بجائے کیوں نہ وہ لوگ باہر نکل جائیں تاکہ بارش کا مقابلہ کر سکیں۔ لیکن اجنبی اس کی بات کو ان سنی کر کے زیادہ سے زیادہ سکڑ جاتا ہے تاکہ ٹپکتی چھت سے بچاؤ کرے۔ اس دوران اکا دکا کاریں اور سیکل بارش میں بھیگتے ہوئے سڑک سے گزرتے ہیں اجنبی کے انکار پر اس آدمی نے اس کی بزدلی کو کوستا ہوا سڑک پر آجاتا ہے تھوڑی دور چلنے کے

بعد اسے احساس ہوتا ہے کہ بارش تھم گئی۔ وہ قریب کے ایک چائے خانے میں جا کر چائے منگواتا ہے اور بھٹی سے اپنے کپڑوں کو خشک کرنے کی کوشش کرتا ہے وہاں پر اس کی ملاقات اس اجنبی سے ہوتی ہے (واحد متکلم) وہ آدمی جب یہ پوچھتا ہے کہ وہ کیوں اس کے ساتھ نہیں آیا جب کہ وہ خود بھی سائبان کی ٹپکتی چھت سے اتنا ہی بھیگ گیا ہے تو اجنبی جواب دیتا ہے کہ اسے اپنی پتلون قمیض اور جوتوں کے بھیگنے کی پرواہ نہیں تھی بلکہ وہ ایک ایسی چیز کو بچانا چاہتا تھا جو اس کی جیب میں ہے اور جب وہ اس کی حفاظت کرنے کے لیے چھت کے نیچے بھیگتا ہے تو وہ اس کی مجبوری ہے۔

قدیم معاشرے سے لے کر آج کے جدید معاشرے تک کی انسانی نفسیات کا ہم جائزہ لیں تو یہ بات معلوم ہوتی ہے کہ ہر انسان کا اپنی زندگی گزارنے کا الگ ڈھنگ ہوتا ہے زندگی کے بارے میں ان کا اپنا الگ نظریہ ہوتا ہے۔

''خیر صاحب میں تو اب یہاں ایک منٹ نہ رکوں گا میں تو چلتا ہوں' جیسی آپ کی مرضی یہ کہہ کر اس نے اپنے آپ کو اور سکڑ لیا۔ اس کے جواب پر میں دل ہی دل میں اور جز بز ہوا۔ میں نے سمجھا تھا کہ میرے اور اس کے درمیان بہت کچھ مشترک تھا سفر کا ارادہ ایک بارگی بارش میں پھنس جانا ایک ایسی ہی کیفیت چھت کے نیچے سر چھپانا ہے جس کی رگ رگ چھدی ہوئی تھی اور پھر ایک ہی کیفیت میں لگاتار دونوں کا بھیگنا اسی لیے میں نے سوچا تھا کہ ایسے حالات میں ہم دونوں کی سوچ بھی کم وبیش مشترک ہوگی لیکن وہ ایسی حماقت انگیز حرکتیں کر رہا ہے جس کا کوئی جواز میری سمجھ میں نہیں آ رہا تھا'

......ہم دونوں کی سوچ میں بڑا فرق ہے ہمارے راستے الگ الگ تھے ہمارے نفع ونقصان کے پیمانے بھی میل نہیں کھاتے تھے وہ ٹپکتی ہوئی چھت سے تھوڑا تھوڑا کر کے بھیگنا چاہتا تھا یہاں تک کہ اس کا پورا جسم شرابور ہو جاتا لیکن پھر بھی چھت اس کا پیچھا نہ چھوڑتی اس کو بھگوتی رہتی۔

بھیگنے کا یہ عمل آہستہ آہستہ اور سست رفتاری کے ساتھ تھا لیکن وہ اتنا بھی بے وقوف نہیں تھا کہ اس کے انجام سے واقف نہ ہو' پھر کیوں وہ چھت سے چمٹا ہوا تھا' شاید اس نے قناعت کر لی تھی جو کچھ پہلی کوشش میں ہاتھ آ گیا تھا۔ بس اسی کو بہت جانا۔''

ہمارے معاشرے میں ایسے انسانوں کی کمی نہیں جن میں تلاش وجستجو کا مادہ عنقا ہے وہ اپنی زندگی مصلحتوں کے سہارے گزار رہے ہیں گو کہ زندہ رہنے کے لیے انہیں بھی حقیقتوں سے ٹکرانا پڑتا ہے لیکن یہ ٹکراؤ دو بہ دو ہو کر بالواسطہ ہوتا ہے یہ لوگ ہر اس چیز پر اکتفا کر لیتے ہیں جو انہیں بغیر کسی تگ ودو کے حاصل ہوتی ہے۔

''تب میں ان لوگوں سے پوچھوں گا جو میرے ساتھ ہیں کہ وہ کس کے لیے مرنا پسند کریں گے کس طرح یہ ان کا ذاتی معاملہ ہے لیکن کس مقصد کے لیے موت انہیں قبول ہوگی؟ کیا ایک ٹپکتی ہوئی چھت کے نیچے ڈبل نمونیا کا شکار ہو کر مرنا ایک عظیم مقصد ہے۔ وہ لوگ میری بات سنیں گے' مجھ سے کہیں گے کہ تم میں ۱۹۶۰ء کی چیتنا بول رہی ہے۔ تب میں ان سے کہوں گا کہ ہاں تم لوگ ٹھیک کہتے ہو یہی بڑا فرق ہے' سوچ کا فرق اور پھر میں انہیں بتاؤں گا کہ اب بھی ایک آدمی چھت کے نیچے کھڑا ہے جو کھلے آسمان کی بارش کے نیچے بھیگنا پسند نہیں کرتا' لیکن بھیگ رہا ہے وہ میرے ساتھ نہیں آیا لیکن میں کھلے آسمان

کے نیچے بھیگتا ہوا آیا ہوں، پوری بارش کو اپنے بدن پر جھیلا ہے تب کافی ہاؤس کی آرام دہ کرسی اور مضبوط چھت کے نیچے پہنچا ہوں، جس نے Explore کیا ہے Assert کیا ہے تلاش کے لیے بوچھاروں کے طمانچے کھائے ہیں مجھے پانی سے ڈر نہیں تھا، لگاؤ تھا۔''

یہ ایک ایسے انسان کے خیالات ہیں جو ہمت اور حوصلے سے حقیقتوں کا سامنا کرتے ہوئے تلاش و جستجو کی دُنیا میں سرگرم عمل ہے۔اور سفاک حقیقتوں سے مقابلہ کرنا اس کے لگاؤ کا اظہار ہے۔اور یہی لگاؤ سے آرام و آسائش کی منزل تک پہنچاتا ہے اسی لیے وہ ان لوگوں سے نفرت کرتا ہے جو پست ہمت اور مصلحتوں کا شکار ہیں جو بھی ملا اس چیز پر قناعت کر لیتے ہیں۔جن میں تلاش و جستجو کا مادہ ختم ہو چکا ہے ان سے اب محنت نہیں ہوسکتی وہ اب کاہل ہو گئے ہیں اور بہتر صورت حال تک پہنچنے کی کوشش نہیں کرتے۔

''لگاو...... حیرت و جستجو...... اور عقیدہ...... پھر ان سب کی آنکھیں طوطے کی طرح ہو جائیں گی اور وہ دھیمے دھیمے لہجے میں مجھے بتائیں گے کہ رِگ وید کے انسان کے پاس یہ چار عظیم چیزیں موجود تھیں لگاؤ حیرت و جستجو اور عقیدہ...... ہمارے پاس ان میں سے کچھ بھی باقی نہ رہا اور یہی ساری الجھن ہے ہم لوگ وید نہیں لکھ سکتے کوئی وید نہیں لکھ سکتے۔''

اس حوالے میں حقیقتوں سے لگاؤ اور اس پر نئے نئے انکشافات کرتا ہے جو اس میں حیرت و جستجو اور کسی چیز کو پانے کا عقیدہ پیدا کرتا ہے مشینی دور نے انسان کو بے حس بنا دیا ہے اور وہ جمود کا شکار ہو گیا ہے۔اس دوران سڑک پر ایک موٹر جس کے شیشے چڑھے ہوئے ہیں تیزی سے راہ گیروں، سیکل سواروں پر پانی اچھالتے اور چھینٹے اڑاتی گزرتی ہے یہ منظر سرمایہ داری اور نچلے طبقے کی زندگی کے تضاد کو ابھارتا ہے موٹر نشینوں پر بارش کا کوئی اثر نہیں ہوتا۔ان کے لیے اقدار کا وجود عدم برابر ہے نچلے طبقے کی زندگی جدو جہد سے عبارت ہے اور اس جدو جہد میں ثابت قدم رہنے کے لیے اقدار کا سہارا ضروری ہے۔

(۴) مسعود اشعر ''بچھڑے کا گیت''

اس میں درخت ایک علامت ہے جس میں گہری معنویت ہے ہمارے اطراف بے شمار درخت موجود ہیں لیکن ہم ان کے وجود سے بے خبر ہیں۔درخت انسانی قدروں کی بنیاد اور علامت بن کر آتے ہیں۔

''درخت سایہ دیتا ہے۔یہ ٹھنڈی ہوائیں لاتا ہے تیز دھوپ سے بچاتا ہے اور پھر اس سے بستی کتنی خوبصورت لگتی ہے''

''دھوپ فطرت کا ننگا پن ہے اور کھلا میدان، بنجر پن، پھیلی چھتیں اور بے سہارا دیواریں اسی ننگے پن کی شدت میں اضافہ کرتی ہیں صرف درخت ہی ایک ایسا عنصر ہے جو ہماری بینائی کے ساتھ اس منظر کی بھی حفاظت کرتا ہے۔''

''یہ سارا منظر بے معنی ہے خالی بالکل خالی ہے یہ درخت اس میں معنی پیدا کرتا ہے اس کے خلا کو پر کرتا ہے۔''

''اب تم اس منظر میں اپنے آپ کو کھڑا کر کے دیکھو...... اگر یہ درخت نہ ہوتو تمہاری سمجھ میں یہ نہیں آئے گا کہ اس منظر میں تم اپنے آپ کو کہاں کھڑا کرو گے یہ درخت تمہیں تمہارا مقام بتاتا ہے بلکہ تمہیں تمہارا مقام عطا کرتا ہے۔''

''درخت پناہ دیتے ہیں انسان اور تمام جاندار اس کی پناہ میں ہوتے ہیں ساری بستیاں اس کی پناہ میں ہوتی ہیں۔''

اس کہانی کا کردار ایک درخت ہے جو ایک علامت ہے اس کہانی میں درخت کی اہمیت کو بتایا گیا ہے اور معنویت کے لحاظ' فطرت سے انسان کا ربط' جذباتی و ذہنی آسودگی' جمالیاتی تسکین' اور اپنی شخصیت کی پہچان جیسے پہلوؤں کو سامنے لاتے ہیں۔

سائنس اور ٹکنالوجی نے اس قدر ترقی کر لی ہے جس کے پیچھے انسان کا آرام پوشیدہ ہے انسان اپنے آرام کی خاطر پرانے رسم ورواج کو توڑتا ہے اور جدید دور کا ساتھ دیتا ہے اس کہانی میں ایک پرانے اور سایہ دار درخت کو کاٹا جارہا ہے تاکہ پاور لائن بچھائی جائے جو جدید دور کی دین ہے بستی والے ایک عام لاتعلقی اور بے حسی کا رویہ اپناتے ہیں صرف ایک شخص ہے جس کے لیے یہ ایک سنگین اور المناک واقعہ ہے وہ درخت کاٹنے والے کو منع کرتا ہے تو وہ کہتے ہیں کہ ہائی ٹینشن پاور لائن بچھانے کے لیے درخت کا کاٹنا ضروری ہے وہ شخص کہتا ہیکہ

''پاور لائنیس تو پڑی ہی رہتی ہیں اور اکھڑی بھی جاتی ہیں درخت آسانی سے پیدا نہیں ہوتے کئی نسلیں مل کر پانی دیتی ہیں اور اس کی دیکھ بھال کرتی ہیں تب کہیں جا کر ایک سایہ دار درخت بنتا ہے۔''

یہ بات ان کے احساسات کو جھنجوڑتی ہے لیکن پھر بھی وہ یہ کہتے ہیں کہ اوپر سے حکم آیا ہے ہم کیا کریں۔

وہ شخص حکم منسوخ کروانے کے لیے کارپوریشن کے دفتر جاتا ہے تو اس کا جواب ملتا ہے کہ یہ ہمارا محکمہ نہیں ہے پھر اسے ایک اونچی عمارت بہت اونچی عمارت کا پتہ بتایا جاتا ہے وہ سیڑھیاں چڑھتے ہوئے کئی منزلیں پھلانگ کر سب سے آخری منزل پر پہنچتا ہے تو وہاں کوئی دکھائی نہیں دیتا یہ اشارہ زوال کا نتیجہ ہے۔ کہانی کا یہ شعور اور حساس کردار اپنے ساتھیوں کو بپتا سناتا ہے وہ اس کی پریشانی کو دیکھتے ہوئے اس کی تلخ کلامی کو گوارا کر لیتے ہیں۔ اور اس کو تسلی دینے کے لیے اس کی ہاں میں ہاں ملاتے ہیں نادانستہ طور پر ایسے الفاظ ان کی زبان سے نکلتے ہیں جس سے ظاہر ہوتا ہیکہ وہ نہ تو اس درخت کی اہمیت سے واقف ہیں اور نہ اس کے کاٹے جانے کا انہیں افسوس ہے اس پر وہ شخص اور غصہ میں آجاتا ہے اور کہتا ہے کہ ایک سیدھی سی عقل کی بات ان کے پلے نہیں پڑتی وہ کہتا ہے۔

''تم لوگوں کی سمجھ میں آنے والی بات نہیں ہے میں یہی تو کہتا ہوں ہمارے سوچنے سمجھنے کی صلاحیت ہی ختم ہوگئی ہم دماغ پر زور دینے کی ضرورت ہی محسوس نہیں کرتے پہلے سے جو بتایا گیا ہے بس اس کو کافی سمجھتے ہیں اور سر ہلاتے رہتے ہیں اور اسی لیے تو ہمیں کوئی اچھی بات یا خوبصورت چیز اچھی نہیں لگتی۔''

(۵) احمد ندیم قاسمی۔ ''آسیب''

احمد ندیم قاسمی نے اپنے افسانے میں نئی اور پرانی نسل کے ذہنی ٹکراؤ کی سرگذشت بیان کی ہے۔

اس کہانی میں ایک بوڑھا باپ سید امجد حسین ہے جو اپنے قدیم بنگلے سے والہانہ لگاؤ رکھتا ہے۔ مگر اس کا بیٹا سقراط' اس بڑ کو کٹوا دینا چاہتا ہے۔ سقراط سوچتا ہے:

''اس (بڑ) نے ہمارے سارے بنگلے کو ڈھانپ رکھا ہے سڑک پر سے گزرنے والوں کو پتہ ہی نہیں چلتا کہ یہ کس کا

بنگلہ ہے سارے بنگلے کے اتنے لمبے برآمدے کی صرف ایک محراب نظر آتی ہے......''

بنگلہ، امجد حسین کے مقابل سقراط کے لیے اپنے وجود اور اہمیت کا سہارا ہے کیوں کہ وہ اطراف میں پھیلی ہوئی زندگی کی بھیڑ میں شامل ہو کر خود کو شناخت کرانا چاہتا ہے اور اپنے ہر زاویئے، ہر صحراب کو پوشیدگی سے پاک کرنے کا خواہش مند ہے ۔دوسری جانب امجد حسین کے لیے درخت کی چادر میں چھپا ہوا بنگلہ بوڑھے امجد حسین کے لیے مختلف اوقات میں ایک بیسا کھی ہے کیوں کہ وہ سہارا لینے اور دینے کا اسیر ہے جب بڑ کٹوا دیا گیا:

''صبح جب اس (امجد حسین) نے کھڑکی کھولی تو دیکھا کہ چڑیوں کا ایک غول اوپر سے اتر کر آتا تھا اور بڑ کی پناہ نہ پا کر پھر اوپر اٹھ جاتا تھا اور شور مچاتا تھا جیسے چڑیاں ایک دوسرے سے پوچھ رہی تھیں کہ کیا سانحہ گزر گیا یہ چڑیاں سال باسال ہر صبح اس پیڑ پر بیٹھ کر دن بھر کی مشقت کے منصوبے بناتی تھیں مگر بڑ نہیں تھا تو جیسے ان کے پنجوں کے نیچے سے پورا کرۂ ارض نکل گیا تھا۔''

کھڑکی، چڑیوں کا غول، پناہ، شور، سانحہ، منصوبے اور کرۂ ارض کا پنجوں کے نیچے سے نکل جانا، وہ اشارے ہیں جو نہ صرف امجد بلکہ اس کے تمام ہم عمروں کی مخصوص ذہانت کی نشان دہی کرتے ہیں یہ نسل خوش نصیبی سے زندگی کے ہر مرحلے پر کسی نہ کسی قربت سے فیض یاب رہی ہے۔ان کا فریبی تعلق اطمینان بخش اور دائمی تھا مگر درخت کٹنے کے بعد:

''وہ کھڑکی میں سے سب کچھ دیکھ رہا تھا مگر کھڑکی دھوپ میں چمک رہی تھی وہ اس گھر کی دیواریں، کھڑکیاں، روشن دان دریچے سب چنوا دے گا سید امجد حسین کو ایسا محسوس ہوا جیسے کٹا ہوا پیڑ اس کے اندر اگنے لگا ہے اور اس کی شاخیں اس کی ہڈیوں کو توڑتے ہوئے پھیل رہی ہیں اس نے کھڑکی کو تڑ سے بند کر دیا تو بیل کا ایک پتہ کٹ کر اس کے قدموں میں لوٹ گیا پھر بیل کھڑکی کے شیشوں میں سر پٹخنے لگی اور کھڑکی ہی میں سے سورج کی ایک کرن گزری اور تلوار کی طرح کمرے کو چیرتی ہوئی سامنے کی دیوار میں گڑ گئی۔ بڑ موجود ہوتا تو باہر کی کسی چیز کی کیا مجال تھی کہ اس کے تنہائی کے سکون کو متلاطم کرتی؟ بڑ نے اس کی ساری شخصیت کو اپنی پناہ میں لے رکھا تھا۔اس پر بڑ کا سایہ تھا بڑ اس کا آسمان تھا ان دنوں وہ سوچتا تھا کہ اگر کبھی بڑ کٹ گیا تو اس کے ساتھ ہی پورا بنگلہ ڈھ جائے گا اور وہ اس میں دب کر مر جائے گا اب بڑ کٹ چکا تھا مگر بنگلہ بھی موجود تھا وہ کمرہ بھی اپنی کھڑکی سمیت موجود تھا حد یہ کہ وہ خود بھی موجود تھا۔

''کیا میں موجود ہوں؟'' سید امجد حسین نے آئینے کے سامنے جا کر سوچا تب اس کے خدوخال پگھلنے لگے اور اس کے کندھوں پر ایک چہرہ نمودار ہوا......'' (''احمد ندیم قاسمی'')

☆ چوتھاباب

جدید اردو افسانہ کی تکنیک اور تجربات

جدید افسانہ نگاروں نے فن اور تکنیک میں نئے تجربات کی کوشش کی آزادی کے بعد تقسیم کے المیئے کے نتیجے میں پیدا ہونے والے رجحانات میں فسادات، ہجرت، ماضی کی بازیافت اور تہذیبی عکاسی خاص طور پر اہم ہیں۔ تقسیم سے پہلے اور بعد کے افسانہ نگاروں نے انہیں رجحانات کے تحت افسانے لکھے اور فن اور تکنیک کے نئے تجربات کے ذریعے ان موضوعات کو پیش کیا۔

جدید افسانہ نگاروں کی فنی صلاحتیں تقسیم کے بعد ہی اجاگر ہوئیں اس کے فنکار حسب ذیل ہیں۔شوکت صدیقی، ہاجرہ مسرور، خدیجہ مستور، جیلانی بانو، قدرت اللہ شہاب، اشفاق احمد، اے حمید، انور عظیم، رام لعل، قاضی عبدالستار، ابوالفضل صدیقی، بلونت سنگھ جوگندر پال، اقبال متین، غیاث احمد گدی۔

بقول سید احتشام حسین............

''تکنیک ان کے ہاتھوں میں گیلی مٹی کی طرح ہے جسے وہ اپنے غیر معمولی فن اور ادراک کی مدد سے حسین سانچوں میں ڈھال سکتے ہیں''

تقسیم کے بعد افسانہ نگاروں کے یہاں بھی پلاٹ کی اہمیت ثانوی ہوگئی اور کردار نگاری کو اولیت قائم رہی۔لیکن پلاٹ کی اہمیت بالکل ختم نہیں ہوئی تقسیم کے بعد اردو افسانے میں زندگی کو ارضی سطح سے دیکھنے کا رجحان پیدا ہوا۔زیادہ قریب سے ماحول کا جائزہ لینے پر فنکاروں کی نظریں انبوہ سے ہٹ کر فرد پر مرکوز ہوگئیں۔اس کی نجی زندگی ان کے افسانوں کا موضوع بنی۔اس طرح غیر شعوری طور پر افسانہ نگار کردار نگاری کی طرف متوجہ ہوئے۔اس کا سبب تقسیم کے بعد معاشرہ میں ہونے والی سیاسی وسماجی تبدیلیاں نہیں۔

> ایک تکنیک ہے جس میں کرداروں کو آپس میں گفتگو کرتے دیکھایا جاتا ہے اس گفتگو ہی کے ذریعہ پوری کہانی قاری کو معلوم ہوجاتی ہے ۔مصنف خود اپنی طرف سے کچھ اظہار نہیں کرتا۔ گفتگو کا انداز فطری اور اس میں ایک خاصی قسم کا تاثر ہوتا ہے۔''(۱۱)

کرشن چندر نے ''پال'' میں یہی تکنیک استعمال کی ہے۔جس کے ذریعہ فرانس کی عیش پسندی، جھوٹی جمہوریت اور ہندوستان کے متعلق اپنے خیالات کا اظہار کرداروں کی گفتگو کے ذریعہ کیا گیا ہے۔

کرشن چندر نے اپنے افسانوں میں سرریلزم کی تکنیک بھی استعمال کی ہے اس ضمن میں ان کا افسانہ

''سودیلی تصویر'' قابل ذکر ہے''مثبت اور منفی'' بھی اسی تکنیک میں لکھا گیا ہے۔کرشن چندر کے افسانوں میں گہری اشاریت وعلامیت پائی جاتی ہے جس کا استعمال کرنے سے افسانوں میں ایہام کی کیفیت پیدا ہونے کے بجائے اس کے حسن میں اضافہ ہوجاتا ہے۔ان کے بعد کے افسانوی مجموعوں ''نغمے کی موت'' ''ترنگ چڑیا'' ''شعلہ بے دُود'' میں اشاریت وعلامیت پائی جاتی ہے انہیں اپنے موضوع پر اتنی مہارت تھی کہ غیر مربوط ٹکڑوں کو جوڑ کر ایک مربوط کہانی کی تخلیق کرتے ہیں۔اور تفصیلات اور جزئیات نگاری کے ذریعے اپنے افسانوں کی دلچسپی برقرار رکھتے تھے۔

Fancyism:۔تکنیک کے میدان میں ایک نیا تجربہ تصوریت (Fancyism) کا افسانوی ادب میں استعمال ہوا ہے۔اس کا وجود ۱۹۱۷ء میں یوروپ میں ہوا ٹی۔ایف۔ہلمے (T.F.Helme) نے اس کی داغ بیل ڈالی۔ٹی۔ایف۔ہلمے کے انتقال کے بعد اس تکنیک کو ڈورو

(۱) اردو مختصر افسانہ: فنی وتکنیکی کی مطالعہ''ڈاکٹر نکہت ریحانہ خان صفحہ ۹۵۔

تھی رچرڈسن نے اپنے ہاتھ میں لیا۔

گو تصوریت اردو ادب میں ایک نیا رجحان ہے لیکن قدیم اور نئی تصوریت میں کچھ فرق بھی ضرور ہے موجودہ تصوریت میں فن کے مقصد کا اظہار ہوتا ہے۔یہ صرف موجودہ عہد سے جڑا نہیں ہوتا۔بلکہ روح عصر کے علاوہ اس میں ایک ماورائی عنصر بھی ہوتا ہے۔جو وقتی نہیں دوامی ہوتا ہے۔

وجودیت Existentialism

افسانے کی ایک اور تکنیک وجودیت ہے یہ تحریک یوروپ اور امریکہ میں پروان چڑھی اس کا بانی سورین کیرکے گارڈ (Soureen Kerke gard) ہے۔یہ تحریک کامل مارکس اور ہیگل کے نظریات کے خلاف ایک ردعمل تھی جن کے یہاں فرد کی اپنی کوئی حیثیت نہیں تھی جماعت ہی تمام تر اہمیت کی حامل تھی۔گارڈ نے ہیگل کے نظریات پر کڑی تنقید کی پہلی جنگ عظیم کے بعد اس تحریک کو تقویت ملی ژاں پال سارتر نے اس تحریک کو بڑھاوا دیا۔جس معاشی وسماجی نظام سے لوگوں نے بڑی بڑی توقعات وابستہ کی تھیں وہ سب جنگ کی نذر ہوگئیں لوگوں کی امیدیں ٹوٹ گئیں نتیجہ یہ ہوا کہ فرانس اور یوروپ کے دوسرے ملکوں میں فلسفۂ وجودیت کو فروغ حاصل ہوا۔بعد میں ادب میں بھی اسے راہ مل گئی۔سارتر نے ذینے کے حقیقی کردار کو ایک وجودیت پرست ہیرو ساں ژینے کے روپ میں ۱۹۵۲ء میں پیش کیا۔

نظریہ وجودیت کی دو قسمیں ہیں:۔

۱۔کیتھولک نظریہ وجودیت

۲۔ملحدانہ نظریۂ وجودیت

کیتھولک نظریہ وجودیت:۔

اس نظریہ میں تخلیق کا ماخذ خدا کو مانا جاتا ہے وہ انسانی آزادی کے ذہن کرب کو الہامی سمجھتے ہیں۔

ملحدانہ نظریۂ وجودیت:۔

اس نظریئے کی رو سے انسانی ذہن کو نقطۂ آغاز مانا جاتا ہے۔سارتر اس گروہ سے تعلق رکھتا تھا۔اس کے علاوہ وجودیت کے دواسکول مانے گئے ہیں۔

ا۔منفی نظریۂ وجودیت

۲۔مثبت نظریۂ وجودیت

منفی نظریۂ وجودیت:۔اس وجودیت کی رو سے انسان کا ذہن الجھنوں کا شکار بنا رہتا ہے ایک عجیب کشمکش ہوتی ہے جس کے سبب اس کی قوت عمل کم ہونے لگتی ہے اور وہ ایک بے معنی سی زندگی گزارنے لگتا ہے۔

مثبت نظریۂ وجودیت:۔اس وجودیت میں انسان کا ذہن الجھنوں کا شکار نہیں رہتا۔ان کا تخیل آزاد رہتا ہے جوان کی قوت عمل کو تیز کرتا ہے ان کی تمام صلاحیتیں اجاگر ہو جاتی ہیں اور وہ اس قابل ہوتے ہیں کہ اپنی بدقسمتی کو خوش وقتی میں بدل سکتے ہیں اور اپنے حالات پر قابو پا سکتے ہیں۔

نظریہ وجودیت کی رو سے انسان مکمل آزاد اور اپنے بلند عزم سے انسانی تاریخ بنا سکتا ہے وہ اپنی زندگی آپ خود بنا سکتا ہے اپنی زندگی سے متعلق تمام فیصلے وہ خود اپنی مرضی سے کرتا ہے اپنی فطرت کی تخلیق کرنے میں بھی آزاد ہوتا ہے۔اس نظریۂ کے ماننے والے لوگ انسانی وجود کی ابتداء کے لیے کسی خدا کے وجود کو نہیں مانتے ان کی نظر میں انسان کا جسمانی اور ذہنی عمل ہی اس کے مکمل وجود کی تشکیل کرتا ہے۔

علامت نگاری Symbolim

افسانے کی ایک اور تکنیک علامت نگاری ہے انسانی زندگی کی ابتداء کے ساتھ ہی ادب میں بھی علامات کا استعمال ہوا ہے۔

انسانی زندگی کے ابتدائی دور سے مذہب' دیومالا' نفسیات' آرٹ فلسفہ وغیرہ میں علامتوں کا استعمال ہوا ہے معمولی اور غیر معمولی باتوں کے اظہار کے لیے علامتوں کا استعمال ہوا ہے۔

مارسل پراؤست پہلے ممتاز ادیب ہیں جنہوں نے علامت نگاری کو افسانوی ادب میں پیش کیا اس کے علاوہ جیمس جوائس کی ''یولیس''ایک سنگ میل کی حیثیت رکھتی ہے۔

معاشرے میں جب اخلاقی قدریں گھٹ جاتی ہیں بدامنی سے ناسازگار حالات پیدا ہو جاتے ہیں ایسے وقت شاعر یا ادیب اپنے خیالات جذبات کے آزادانہ اظہار کے لیے علامتوں کا سہارا لیتے ہیں۔جسے فرانس میں ''ادبی آزادی'' کے نام سے جانا جاتا ہے۔

ادیب کو چاہئے کہ علامت پسندی کے لیے اسے کائنات کی حقیقت سے واقفیت ہو زبان و بیان پر بھی قدرت رکھے۔عوام کے رجحان ان کی نفسیات' پسند اور ناپسند کا پورا خیال رکھے وہ جو بھی کچھ تحریر کرے اپنی عبارت کو ایہام پرستی سے

بچائے رکھے۔

علامت کسی لفظ کے مفہوم کو کہا جاتا ہے۔علامت کے سب سے آسان معنی ایڈرین ایچ۔ جیف اور ورجل اسکاٹ نے پیش کی ہے۔لکھتے ہیں:۔

"In its simplest form a symbol is some thing which stands for something else" (1)

یعنی کسی ایک چیز کے لیے دوسری چیز مخصوص کرکے اسی کا ذکر کیا جائے یہ کوئی شئے' آواز' اور کوئی حرکات جسمانی یا وضع بھی ہوسکتی ہے۔ہماری زندگی کی سب سے عام علامت الفاظ ہیں چنانچہ ہم کہہ سکتے ہیں کہ لکھا ہوا ہر جملہ ایک علامت ہے بلکہ چارلس فیڈسن جونیر نے تو اس دنیا ہی کو علامت کہا ہے۔

(ایچ جیف اینڈ ورجل اسکاٹ''دی اپیروچ تھیم اینڈ سمبالزم''اسٹڈیز ان شارٹ اسٹوری ۳۴۹)

علامتیں دوطرح کی ہوتی ہیں ادبی اور غیرادبی:

ادبی علامتیں شعر' افسانہ' ناول' اور دیگر اصناف میں پائی جاتی ہیں خیالات وافکار اور جذبات کا اظہار صرف ادبی علامتیں ہی نہیں ہوتیں۔کچھ غیرادبی علامتیں بھی ہوتی ہیں۔

مثلاً ریاضی اور مصوری کی یا مذہبی علامتیں۔لیکن اس طرح جب ہم علامتوں کا استعمال کرتے ہیں تو ان کی ترجمانی ضروری ہوجاتی ہے اس کے لیے بھی علامتوں کا سہارا لینا پڑتا ہے۔اسی لیے ادبی علامتیں غیرادبی علامتوں کے مقابلے میں بہت اہم ہوتی ہیں۔

علامتی افسانے کسی قدیم داستان' مذہبی ہی قصہ' تلمیح' بچوں کی کہانی یا حکایت پر ہوتی ہے ماضی کے مواد کو حال کی زندگی میں پیش کیا جاتا ہے۔بقول سلیم اختر۔

''علامت ماضی اور حال کے درمیان ایک پل کا کام کرتی ہے'' علامتیں عام زندگی سے بھی لی جاسکتی ہیں خود ساختہ واضح اور مبہم ہوسکتی ہیں۔

تجریدیت Abstractness

تجدیدیت مصوری سے ادب میں آئی یہ مغربی کی دین ہے۔فنکار اشکال کے ذریعہ اپنے تاثرات کا اظہار مختلف رنگوں کے ذریعہ کینوس پر مختلف فگرس سے کرتے تھے۔اس تکنیک کو آگے بڑھانے کے لیے پکاسو اور مونے کے نام قابل ذکر ہیں۔یہ لوگ اس تکنیک پر پوری قدرت رکھتے تھے۔

تجرید کا مقصد ایک خاص قسم کا ردعمل یا تاثر مرتب کرنا ہوتا ہے۔علامتی اور تجریدی افسانے ایک دوسرے سے بہت مختلف ہیں۔لیکن کچھ لوگ اسی فرق کو سمجھ نہیں پاتے وہ انہیں ایک ہی سمجھ لیتے ہیں۔ جب کہ دونوں کے تکنیکی تقاضے مختلف ہیں تجریدی کہانیاں بے موضوع ہوتی ہیں۔ان میں کوئی کردار نہیں ہوتے۔ پلاٹ تو پہلے ہی معدوم ہوگیا تھا

واقعات اور حالات کو ان کی حقیقی مشکل میں پیش کرنے کے بجائے ان کی وہ صورت پیش کی جاتی ہے جو فنکار کے لاشعور سے ابھرتی ہے۔اسے تجریدی انداز کہتے ہیں۔

افسانہ میں ایک خاص کیفیت اور تاثر پیدا کرنے کے لیے فنکار کئی طریقے استعمال کرتا ہے۔جن میں ایک تجرید کا استعمال کیا جاتا تھا آج لوگ اس حقیقت کو بھول جاتے ہیں اور تجرید یا علامت پر اتنا زور دیتے ہیں کہ اصل واقعہ اس کے ملبے میں دب کر رہ جاتا ہے۔

آج انسان کی زندگی خود الجھاؤ، بکھراؤ، ادھورے پن اور انتشار کے دور سے گذر رہی ہے تہذیبیں اور اخلاقی قدریں ایسی پامال ہوئیں کہ کسی آئیڈیل ہیرو کا تصور بھی نہیں کیا جا سکتا۔

اکثر تجریدی اور علامتی افسانے خشک اور ثقیل ثابت ہوتے ہیں اس کا ایک سبب فنکار کی زبان پر کمزور گرفت بھی ہے۔زبان پر قدرت، اس میں تہہ داری، تنوع کا شعور گہرا ہو تو تجریدی افسانے بھی دلچسپ ہو سکتے ہیں لیکن اگر ان پر فلسفیانہ رنگ چڑھا دیا جائے تو وہ قاری کے ذہن پر بار ہوتے ہیں۔حقیقت یہ ہے کہ تجرید نگار پلاٹ اور کردار کے بجائے لفظوں کی تصویروں کے سہارے اپنا مطلب بیان کرتا ہے تجریدی افسانہ پلاٹ اور کردار سے عاری ہوتا ہے۔افسانے میں تجریدی رجحان کی اہمیت اس لیے بھی ہے کہ فن میں اشاراتی عنصر ہوتا ہے۔جو تمام اصناف ادب میں اہمیت کا حامل ہے۔سائنسی وصنعتی ترقی اور تہذیبی ارتقاء نے قارئین کے نقطۂ نظر میں گہرائی اور وسعت پیدا کر دی ہے جس کے سبب وہ پیچیدہ بات کی تہہ تک پہنچ جاتے ہیں اس لیے سیدھے سادے بیان سے پوری طرح لطف اندوز نہیں ہو پاتے تجریدی افسانہ فرد کی فکری طلب کو پورا کرتے ہیں اور انہوں نے افسانہ نگاری کے فن کو تکنیک کے اعتبار سے آگے بڑھایا ہے۔نئے افسانہ نگاروں نے اپنی تخلیقات سے اس عمارت پر رنگ و روغن کیا جو ہندوستان میں کم اور پاکستان میں زیادہ پائے جاتے ہیں اس دور کے نمائندہ افسانہ نگاروں میں ابوالفضل صدیقی، انتظار حسین، اے حمید، قرۃ العین حیدر، قدرت اللہ شہاب، ممتاز شیریں، شوکت صدیقی، شکیلہ اختر، ہاجرہ مسرور، خدیجہ مسرور، بلونت سنگھ، ضمیر الدین، خلیل احمد، ابن الحسن، اشفاق احمد رام لعل، اور ان کے بعد آنے والوں میں جیلانی بانو، جوگندر پال، اقبال متین، اقبال مجید، اور رتن سنگھ شامل ہیں۔

ترقی پسند افسانہ نگاروں نے روایت اور جدت کے حسین امتزاج سے جو افسانے تخلیق کیے ان کے فن اور تکنیک کا جائزہ لینے سے پہلے ان رجحانات اور موضوعات کا ذکر بے محل نہ ہوگا جو ان تخلیقات کے محرک بنے۔

ترقی پسند افسانہ نگاروں کے اسلوب، فن اور ان کے تکنیک کے تجربات کو آزادی سے پہلے اور بعد کے تخلیق کاروں کو دو مختلف گروہوں میں تقسیم کیا گیا ہے کرشن چندر کے یہاں موضوع کا تنوع ملتا ہے انہوں نے انسانی زندگی کو اپنے فن کی بنیاد بنایا تھا۔زندگی سے متعلق ان کا نقطۂ نظر بہت واضح اور صحت مندانہ تھا۔حسن و عشق، جنس، نفسیات، بھوک، افلاس نچلے متوسط اور اعلیٰ طبقے کے افراد کی طبقاتی کشمکش، ہر پیشے کے لوگ، سیاست، اقتصادی بحران، فرقہ واریت، فسادات، غرض ہر قسم کے مسائل کا ان کے قلم نے احاطہ کیا تقسیم کے بعد سیاسی و معاشرتی پس منظر میں انہوں نے فسادات

پر موثر افسانے لکھے جن میں ''ہم وحشی ہیں'' شکست کے بعد''تین غنڈے'' معنویت سے مملو ہیں جن میں ان کا بلند انسانی واخلاقی مقصد قاری کے ذہن کو جھنجوڑ کے رکھ دیتا ہے۔ترقی پسند افسانہ نگاروں نے تقسیم کے بعد فنی اور تکنیکی نقطۂ نظر سے قابل قدر اضافہ کیا ہے تقسیم کے بعد افسانہ نگاروں کے یہاں بھی پلاٹ کی اہمیت ثانوی ہوگئی اور کردار نگاری کی اولیت قائم رہی۔لیکن پلاٹ کی اہمیت بالکل ختم نہیں ہوئی۔دراصل تقسیم کے بعد اردو افسانے میں زندگی کو ارضی سطح سے دیکھنے کا رجحان پیدا ہوا زیادہ قریب سے ماحول کا جائزہ لینے پر فنکاروں کی نظریں انبوہ سے ہٹ کر فرد پر مرکوز ہوگئیں اس کی نجی زندگی ان کے افسانوں کا موضوع بنی اس طرح غیر شعوری طور پر افسانہ نگار کردار نگاری کی طرف متوجہ ہوئے اس کی اصل وجہ تقسیم کے بعد معاشرہ میں ہونے والی سیاسی وسماجی تبدیلیاں تھیں۔ملک کی تقسیم کی وجہ سے لوگ نقل مکان کرنے پر مجبور ہوگئے۔

فرد کا ذہنی سکون درہم برہم ہوگیا۔صدیوں سے جس ماحول میں وہ رہ رہا تھا وہ چھوٹا اور ایک نئے ماحول میں اس نے خود کو پایا۔اس نئے ماحول میں وہ اپنے آپ کو ایڈجسٹ (Adjust) نہیں کر پارہا تھا۔شہری آبادی میں اضافہ ہوتا گیا۔تصادم اور کشمکش نے نئے مسائل پیدا کر دیئے۔

دراصل ان فسادات کے دوران انسان شکست وریخت کی زد میں آ کر ٹوٹ گیا ان ٹوٹے ہوئے انسانوں کو ثبت وسالم بنانے کے لیے اس دور کے افسانہ نگاروں نے اپنے ذمے لیا۔

بقول وزیر آغا:

> ''اپنے ہمزاد سے ہمکلام ہونا بھی ضروری تھا' جو ذات کے اندر موجود تھا' اس لیے
> عمودی (Vertical) سطح پر ان بکھرے حصوں کو جوڑنے کا رجحان پیدا ہوا۔
> فرد کے مسائل صرف خارجی ہی نہیں بلکہ وہ اپنے اندر بھی ایک زندگی جی رہا ہے
> تصادم کا خوف خارج کی بہ نسبت باطن میں زیادہ ہے۔''(۱)

لہذا ذات کے اندر سفر کرنے کا رجحان پیدا ہوا ہے جسے وزیر آغا نے ((Kirlian Process)) کہا ہے۔افسانہ نگاروں نے فرد کی ذہنی اور نفسیاتی کشمکش کی گہرائیوں تک پہنچ گئے ہیں۔اس طرح کردار نگاری میں وسعت پیدا ہوگئی ہے اس دور کے چند بہترین کردار حسب ذیل

(۱) وزیر آغا ''پاکستان میں اردو افسانہ' اردو افسانہ روایت ومسائل دہلی ۱۹۸۱ء صفحات ۵۲۲۔۵۔۵۲۔

ہیں۔اشفاق احمد کا داؤجی (گڈریا) وزیر آغا کا' نانا جان' ہاجرہ مسرور کا 'بھالو' غلام الثقلین کا شید انمبردار'' ابوسعید قریشی کا ''مزڈین'' (چونے کی کھلیا) انور عظیم کا شاہد (لڑھکتی چٹان) وغیرہ جو یادگار بن گئے۔

افسانوں میں پلاٹ اور کردار نگاری کے علاوہ تکنیک میں مختلف تجربے کیئے۔اس سلسلے میں ممتاز شیریں' قدرت اللہ شہاب' رام لعل' مرزا ادیب' جوگندر پال' ابوالفضل صدیقی قابل ذکر ہیں۔

تقسیم کے بعد اکثر افسانوں میں شخصی نا آسودگی، احساس محرومی، اور عدم توازن نہیں ملتا بلکہ یہ افسانے آسودہ حالی کی متوازن داستان سناتے ہیں۔ آزادانہ ماحول نے ان میں مرد اور عورت میں مساوات کا احساس پیدا کیا اسی لیے انہوں نے عورتوں کے سماجی، معاشرتی اور نفسیاتی مسائل کی طرف توجہ کی عورتوں کو بغاوت کی زنجیروں کو توڑ کر مردوں کے دوش کھڑی ہو کے سماج میں اپنا ایک مقام بنانے کی راہ دکھائی۔ اس مقصد کے لیے انہوں نے فن پر بھی پوری توجہ دی، اور واقعات اور کرداروں کو فن چابکدستی سے پیش کیا۔

تقسیم کے بعد اکثر فنکاروں میں تھکن اور جمود کا احساس ملتا ہے۔

ڈاکٹر محمد حسن اپنے ایک مضمون میں رقمطراز ہیں:۔

> ''اردو افسانے میں تیسری آواز پرانے طرز کے واقعاتی افسانے اور تجریدی وعلامتی اور مہملیت پسند افسانوں کے درمیان سے ابھری اس نئے افسانے کی سب سے پہلی آہٹ رتن سنگھ کے افسانوں میں سنائی دی جو شاید کلاسیکی معنوں میں سرے سے افسانے ہی نہیں کہے جاسکتے کیوں کہ یہاں نہ واقعات کا سلسلہ ہے نہ صورتحال پوری طرح تفصیلی نمو پاتی ہے بلکہ پورے ارتکاذ کے ساتھ صرف کسی ایک کیفیت پر مرکوز رہتی ہے بظاہر یہ کیفیت ذاتی اور نجی معلوم ہوتی ہے مگر اسی مرکوز نجی تجربے کی تہوں سے موجودہ سماجی نظام کے خلاف غم اور غصہ ابھرتا ہے۔'' (۱)

رتن سنگھ کی کچھ کہانیاں اسی لمحے میں لکھی گئی ہیں انہوں نے نہ صرف نئی تکنیک سے اردو افسانے کو روشناس کرایا بلکہ اسے نئی آواز بھی دی جس کی مثالیں مندرجہ ذیل کہانیوں میں ملتی ہیں۔

''لیر'' ''میلی گٹھری'' ''زندگی سے دور'' ''ایک غریب بگ'' ''نقلی اور اصلی'' ''بابو'' ''آخری اداس آدمی'' ''خدا نہیں آتا'' ''یو ماسٹر'' وغیرہ ''واپسی'' میں ایک بے روزگار نوجوان کی نفسیاتی کشمکش کی مصوری ملتی ہے۔ تفکر آمیز عبارت کی مثالیں ''سورج کا مہمان'' ''میلی گٹھری کا بوجھ'' اور ''ایک منی بغاوت'' میں ملتی ہیں لیکن یہ رنگ اتنا گہرا نہیں ہے۔ اس ضمن میں ''سوکھی ٹہنیوں میں اٹکا ہوا سورج'' اہم اور قابل ذکر ہیں۔

یہ کہانی کئی لحاظ سے ان کی پچھلے دور کی کہانیوں بالکل مختلف ہے۔ موضوع تو نیا نہیں ہے لیکن اس کی پیش کش میں جوت اور فنی مہارت سے کام لیا گیا ہے افسانہ تفکر آمیز ہے جس میں گہری رمزیت واشاریت پائی جاتی ہے چھوٹے چھوٹے جملوں میں گہری معنویت پوشیدہ ہے بیانیہ تکنیک کے استعمال کے باوجود واقعات کا سیدھا سادا بیان نہیں ملتا جابجا خوبصورت اور نئی تشبیہات سے کام لیا گیا ہے جیسے کائنات کے حسن کو افق کے چوکھٹے میں جڑی ہوئی رنگین تصویر کے مانند بتایا گیا ہے نیلے آسمان کو زمین یا کھیت سے اور اس پر چمکنے والے چاند ستاروں کو کھیت کی فصل سے تعبیر کیا گیا ہے۔ آسمان پر بکھرے بادلوں کے سلسلے کو پہاڑوں کی برفیلی چوٹیوں سے تشبیہ دی گئی ہے جن پر سورج کی کرنیں یوں پڑ رہی ہیں جیسے برف میں آگ لگی ہوئی ہو۔

(۱) ڈاکٹر محمد حسن۔ ''تیسری آواز کا افسانہ''۔عصری ادب' مئی ر اگست ۱۹۷۹ء۔ ۱۹۸۰ء ص ۳۹۔ ۴۰۔ اکٹوبر ر جنوری ص ۴۵۔

وقت کبھی نہیں تھمتا' نہ ہی پلٹ کے آتا ہے اس کی برق رفتاری کا یہ عالم ہے کہ ایک لمحے میں واقع ہونے والے تمام مظاہرات کا تفصیلی جائزہ ممکن نہیں لیکن یہاں افسانہ نگار وقت کو جامد و ساکت بتایا ہے جس کا ثبوت ''سوکھی ٹہنیوں میں اٹکا ہوا سورج'' ہے جس کے ڈوبنے ابھرنے سے ہم وقت کا تعین کرتے ہیں جب وہی ساکت ہے تو گویا وقت بھی ٹھہر گیا۔ اسی لیے کہانی کے ''میں'' کے لیے مظاہرات کا تفصیلی جائزہ لینا اور اس سے نتائج اخذ کرنا ممکن ہو پایا ہے افسانہ نگار ایسے اشارے و کنایئے استعمال کرتا ہے کہ پڑھنے والے کا ذہن خود بخود منزل تک پہنچ جاتا ہے رتن سنگھ نے بدصورتی کو انتہائی خوبصورت پس منظر میں پیش کیا ہے تضاد کی یہ کیفیت نے تاثر کے وصف کو بڑھا دیا۔

رتن سنگھ علامتی افسانے بھی لکھے ان کی علامتیں عام فہم اور پُر معنی ہوتی ہیں وہ مرکزی خیال کی افسانے کے کردار واقعہ' اور علامت پر ترجیح دیتے ہیں مثال میں ان کا افسانہ ''ساتھ جنم کا'' پیش کیا جا سکتا ہے جو مکمل علامتی افسانہ ہے اس میں ان کا پسندیدہ موضوع تقسیم کا المیہ اور اس کا ردعمل ہے جسے بکری کی علامت کے ذریعہ بیان کیا گیا ہے۔ ان کے انداز میں درد مندی اور انسان دوستی کے جذبات نظر آتے ہیں اس افسانے میں واحد متکلم کی تکنیک استعمال کی گئی ہے کہانی کا ''میں'' اور حمید دو دوست ہیں جو بکری پالنا چاہتے ہیں۔ بکری پالنے کی خواہش آزادی کے حصول کی خواہش کی علامت ہو سکتی ہے۔

حمید اپنی بکری کو اسلامی آداب سکھانا چاہتا تھا اور ''میں'' اسے کسی مذہبی سانچے میں ڈھالنے کے بجائے اس کا دودھ اپنی بوڑھی دادی اور ایک کم سن پڑوسن اور اس کے بچے کو پلانا چاہتا تھا۔ کیوں کہ انہیں طاقت حاصل ہو کیوں کہ بچے ہی ملک کا مستقبل ہوتے ہیں دونوں کو بکری تو مل جاتی ہے لیکن وہ ایک دوسرے سے ہمیشہ کے لیے بچھڑ جاتے ہیں ملک تقسیم ہو جاتا ہے۔

بلراج مین را کے افسانوں میں اختصاد کے علاوہ علامیت بھی شامل ہے۔ ان کی علامتیں عصری حقائق پر مبنی ہوتی ہیں وہ اپنے ارد گرد کی چیزوں ہی میں سے علامتوں کا انتخاب کرتے ہیں اور پھر ذہن کے ذریعہ اس میں تہ داری پیدا کرتے ہیں وہ جنس کو علامت کے طور پر استعمال کرتے ہیں جس میں گہری معنویت ہوتی ہے ان کے علامتی افسانوں کا غالب رجحان ڈر' خوف و دہشت پسندی ہے اس سلسلے میں دیوندر اسر اپنے ایک مضمون میں رقمطراز ہیں:۔

> ''اس ابتدائی دہشت پسندی میں بائیں بازو کا ریڈیکل رویہ اور گوریلا طرز جنگ شامل ہو کر ان کے افسانوں کو ایسی شدت تاثر عطا کرتے ہیں جو کسی دوسرے افسانہ نگار کے لیے ممکن نہیں ان کی ذاتی علامتیں اور جنسی علامتیں ایک دوسرے میں جذب ہو کر سماجی استحصال اور سیاسی زوال پر اس تندی سے وار کرتی ہیں کہ پڑھنے والا ایک نامعلوم Threat محسوس کرتا ہے مین را اپنے الفاظ کو کوہتھ گولے کی طرح پھینکتے ہیں اور ٹوٹنے کے عمل پر اظہار مسرت کرتے ہیں مین را کی رمزیت اپنے دور کی زندگی کو گرفت میں

لانے چھٹپٹاہٹ کو پیش کرتی ہے۔''(۱)

مین را کی کہانیوں میں تصنع نہیں پایا جاتا ہے ان کی ایک کہانی ''کمپوزیشن دو'' گہری سیاست میں ڈوبی ہوئی کہانی ہے اس کہانی میں معاشرہ اور ساری کائنات پر چھائے ہوئے ہیں لیکن ہمیں اس کا احساس تک نہیں ہوتا۔ اس کہانی میں بیانیہ اسلوب اختیار کیا ہے۔ بیان کرنے والا ایک سیاہ پوش شخص ہے جو موت کے فرشتے کی کہانی اسی کی زبانی بیان کر رہا ہے۔ جسے خود اپنے غیر متوقع رویئے نے مشکل میں ڈال رکھا ہے کہانی واحد متکلم میں بیان ہوئی ہے۔

(دیویندر اسر ''ہندوستان میں اردو افسانہ'' اردو افسانہ: روایت و مسائل'' (ڈاکٹر گوپی چند نارنگ دہلی ۱۹۸۱ء صفحہ۔۴۰۹)

یہ ''میں'' ملک الموت ہے جو ہم سب سے مخاطب ہے ہم اسے جانتے ہیں لیکن پہچانتے نہیں کہ اسے ہم نے کبھی دیکھا نہیں دیکھنا بھی نہیں چاہتے کہ اسے ایک بار دیکھنے والا پھر دوبارہ زندگی کا منہ نہیں دیکھ پاتا زندگی عزیز ترین شئے ہے اس کی ذد سے کوئی متنفس بچ کر نہیں نکل سکتا چاہے وہ کوئی ہٹلر ہو نہرو ہو جیمس ڈین ہو یا کالو بھنگی ہو آدمی کی پہچان اس کا مرنا نہیں بلکہ اس کا جینا ہوتی ہے شاید وہ اپنی اس پہچان یا شناخت کو برقرار رکھنے کے لیے جینا چاہتا ہے دنیا میں ایسے لوگ بھی جو جینے کی خواہش نہ رکھتے ہوئے بھی مرنے کے غم میں مرے جاتے ہیں لیکن آج جس شخص نے اسے حیران و پریشان کر دیا ہے وہ ہے ان سب سے مختلف ہے اس نے تو ملک الموت کی ساری سیاہی اپنے وجود میں جذب کر لی اور اسے برہنہ کر دیا سیاہی جو موت کی علامت ہے اس کے حصار میں اس نے اپنی ذات اور اپنے اردگرد کے ماحول کو محسوس کر لیا اس طرح کہ اب سیاہی اور وہ ایک دوسرے کے لیے لازم و ملزوم بن گئے ہیں۔

دن کی روشنی بھی اس تاریک کمرے میں آنے سے احتراز کرتی ہے اس کا کمرہ اور اس شخص کا وجود سیاہ پوش ہے یہاں تو بلب کی روشنی بھی سیاہ ہے اس شخص نے ایک سیاہ تابوت بنا رکھا ہے ہر رات وہ اس تابوت سے نکلتا ہے۔ سیاہ کاغذوں پر سیاہ روشنائی کے سیاہ عبارت لکھتا ہے جو سیاہی ہے وہ موت کی علامت ہے۔

رات میں جو لڑکی اس سے ملنے آتی ہے وہ بھی سیاہ پوش ہوتی ہے وہ جی بھر کر اسے پیار کرتی ہے ان کے درمیان سیاہ سرگوشیاں ہوتی ہیں غم و الم کی سیاہ ڈور ان دونوں کو ایک رشتے سے جوڑ دیتی ہے جس کا انداز ان کے مکالموں سے ہوتا ہے۔

''یہ جیون ہے نا......'' ''اور یہ دن......'' ''تم......'' ''اور تم......'' ''ایک ہی مٹی......'' ''ہم سکھی ہیں......'' ''ہم دکھی تھے نا اس لیے......'' ''اور پھر......'' ''ہم نہ سہتے تھے دن کا اندھیرا موت ہے......!'' ''رات کا اجالا زندگی ہے......!!''۔

اسی لیے جب رات جاں بہ لب ہوتی ہے وہ لڑکی چلی جاتی ہے اور مرد تابوت میں دراز ہو جاتا ہے تابوت کا ڈھکنا گر جاتا ہے۔

وہ ہر روز مرنے کی ایکٹنگ کرتا تھا اس کی سیاہی اس کے لیے ایک چیلنج تھی اس نے روشنی و تاریکی شادی و غم، زندگی و موت کے مابین ہر فرق کو مٹا دیا تھا۔ اسی لیے موت جیسی بھیانک شئے بھی اسے خوفزدہ نہ کر سکی ایسے نڈر شخص کی موت کو کیا لطف آئے گا۔ اس کی خوراک تو روشنیاں ہیں، بہاریں ہیں، ہنستی گاتی زندگیاں ہیں پھر یہ کیسا شخص ہے جس نے ان تمام نعمتوں سے

روگردانی کی ہے۔ان تمام تلخ حقائق اوران کے پس پردہ چھپے مفاہیم ومقاصد کوعلامت کے طور پر بیان کیا ہے۔

بلراج مین رارا پنے افسانوں میں اشیاءاور علامتوں کوایک ہی رنگ دیا ہےان کےافسانوں کی بنیادی خوبی تجریدی عنصر ہےجس کے استعمال میں بے ساختگی ہےان کے تجریدی وہ علامتی (افسانوں) کہانیوں میں تخلیقی اظہار کی صداقت پائی جاتی ہے۔اس ضمن میں ان کے افسانے''وہ''''ریپ''''ایک مہمل کہانی''''آخری کمپوزیشن''اور''پورٹریٹ ان بلیک اینڈ بلڈ''قابل ذکر ہیں۔

''وہ''بہترین علامتی اورتجریدی عناصر پرحاصل افسانہ ہےجس کا آغاز تلاش سے ہوتا ہے۔اورتلاش ہی پراختتام کو پہنچتا ہےدرمیان میں شعور کی روبہتی ہےجس کے سہارے کہانی کےمرکزی کردار کاذہن ماضی،حال،مستقبل کی کڑیاں ملاتا ہے۔اس طرح کہانی کا پلاٹ تشکیل پاتا ہےتلاش کے دوران اسے بہت حوصلہ شکن واقعات کا سامنا کرنا پڑتا ہےاورنتیجہ ناکامی کی صورت میں ظاہرہوتا ہے۔یہ افسانہ بیانیہ ہےاس میں جس شخص کی کہانی بیان کی گئی ہےاس کا کوئی تعارف نہیں کروایا گیاانداز بھی علامتی ہےامین راکی ہرکہانی سوال سے شروع ہوتی ہے درمیان میں کئی سوالات اٹھ کھڑے ہوتے ہیں بےنام مرکزی کردارکون ہے؟کس قسم کی غفلت سے وہ بیدار ہوا ہے؟اور بیدار ہونے پر ماچس کی شکل میں اسے کس چیز کی تلاش ہے جس کے حصول پرہی اس کی زندگی کادارومدار ہےاب تک وہ کس طرح اس کے بغیر زندگی بسرکرتا رہا ہے؟

بہرحال یہ بےنام شخص غفلت کی نیند سے بیدار ہوجاتا ہےتو پھرآنکھ نہیں لگتی وہ اپنے پورے ہوش وحواس میں ہےاسے وقت کی اہمیت کو پورااحساس ہے گیاوقت پھر ہاتھ نہیں آتا وہ اپنے اردگردنظر دوڑاتا ہےتو ہرطرف افراتفری مچی نظر آتی ہے اسے شدت سے احساس ہوتا ہے کہ بیداری سے پہلے وہ کیسی بےمقصد،غیرمنظم،بےعمل اور بےمعنی زندگی گذارتا رہا ہےاب رات کےاس پہرمیں توبرسوں کی منتشراور بےترتیب زندگی کوسنوارنا سجاناممکن نہ تھا۔لیکن اس کام کی شروعات تو ابھی سے کی جاسکتی تھی۔اقبال متین کے افسانوں میں کرداروں کےعمل اورگفتگو میں تجریدی عناصر پائے جاتے ہیں ان کا افسانہ ''رانی''کے مرکزی کردار کی دلی کیفیات اس کا ذہنی انتشارتہذیبی اقدار کی پامالی کوظاہر کرتے ہیں۔اس کا پس منظرعجیب و غریب حرکات کو پیش کرتی ہیں۔اقبال متین کے اس کی طرف صرف اشارے کیے ہیں اس طرح قاری کو دعوت فکر دی ہے۔قاری کوشرکت کی دعوت دینے کےاس اس اندازنے ان کےافسانوں کےتاثر کو بڑھایا ہے۔

احمد ہمیش کے یہاں سوالات کی بوچھار ہوتی ہے وہ ان کا اظہار کیے بغیرنہیں رہ سکتے وہ اپنے تصورات،خیالات واحساسات کو بیباکانہ انداز میں بیان کرتے ہیں یہ ان کےفن کا خاص وصف ہے چاہے پڑھنے والا اسے کسی بھی نظر سے دیکھے جدید افسانہ نگاروں میں احمد ہمیش ایک منفرد آواز ہیں۔ان کا اسلوب اچھوتا ہےاورلہجہ قاری کو چونکا دیتا ہےان کے اسلوب میں ہندوستانیت جھلکتی ہے چندسال قبل وہ جامعہ ملیہ کے ایک سمینار میں شرکت کے لیے ہندوستان آئے تھےتب T.V کے ایک انٹرویومیں انہوں نے خوداعتراف کیا تھا کہ ان کی پرمیرااردو سے کم ہندی سے زیادہ بنی ہے۔ان کی تعلیم ہندی میں ہوئی اسی وجہ سےان کے یہاں ہندوستانیت جھلکتی ہے۔

احمد ہمیش نے اپنی کہانیوں کا مواد فرد کی زندگی کے داخلی تجربات' نفسیات اور تاثرات سے حاصل کیا ہے اور اس کی ترتیب میں اظہار کے قدیم وجدید دونوں طریقوں کو استعمال کیا ہے۔ اور ایسا اسلوب دریافت کیا جو منفرد اور دلکش ہے ان کے اسلوب کا ایک خاص وصف طنزیہ ہے اس طنز میں غم وغصہ کا اظہار نہیں کرتے بلکہ اس میں ان کو خود کلامی کا لہجہ شامل ہے۔ ان کے افسانوں میں زبان وبیان میں قواعد کی پابندی نہیں ہے۔ ان کی کہانی آزادانہ فضا میں سانس لیتی ہے۔ وہ زبان کی ہم آہنگوں اور باریکیوں سے بے نیاز ہیں ان کے کہانیوں میں جملوں کی ساخت' لفظوں کے انتخاب' اور عبارت کی ترکیب وترتیب سے ان کے مزاج کا لاابالی پن اور حقائق کی تلخی کا اظہار ہوتا ہے انہوں نے کبھی اپنی عبارت اور زبان کو سجانے سنوارنے کی شعوری کوشش کبھی نہیں کی ان کے افسانے بظاہر بے معنی نظر آتے ہیں لیکن تحریر میں گہری معنویت ہوتی ہے وہ اپنی فکر کو آزادانہ فضاء میں کھلا چھوڑ دیتے ہیں جس کے سبب ان کے افسانے اخلاق کے حدود کو پار کر جاتے ہیں۔ یہ بداحتیاطی ان کے فن کو مجروح کرتا ہے۔ اکثر حقیقت بیان کرتے وقت وہ خود اپنی شخصیت کے بخیے بھی ادھیڑ کر رکھ دیتے ہیں۔ یہ ان کے فن کی سچائی کا ثبوت ہیں وہ موضوع اور فن میں ڈوب جاتے ہیں یہ ایک غیر شعوری عمل ہے وہ ایک فطری فنکار ہے وہ ایک اچھے شاعر بھی ہیں انہوں نے نثری نظموں کی مشق میں کمال حاصل کیا ہے اس لیے فضا آفرینی کے گر سے بخوبی واقف ہیں۔

احمد ہمیش کے افسانوں کی خاص خوبی رمزیہ انداز بیان بھی ہے اس ضمن میں ''چھپکلی سے دیوار'' کا موضوع بے زمینی غریب الوطنی نظر آتا ہے یہ ایک تمثیلی انداز ہے یہاں اجنبیت ظاہر ہوتی ہے۔ جو کبھی اس کی ملکیت یا اس کی سلطنت تھی حالانکہ اس کے اور دیوار کے درمیان زیادہ فاصلہ نہیں ہے افسانے کے واحد بے نام کردار جمی نے کرسی پر بیٹھے ہوئے اسکو گرتے دیکھا ہے۔ وہ یہ اٹل فیصلہ کر لیتا ہے کہ وہ دوبارہ دیوار پر نہیں چڑھ سکتی۔ یہ زمان ومکان کا جبر ہے جس کے آگے وہ بے کس ومجبور ہے اسی لیے سلطنت کی غلط فہمی میں فرش کو دیوار سمجھتی ہے افسانے کے اختتام میں چند جملے گہری معنویت رکھتے ہیں۔ یہ ان کی مختصر ترین کہانی ہے اس کہانی میں انسانی نفسیات کا تجزیہ ملتا ہے ''بے زمینی'' میں گہرا رمز پایا جاتا ہے۔ احمد ہمیش اپنے افسانوں میں ''شعر کی رو'' کی تکنیک بھی استعمال کی ہے اس کے ذریعہ انہوں نے داخلی یا نفسیاتی کیفیات کا اظہار کیا ہے اس سلسلے میں ڈاکٹر معنی تبسم اپنے ایک مضمون میں رقمطراز ہیں۔

> ''وہ کہانی سناتے ہی نہیں بلکہ اس کے ساتھ اپنے مشاہدات کی متحرک تصویرت بھی پیش کر دیتے ہیں جن کی حرکت سینما کے پردے پر مناظر کی تبدیلی سے مشابہ ہوتی ہے مناظر کی تبدیلی زمانی ترتیب میں واقع نہیں ہوتی بلکہ اس کو توڑ کر ایک داخلی سلسلہ قائم کیا جاتا ہے جو زیادہ حقیقی ہوتا ہے اس نئے سلسلے اور ترتیب کو قائم کرنے میں وہ شعور کی رو کی تلازمۂ خیال والی تکنیک سے خاطر خواہ استفادہ کرتے ہیں یہاں لفظوں کے استعمال سے ایسا التباس پیدا کر دیا جاتا ہے کہ خیال کی اس رو میں قاری یہہ جاتا ہے اور اس زمانی ترتیب کے ٹوٹنے کا احساس نہیں ہونے پاتا۔''(۱)

احمد ہمیش کے افسانوں میں علامت نگاری کی کئی مثالیں ملی ہے۔انہوں نے اکثر جگہ نجی علامتیں استعمال کی ہیں۔لیکن علامتوں کے استعمال میں وہ پاکیزگی وصفائی کا خیال نہیں رکھتے۔جس سے قاری کی

(۱) ڈاکٹرمغنی تبسم ''مکھی''(احمد ہمیش)''بازیافت'' حیدرآباد ۱۹۶۹ء ص ۱۱۶۔

طبیعت میں جھنجھلاہٹ پیدا ہوتی ہے وہ اس کے پیچھے چھپے مقاصد اور اس کی معنویت کو بھی نظرانداز کردیتا ہے اگر وہ اتنے گھناونے اور غلیظ باتیں نہ لکھتے تو ان کے افسانے کافی موثر ہوسکتے ہیں ''مکھی'' میں مکھی گندگی وغلاظت کی علامت ہے دراصل یہ ہماری تہذیب اور معاشرے کے گھناونے پن کو ظاہر کرتی ہے اور اس میں بسی ہر قسم کی برائی کی علامت ہے چاہے وہ خارجی سطح پر ہو،چاہے باطنی سطح پر،اس کہانی میں اسطوری عناصر کی جھکیاں ملتی ہیں۔

ہمعصر افسانہ:۔

جدید افسانہ ہمعصر افسانہ کا ردعمل نہیں بلکہ اس کی توسیع ہے اور مختصر افسانے کی ان تینوں صورتوں کو افسانے کی تین آوازیں کہا گیا ہے پہلی ترقی پسندی کی آواز' دوسری جدیدیت کی آواز' اور تیسری وہ آواز ہے جو آٹھویں دہائی کے ہمعصر افسانے میں گونجتی سنائی دیتی ہے جو ہم سے تخیل کی دنیا سے ٹھوس حقائق کی دنیا میں آکر اپنے اجتماعی مسائل سے جڑنے کی مانگ کررہی ہے یہ تینوں آوازیں بنیادی طور پر ایک دوسرے سے منسلک ہوتے ہوئے بھی کئی سطحوں پر آپس میں اختلاف بھی رکھتی ہیں یہ فرق رجحان' فکر' وقت' نسل' اور رویہ میں پایا جاتا ہے اس تبدیلی کا سبب ہماری سماجی' سیاسی' معاشرتی' صورت حال اور صنعتی ترقی بھی ہے آٹھویں دہائی میں جو تبدیلیاں سیاسی' سماجی تہذیبی سطح پر رونما ہوئیں انہوں نے زندگی کے سانچے کو بڑی حدتک بدل دیا۔نئے مسائل پیدا ہوئے جن کا حل نئی نسل ہی کو ڈھونڈنا تھا۔اس دور کا پورا کرب ہمعصر افسانے میں متا ہے نئے تجربات' ایجادات وانکشافات' مسائل کی بہتاب' اقدار کی شکست وریخت' سماجی شعور' جدید حسیت اور حقائق کا عرفان وادراک ہم عصر افسانے میں نئے انداز سے پیش ہوتے ہیں اس دور میں پاکستان میں اہم تبدیلیاں رونما ہوئیں۔سماجی اور معاشی بدحالی اور ادیبوں کی حق تلفی نے فنکاروں کے ذہنوں اور تخلیقی صلاحیتوں پر اثر ڈالا نتیجے میں اچھے ادب کے ساتھ زرد اور بلو جرنلزم نے زور پکڑا۔تفریحی ادب کی بہتاب ہوئی ۱۹۷۰ء ۱۹۹۱ء میں پاکستان کی وسعتیں سمٹ گئیں۔

مشرقی پاکستان کی علحدگی ایک نمایاں اور بنیاد ہلادینے والی تبدیلی تھی اب وہاں کے عوام کے سامنے قومی استحکام' اجتماعی وانفرادی شناخت اور ذاتی تحفظ کے نئے مسائل اٹھ کھڑے ہوئے ادیبوں نے اردو افسانے پر چھائے ہوئے جمود کو توڑنے کی ضرورت محسوس کی ان میں سے کچھ ادیب مشرقی پاکستان سے کراچی منتقل ہوگئے۔ ۱۹۷۰ء میں اردو افسانے نے نئی کروٹ لی۔اردو زبان کو سرکاری زبان کا درجہ ملا۔اس طرح اس کے تحفظ اور توسیع کا مسئلہ بڑی حدتک حل ہوگیا۔

دہائی کے آخر میں حکومت کی پالیسی بدلی۔معاشرہ میں اہم تبدیلیاں ہوئیں جنہوں نے افسانہ نگاروں کے لیے نئے موضوعات کا مواد تیار کردیا۔

آٹھویں دہائی کے وسط میں ہمارے ملک میں بھی اہم تبدیلیاں ہوئی جنہوں نے نہ صرف عوام کو متاثر کیا بلکہ حکومت

بھی اس کی لپیٹ میں آ گئی۔ اس کا تختہ الٹ گیا نئی صورت حال سے لوگ پوری طرح نباہ نہ سکے پھر پرانا نظام حکومت واپس آیا۔ ملک اور بیرون ملک ان تمام تبدیلیوں نے اردو افسانے کو بھی نئی شاہراہوں سے روشناس کرایا وہ راہیں جو پچھلی دہائی کے جدید افسانے کی راہوں سے کافی مختلف تھیں۔ نتیجے میں جو فرق ہوا۔ وہ ان دونوں دہائیوں کے افسانوں کے مطالعے سے باآسانی سمجھ میں آجاتا ہے۔ اب اردو افسانہ ایک آزادانہ ماحول میں سانس لے رہا تھا۔ اس کی فکر وعمل دونوں آزاد تھے۔ نہ روایات کی پابندی تھی، نہ سماجی، اخلاقی اور مذہبی بندشیں افسانے میں وسعت کے بہت امکانات موجود تھے لہذا نئے تجربات کیے گئے لیکن روایات سے بھی رشتہ منقطع نہیں ہوا۔ قدیم روایات کا تسلسل بلکہ ان کی توسیع بھی اس دور کے افسانے میں ملتی ہے۔

ہمعصر افسانے میں واقعیت پسندی اور سماجی مسائل کے احساس وادراک کے ساتھ ساتھ اظہار و بیان اور تکنیک میں نئے تجربات، سماجی حقیقت نگاری ملتی ہے یہ تمام آٹھویں دہائی کے افسانے کا خاص عنصر ہے۔ ''انگارے'' کے افسانوں میں تکنیک کے نو بہ نو تجربات بھی موجود ہیں جیسے شعور کی رو سر ریلزم، خود کلامی وغیرہ۔ اس دور کی بیانیہ روایت بھی ہم عصر افسانہ نگاروں کی تخلیقات میں نظر آتی ہیں ساتھ ہی ان کے یہاں رومانیت کی جھلک ملتی ہیں۔ غم واندوہ، ناکامی، پچھتاوے یہ سب رومانی طرزِ احساس کے عناصر ہیں کئی فنکاروں کے یہاں رومانی طرز احساس ترقی یافتہ شکل میں ملتا ہے۔

ہم عصر افسانہ پچھلی دہائی کے جدید افسانے اور اس سے بھی پہلے کے ترقی پسند افسانے سے موضوع، رویہ اور ہئیت کی سطحوں پر مختلف ہے۔ جدید افسانے میں مواد اور مدعا زبان، اسلوب اور تکنیک میں سمٹ آئے تھے ہم عصر کہانی میں تکنیک او رہئیت پر زور دیا جاتا ہے لیکن اس انتہا پسندی کی حد تک نہیں جس نے جدید افسانے کو تجربات کا گورکھ دھندا بنا کر رکھ دیا تھا جدید افسانے میں ہنگامی انحراف کی کشاکش ملتی ہے جب کہ ہم عصر افسانے میں ہنگامی اور اضطراری اقوار کے بجائے نئی معنویت پائی جاتی ہے اور جدیدیت اپنے صحیح مفہوم کے ذریعہ نئے اور روشن امکانات سے روشناس کروا رہی ہے جس میں فن کار کا مرکزی تصور اور فکر اہم ہیں اور واقعات کو معاون کی حیثیت سے استعمال کیا جاتا ہے جدیدیت محض فرد کی تنہائی حرماں نصیبی اور اس کی اعصاب ذدگی کے اظہار سے عبارت نہیں ہے اس میں انسان کی خوش حالی اور اس کی عظمت کی داستان بھی ہے انسانی دوستی کے جذبات کا بیان فرد اور سماج کے باہمی رشتے بھی ہیں لیکن اس میں یہ خصوصیت ہیکہ آئیڈیالوجی سے بیزاری، انبوہ کی نسبت فرد اس کی ذات کا عرفان، اس کی نفسیاتی کیفیات اور اس کی تنہائی، مایوسی اور اس کی موت کے تصور پر زیادہ زور ملتا ہے۔ اس کے علاوہ شعر وادب کی برائی روایات سے انحراف، زبان کے مروج تصور میں تبدیلی پیدا کرنا، اسے نیا رنگ وآہنگ دینا اور علامتی پیرایۂ بھی جدیدیت میں شامل ہیں۔

جدید افسانے میں حقائق نظر آتے ہیں جب کہ ہم عصر افسانہ عصری اور آفاقی حقائق کے درمیان تخلیقی سطح پر ربط تلاش کرنے کی کوشش کرتا ہے۔ جدید افسانہ تخیل کی بے کراں وسعتوں میں بھٹکتا نظر آتا ہے۔ زندگی، سماج، فرد، تاریخ اور تہذیب کو افسانہ نگار کے ذاتی اور داخلی حوالوں سے شناخت کیا جانے لگا تھا۔ جسے تخلیقی رویئے کا نام دیا گیا افسانے کو عصری فنکاروں نے

ذات کے حصار سے باہر نکالا۔ اور اس کا رشتہ پھر سے اپنے ماحول اور گردوپیش سے قائم کیا جس میں ذہنی تسلسل ہے۔ اور وہ باطن سے بھی منسلک ہے موجود حقائق پچھلے ادوار کے حقائق سے کافی مختلف ہیں۔ اب جو حقیقت یا ماہیت کا پتہ لگانے کے بعد ہی انہیں رد یا قبول کیا جاتا ہے۔ افسانے کی علامتیں یا تجریدی شکل اسی کوشش کا نتیجہ ہے جس کے ذریعہ فنکار پڑھنے والے کو نئے حقائق کا ادراک کرواتا ہے آج کا افسانہ میں ارضیت (Concreteness) کا رجحان شامل ہونے لگا ہے۔ اسی لیے ہمعصر افسانہ اپنے ماحول اور وقت سے گہرا تعلق رکھتا ہے عصری زندگی کی ہمہ جہتی' سائنس و صنعتی ترقی' اس ترقی کے مقابل انسان کی تحقیر وذلت' اعلیٰ اقدار کی شکست وریخت' زندگی کی لایعنیت' ذہن انتشار' سرکشی' بغاوت کا جذبہ' احتجاج وانحراف کی کیفیت' خارجی جبریت' مسائل کا انبار' زندگی کے تضادات کی بھول بھلیوں میں گم ہوتی انسانی عقل' بے ضمیری' طبقاتی کشمکش' جنسی ناآسودگی' اور اسی طرح کے کئی اور عناصر ہیں ان سب کی پیشکش مختلف افسانہ نگاروں کی تخلیقات میں ملتی ہیں۔

پرانی کہانیوں میں منطقی اصولوں کی سختی سے پابندی ہوتی تھی۔

ہم عصر کہانیاں وضاحتی اور کہانوی ہوتی ہے پلاٹ اتنے منظم نہیں ہوتے' کرداروں کے اعمال میں بھی منطقی رویے کی کارفرمائی نہیں ہوتی لیکن بظاہر بے ترتیب شکستہ صورت میں بھی پلاٹ کی موجودگی کا احساس ہوجاتا ہے یعنی پلاٹ کی بظاہر بکھری ہوئی کڑیوں کو ذرا سے جوڑ توڑ سے سالم پلاٹ میں تبدیل کیا جاسکتا ہے۔

ہمعصر افسانہ نگاروں کا سماجی شعور کافی نکھرا ہوا ہے۔ اسی لیے ان کے افسانے سماجی معنویت کے حامل ہیں۔ وہ حقائق کا بیان بغیر کسی رومانی آمیزش کے ان کے اصلی روپ میں بیان کردیتے ہیں چاہے وہ کتنے ہی تلخ ہوں سماج میں بے راہ رویوں کا سلسلہ توازل سے چل رہا ہے ایسے میں ہر ایک انسان اس سے متصادم ہوتا رہا ہے ہر دور میں ان کے خلاف احتجاج ہوتا رہا ہے یہ احتجاج ارتقاء کی نئی منزلوں سے روشناس کراتا ہے۔ اور ایک آسودہ حال اور مستقبل کی خواہش دل میں پیدا کرتا ہے۔ ہم عصر افسانے میں احتجاج کے ساتھ انحراف کی کیفیت بھی ملتی ہے لیکن انحراف کی لے اور بغاوت کا جذبہ اتنا شدید نہیں ہے کہ انتہا پسندی کی حدوں کو چھولے جس نے جدید افسانہ نگاروں کے فن کو نقصان پہنچایا آج کی نئی نسل اعتدال اور توازن کو کھونا نہیں چاہتی۔

ہم عصر افسانوں میں کرداروں کو اہمیت دی گئی ہے کیوں کہ آج کے افسانے کے قدم زمین پر مضبوطی سے جمے ہوئے ہیں اس میں جو حالات واقعات پیش ہوتے ہیں وہ اسی سماج کے افراد سے ہوتا ہے پچھلے دور کی کردار نگاری اور آج کی کردار نگاری کے رویوں میں کافی فرق پیدا ہوگیا ہے جدید افسانے میں زندہ اور محسوس کردار کے نہ ہونے سے ویران ہوگیا تھا اگر کردار تھے بھی تو ان کے اضطراب' پریشانی' انتشار سب سے داخلی ارتباط ملتا ہے شعوری' نیم شعوری' لاشعوری ادراک او رپیچیدگیاں ان کی شخصیت کی تشکیل وشناخت کا ذریعہ بنتی تھیں۔ عصری افسانوں میں ٹائپ کرداروں کو اصل حقیقت یا معنویت سمجھا گیا بلکہ ان میں پوشیدہ انفرادیت اور ناآہنگی کو موضوع بنایا گیا آج کے افسانوں میں کرداروں کی زندگی اور ان کی شخصیت کے مختلف پہلوؤں' ان کے اعمال' اور ردعمل' پسند وناپسند' وابستگی وناوابستگی کی کیفیات کا بیان ملتا ہے اس دور کے افسانہ نگاروں

نے کرداروں کو کاٹھ پتلی کی طرح اپنے اشاروں پرنہیں نچایا بلکہ ان کے اعمال عصر حاضر کے اخلاقی زوال کے پس منظر میں بڑے فطری معلوم ہوتے ہیں اس کی اچھی مثال ہمیں ساجد رشید کا افسانہ ''ریت کی گھڑی'' میں ملتی ہے اس میں تمام کرداروں کی شناخت کے لیے بے جان اشیاء کا استعمال کیا ہے انسان کو ان بے جان اشیاء کے روپ میں دیکھا اور ان کے اعمال' حرکات وسکنات کا جو میکانی انداز ہے اس میں مماثلت ومشابہت تلاش کی ہے۔

انسان باطنی طرز پر کھوکھلا ہو چکا ہے اس نے فطرت (Nature) سے قطع تعلق کر لیا ہے۔اس کی وجہ چاہے کچھ بھی رہو اس کی لاتعلقی نے اس کی جمالیاتی حس کو ختم کر دیا ہے اور وہ مشینی پرزوں کی طرح بے جان و بے حس ہو گیا ہے۔انتظار حسین نے اپنے افسانوں میں انسان کو جانور کی جون میں منتقل کر دیا۔اور ان کی تقلید میں دوسرے افسانہ نگاروں نے بھی کرداروں کی داخلی شناخت اور ان کی اصل پہچان کے لیے انہیں اپنی فطرت' عادات واطوار اور اعمال کے مطابق بدل دیا ہے مثلاً کتا' مکھی' سانپ' بکری' ریچھ' سور اور دیگر جانوروں کی شکل میں پیش کیا ہے کبھی کبھی کہانی میں فکر اور فلسفہ اس حد تک غلبہ پا لیتے ہیں کہ کرداروں کی شخصیت دھندلا جاتی ہے جوگندر پال کے اکثر افسانے یہی کیفیت کے حامل ہیں۔ہم عصر افسانوں میں کرداروں کی موجودگی کا احساس ضرور ہوتا ہے مثال ہیں: جوگندر پال۔رتن سنگھ' بلراج مینرا' انور سجاد' غیاث احمد گدی' سلام بن رزاق' رشید امجد' شوکت حیات' مرزا حامد بیگ' جمیلہ ہاشمی وغیرہ کے افسانے پیش کیے جا سکتے ہیں جنھوں نے کردار نگاری کے اچھے نمونے پیش کیے ہیں اس دور کے انسانوں میں علامت نگاری سے اعتدال وتوازن' دلچسپی اور حسن کے اضافے کا باعث بنتے ہیں اس ضمن میں رتن سنگھ' بلراج مینرا' سر بندر پرکاش' جوگندر پال۔انور سجاد' احمد ہمیش' غیاث احمد گدی' احمد یوسف' کلام حیدری' رشید امجد' سلام بن رزاق' انور خاں' اکرام اللہ' خالدہ اصغر کے افسانے قابل ذکر ہیں۔پچھلے چند برسوں میں ہندو پاک میں کئی اچھے و برے تجریدی اور نام نہاد تجریدی افسانے لکھے گئے اس سلسلے میں چند اہم نام حسب ذیل ہیں۔جوگندر پال' اقبال مجید' بلراج مینرا' انور سجاد' سریندر پرکاش' بلراج کومل' کلام حیدری' رشید امجد' سلام بن رزاق' انور خاں' انور قمر' قمر احسن' مرزا حامد بیگ' شوکت حیات' خالدہ اصغر' منیر احمد شیخ' رخسانہ صولت' اعجاز راہی' احمد داؤد' سمیرا آہوجہ' محمد منشاء یاد' احمد منظور' فرخندہ لودھی' وغیرہ ان میں سے کچھ افسانہ نگاروں کے افسانوں میں تجریدی اور چند ایسے ہیں جنھوں نے خالص تجریدی کہانیاں لکھیں۔

انور سجاد' اقبال مجید' جوگندر پال' محمد عمر میمن' شفق' اکرام باگ' حمید سہروردی' شوکت حیات' قمر احسن' حسین الحق اور خالدہ اصغر کے افسانوں میں اساطیری رجحان پایا جاتا ہے۔

بیسویں صدی کی اہم تحریک ''فلسفہ وجودیت'' ہے لیکن انیسویں صدی ہی سے اس کے لیے زمین تیار ہونی شروع ہو گئی تھی۔مغرب کی اس تحریک نے یوروپ کی مشینی زندگی میں پرزہ بنتے انسان کو اس کے وجود کا احساس دلانے کی کوشش کی اس طرح انبوہ کے مقابلے میں فرد کی اہمیت کا احساس دلایا اور اس کے محسوسات اور ذہنی کیفیات نیز اس کے تحت الشعور' اور لاشعور میں پکتے ہوئے لاوے کو باہر نکالا جس کا سبب معاشرے کی بے معنویت' انتشار اور بے حسی جس

نے اس پر قنوطیت، مایوسی و بے چارگی کی کیفیت طاری کردی تھی اور وہ زندگی سے بیزار ہو بیٹھا تھا۔ جدید افسانے پر وجودیت کی اس تحریک کا گہرا اثر پڑا۔

آٹھویں دہائی کے افسانہ نگاروں میں بھی رجحان پایا جاتا ہے۔

اس سلسلے میں کلام حیدری کے افسانے قابل ذکر ہیں۔

ساتویں دہائی کے افسانوں میں اظہاراتی رجحان بھی کارفرما نظر آتا ہے اظہاریت ایک قسم کی غیر معمولی باطنی یا ذہنی کیفیت اور تصورات کا اظہار ہے اپنی اسی صفت کے سبب اظہاراتی افسانے مغربی رومانیت سے کافی مشابہت رکھتے ہیں یہ افسانے ایک ہی مرکزی کردار کی شخصیت کو ابھارنے یا کہانی کو آگے بڑھانے کا کام آتے ہیں افسانے کا خاص مقصد فنکار کے تصورات کا اظہار ہوتا ہے جس میں فنکار کی خود ساختہ دنیا کا عکس نظر آتا ہے۔ ان افسانوں میں چوں کہ خارجی واقعات کا محور نہیں پایا جاتا جو ان جذبات اور تصورات کا باعث بنتے ہیں اسی لیے افسانے پڑھنے والے اس صورت حال کے اسباب سے لا علم رہتے ہیں۔ جدید افسانہ نگاروں سے اظہاریت کے لیے علامتوں اور استعاروں کا خاص طور سے استعمال کیا ہے اردو افسانے میں اظہاراتی اسلوب کی اچھی مثالیں۔ بلراج مینرا، انور سجاد، سریندر پرکاش، شوکت حیات، حمید سہروردی، رخسانہ صولت کے افسانوں میں ملتی ہیں جن میں ذات کی تلاش، فرد کی تنہائی، معاشرہ کی جبریت، سیاست کے ہتھکنڈوں کے شکار لوگوں کے تصورات اور احساسات کا اظہار ملتا ہے۔

جدید افسانے میں ''شعور کی رو'' کی تکنیک پر زور دیا گیا۔ ہم عصر افسانے میں بھی اس تکنیک میں اچھے افسانے ملتے ہیں کلام حیدری کے افسانوں میں اس کی اچھی مثالیں موجود ہیں جدید افسانوں میں ماورا حقیقت (Surrealism) کی تکنیک بڑے وسیع کینوا س پر شامل ہیں جس میں ہمیں مختلف لوگوں کا زیادہ وسیع مزاج اور استعاروں اور علامات کا نقش زیادہ مکمل صورت میں نظر آتا ہے۔ جس کی مثالیں ہم عصر افسانہ نگاروں کی تخلیقات میں نظر آتی ہیں جیسے سریندر پرکاش، انور سجاد، رشید امجد، شوکت حیات، حسین الحق، احمد داود، کمار پاشی وغیرہ۔

منٹو اور جوگندر پال نے سیاسی، تجریدی اور علامتی رنگ میں کئی کہانیاں لکھیں۔ اس ضمن میں جوگندر پال کی لکھی گئی کہانیوں کا مجموعہ ''کتھانگر'' قابل ذکر ہے نریش کمار شاد نے بھی کئی منی کہانیاں لکھیں۔ کچھ عرصہ پہلے طالب زیدی نے ''پہلا پتھر'' کے نام سے ایک مجموعہ شائع کروایا۔ جو ان کی منی کہانیوں پر مشتمل ہے یہ کہانیاں ان کی قوت مشاہدہ اور نئی مہارت کی مظہر ہیں جدید افسانے کی ترقی کے ضمن میں یہ کہا جاسکتا ہے کہ یہ شاعری سے قریب ہوتا جا رہا ہے پلاٹ، کردار، استعارہ، علامت، بیانیہ، نقطۂ نظر، تسلسل، منطق کی پابندی انہیں سب سے فکشن کو سہارا ملتا ہے لیکن کچھ عرصہ سے افسانوی ڈھانچہ میں رد وبدل کی فضا قائم ہوئی فکشن کی عمارت کے ستون ادھر ادھر بکھرنے لگے فنکاروں سے واقعات تسلسل کو درہم برہم کر دیا کردار نام و چہرے سے محروم ہوگئے یا انہیں مسخ کر دیا گیا۔

آٹھویں دہائی کے ہم عصر افسانے میں بہت زیادہ تبدیلیاں رونما ہوئی ہیں جن میں بیان کی سادگی، کہانی پن،

بیانیہ اسلوب، علامت کے استعمال میں اعتدال وتوازن، سلوب بیان میں ندرت، قارئین سے قریب تر ہونے کی کوشش، پروپگنڈہ اور فارمولوں سے احتراز، سماجی حقیقت نگاری، نظریاتی وابستگی سے پرہیز، شدید داخلیت سے انحراف ایک خاص حدود میں رہ کرفن اور تکنیک میں نئے تجربات، زندگی کے اثبات کا یقین اس کے مختلف تعمیری پہلوؤں کی عکاسی، حقائق کے بیان میں غیر جانبدارانہ، غیر رومانی غیر جذباتی رویے، فرسودہ روایات سے انحراف اور قابل قدر روایات کی توسیع شامل ہے چند افسانہ نگاروں نے جن پر جدیدیت کا شدید غلبہ تھا انہوں نے آٹھویں دہائی میں اپنا طرز بدل دیا۔ اور ہم عصر افسانے کی خوبیوں سے اپنی نگارشات کومزین کیا یہ خوشگوار تبدیلی ہم عصر افسانے کے لیے جانفزا ثابت ہوئی۔

چندممتاز افسانہ نگاروں کےفن کا جائزہ ہم پیش کرتے ہیں جنہوں نے اردو مختصر افسانے کوشدید جدید پرستی سے نکال کر نئے تجربات بھی کیے۔

کلام حیدری افسانہ نگار مدیر اور مبصر ہیں اس لحاظ سے ان کی صلاحتیں مختلف حصوں میں بٹ گئی ہیں جس کا اثر ان کی افسانہ نویسی پر پڑا۔ان کے افسانوں کا پہلو مجموعہ ''بے نام گلیاں'' ۱۹۵۵ء میں شائع ہوا دوسرا مجموعہ ''صفر'' ۱۹۷۵ء میں اور تیسرا مجموعہ ''الف، لام، میم'' ہے۔

''بے نام گلیاں'' اور ''صفر'' کی اشاعت کے درمیان تقریباً ۲۰ برس کا وقفہ ہے اس دوران ان کے افسانوں میں کئی اہم تبدیلیاں ہوئیں۔

ان مجموعوں میں صرف فکری رویے ہی کا فرق نہیں ہے بلکہ اسلوب اور طرزِ ادا میں بھی نمایاں فرق ہے لیکن ''صفر'' میں نئے تجربات کے باوجود ''بے نام گلیاں'' ان کی شناخت کا ذریعہ بنا۔اس مجموعے کے افسانے زندگی سے زیادہ قریب ہیں۔کلام حیدری نے کسی خاص موضوع یا ہئیت کو اپنا مقصد مرکز نہیں بنایا بلکہ حیات انسانی کے مختلف پہلوؤں کو اپنا موضوع بنایا اور مختلف ہئیتی تجربے کیے مختلف تکنیکوں کے استعمال نے ان کے فن کو نئی جہات عطا کیں۔جن میں شعور کی رو، داخلی خود کلامی، صیغۂ واحد متکلم کا استعمال، علامتی وتجریدی اسلوب شامل ہے ان کے یہاں موضوع، مواد اور اسلوب کی ہم آہنگی اور نئی حسیت کا احساس پایا جاتا ہے جو آٹھویں دہائی کے افسانے کا خاص رجحان ہے جس کی مثالیں ''اپنی آواز'' ''واپسی'' ''بھیک'' ''تلاش'' ''سختی'' اور ''بابو'' جیسے افسانوں میں ملتی ہیں۔

کلام حیدری۔

کلام حیدری کے مجموعے ''صفر'' کے افسانوں میں بھی یہ رجحان ملتا ہے اس مجموعے پر اپنے تبصرے میں پروفیسر وہاب اشرفی رقمطراز ہیں۔

> ''میں اگر کہوں کہ کلام (Existentialist) ہیں تو چونکنے کی ضرورت نہیں میں یہ نہیں کہتا کہ انہوں نے کارل باتھ، پال تیلیچ، جبریل مارسل، کارل لیپرین، مارٹن ہائی ڈیگر یا کیکرے گارڈ کو باضابطہ پڑھا ہے اور انہیں اپنے افسانوں میں برت ڈالا ہے مقصود یہ ہیکہ

لمحوں کو گرفت میں لانے کی کوشش، تشکیک، نی ہیلزم، اجنبیت، قدروں کا انہدام، داخلیت، اور اپنی تلاش اور عقلیت کے خلاف بغاوت کا جو رجحان وجودیوں کے بیاں ملتا ہے وہ حیرت انگیز طور پر کلام حیدری کی افتادِ طبع بھی ہے۔" (۱)

اس رجحان کے ذریعہ جو ایک قسم کی یاسیت فرد کے ذہن پر چھا جاتی ہے اقدار کی بے قدری اور تہذیبی اور روحانی زوال اور زندگی کی بے معنویت جو دل پر مایوسی کی کیفیت پیدا کر دیتی ہے ان سب کے ذریعہ افسانوں کی فضاء میں منفی عناصر ملتے ہیں اس کی مثال میں "صفر"، "حادثہ" اور "اسیر" قابل ذکر ہیں کلام حیدر نے اپنے وجودی نقطہ نظر کے لیے جن علامتوں سے کام لیا ہے وہ عام فہم ہیں زندگی میں آدمی کبھی کبھی سب کچھ پانے کی کوشش میں وہ بہت کچھ بلکہ سب کچھ گنوا بیٹھتا ہے "صفر" مرکزی کردار بھی زمین کی لذتیں سمیٹنے کے بعد ایک سیڑھی کے ذریعے عرش تک پہنچنے کی شدید خواہش رکھتا ہے جو اسے بے دست و پا کر دیتی ہے اور وہ اوپر چڑھتا ہی چلا جاتا ہے ہر منزل پر اسے ایک نئی لذت ایک نئے سرور کا احساس ہوتا ہے جو اسے پہلی لذت اور سرور سے کئی گناہ زیادہ محسوس ہوتا ہے لیکن وہ بہت اونچائی پر پہنچ کر وہ نقطۂ عروج پر نہیں پہنچ پاتا وہاں سے اسے زمین بہت چھوٹی نظر آنے لگتی ہے اور وہ بلندی پر پہنچنا چاہتا ہے لیکن جلد تھک جاتا ہے اس کے اعضاء ڈھیلے پڑ جاتے ہیں آخر کار سیڑھی کا ڈنڈا اس کے ہاتھ سے چھوٹ جاتا ہے اور وہ نیچے گر پڑتا ہے ایسے وقت پڑھنے والا حیران ہو جاتا ہے اور سوچنے پر مجبور ہو جاتا ہے۔ کلام حیدری کی علامتی کہانیوں میں "عنابی کانچ کا ٹکڑا" بھی قابل ذکر ہے اس میں داخلی خود کلامی کی تکنیک استعمال کی گئی ہے۔

اس میں ہندو مسلم فساد کے المیے کو موضوع بنایا گیا۔

ذہنی تعصب، فرقہ وارانہ برتری، تہذیبی و روحانی زوال اور ان سب کے نتیجے میں پیدا ہونے والی

(۱) وہاب اشرفی، انور سدید، تبصرہ "صفر"، "آہنگ"، "آگیا" جولائی، اگست ۱۹۶۱ء۔۱۹۶۲ء۔

عبرت ناک صورت حال کو پیش کیا ہے کلام حیدری نے خود کلامی کے تکنیک کے ذریعہ سوشیل کی لاشعوری اور تحت الشعوری کیفیات کو فنی چابکدستی سے پیش کیا ہے غمگین سوشیل کی میز سے جو کاغذ کا ٹکڑا اڑتا ہے وہ خاص معنویت رکھتا ہے سوشیل کی ماں کا بظاہر سادہ سا خط دو فرقوں کی آپسی نا چاقی اور رنجش کی علامت بن جاتا ہے کانچ کا ٹکڑا جس کا بار بار ذکر آیا ہے کہیں تو جنس کی علامت ہے اور کہیں زندگی کی دوسری سچائیوں کا سمبل آخر کار وہ عنابی کانچ کا ٹکڑا چور چور ہو جاتا ہے۔

مختلف تکنیکوں کے استعمال اور نئے تجربات کے باوجود کلام حیدری کے افسانوں کی زبان سادہ اور سلیس ہوتی ہے اسے وہ بے جا و بے محل تشبیہات و استعارات نیز مشکل اور اجنبی الفاظ سے سے گریز کرتے ہیں اس احتیاط کے باوجود ان کے یہاں زبان کی خامیاں پائی جاتی ہیں اسے تخلیقی زبان نہیں کہا جا سکتا جو جدید افسانہ نگاری کا خاص وصف ہے اس کے باوجود ان کی عبارت پر تاثیر ہوتی ہے ان کی آخری دور کی کہانیوں میں نہ صرف تخیلی رنگ حاوی ہے بلکہ وہ زندگی کی حقیقتوں پر بھی اپنے سائے ڈالتا ہے۔

رشید امجد پیدائش ۱۹۶۰ء تجریدی افسانہ نگار ہیں ان کا پہلا افسانہ ''سنگم'' ۶۲ ۔ ۱۹۶۱ء تھا۔اس کے بعد حسب ذیل مجموعے شائع ہوئے ''بے آزاد آدم کے بیٹے'' ''ریت پر گرفت'' جنوری ۱۹۷۸ء ''سہ پہر کی خزاں'' مئی ۱۹۸۰ء شناسائی دیوار' تابوت' ڈوبتی پہچان' ''جاگتی آنکھوں کا خواب'' ''بند ہوتی آنکھ میں ڈوبتے سورج کا عکس'' ان تمام افسانوی مجموعوں کے مطالعے سے مجھے یہ محسوس ہوتا ہے کہ ان کا فن ارتقائی ہے انہوں نے اہم بنیادی مسائل جیسے اقدار اور رشتوں کی شکست وریخت' زندگی کی یکسانیت سے بے زارگی کا احساس اور شہری زندگی میں گم ہوتی انسانیت کو بخوبی پیش کیا ہے ان تمام افسانوں میں معنویت اور نئی لایعنیت کے بیچ توازن قائم کرنے کی کوشش کی گئی ہے اسی وجہ سے رشید امجد اپنے ہمعصروں کے مقابل اپنی انفرادیت کو برقرار رکھے ان کے افسانوں میں عصری حسیت بھی پائی جاتی ہے۔ان کی کہانیوں کے مطالعے سے ہمیں یہ بات محسوس ہوتی ہیکہ ان کے کردار عہد رفتہ کی کہانی کے کرداروں سے کافی مختلف ہیں ''بند ہوتی آنکھوں میں ڈوبتے سورج کا عکس'' سے ایک اقتباس ملاحظہ ہو۔

''رات بیتی جارہی ہے' شاید نصف بیت گئی ہے یا شاید نہیں شاید صبح ہونے والی ہے یا شاید نہیں ہونے والی' صبح ہونے تک وہ شاید......یا شاید نہیں......گھر کے اندر جانے راستہ گم ہوگیا ہے یا شاید نہیں...... کچھ معلوم نہیں کوئی بات یقینی نہیں......!!''

ایسی غیر یقینی کیفیت اور صورت حال دیگر افسانوں میں بھی ملتی ہے قاری کا ذہن لاجواب سوالوں کی آماجگاہ بن جاتا ہے اس سلسلے میں اقبال شمیم اپنے ایک تبصرے میں رقمطراز ہیں۔

''اس کا سفر دریافت اور نارسائی کا سفر ہے اس کا المیہ یہ ہے کہ وہ اپنی دریافت کے لیے لفظوں کے محرابوں اور راہداریوں سے اس مقام پر پہنچا ہے جو نارسائی کی منزل ہے یہ بھی ممکن نہیں کہ وہ اپنے آغاز کی طرف مراجعت کر جائے اور پھر سے اپنے سفر کی ابتدا کرئے ایک نئی جہت پر' ایک نئے انداز میں زباں اور لفظوں کی بیساکھیوں کے بغیر......وہ لفظ کے اندر معنی کے خلا اور لفظ کو لفظ سے ملاتے ہوئے مفہوم کی ناداری سے آشنا ہے۔وہ یہ بھی جانتا ہے کہ زمانہ پلاسٹک کے بنے ہوئے لفظوں کو اپنی حاجت کی ٹکسال میں مسلسل ڈھالتا رہتا ہے لفظ جو خیال کو مہمیز لگانے کے بجائے اسے بے بس' اپاہج اور بے حرکت بنادیتے ہیں۔''

مندرجہ بالا تبصرہ پڑھنے کے بعد ہمیں یہ محسوس ہوا کہ یہ کیفیت رشید امجد کے کرداروں کی تو ہوسکتی ہے لیکن خود ان کی نہیں انہیں اپنی زبان اور لفظوں پر پوری دسترس حاصل ہے ان کے خیالات ایسی

(آفتاب اقبال شمیم تبصرہ ''ریت پر گرفت'' رشید امجد)۔

وادیوں میں لے جاتے ہیں جہاں نئے معانی و مطالب کے خزانے بکھرے پڑے ہوتے ہیں اور جہاں تک ایک عام فن کار کی رسائی ممکن نہیں اس طرح ان کے کرداروں کے برخلاف ان کے فن کی منزل نارسائی کی منزل نہیں ہے۔وہ اپنی معراج کو پہنچا ہوا ہے تاہم قاری اور نقاد کے ذہن میں یہ خواہش ضرور پیدا ہوتی کہ کتنا اچھا ہوتا کہ ان کا فن علامت اور تجرید کی بیساکھیوں

کے سہارے کے بغیر بھی کبھی اپنی جولانی دکھائے۔ کہ ایک عام قاری کو نارسائی کی شکایت نہ ہو اور وہ ان کے قدم سے قدم ملا کر چل سکے۔ اس طرح ان کے فن کی ایک نئی جہت سامنے آئے گی جو افسانوی ادب میں ایک اہم افسانے کا باعث بنے گی۔

ان کے افسانوں کی زبان و بیان کی خوبی کی چند مثالیں ملاحظہ ہوں:

''وہ ساری رات آنکھوں کے سامنے پھڑ پھڑاتی ہوئی نیند کی لاش کو آنکھوں کے تابوت میں دفن کرنے کی کوشش کرتا رہا لیکن آواز کی رسی سے لٹکتی ہوئی نیند کھلکھلا کر بھاگ جاتی''۔

''درد خون کی باہوں میں اچھلتا ہوا اس کی آنکھوں کے فرش پر ناچنے لگا''

''اس کی یادداشت کی چڑیا صدیوں کے گنجلک چہرے پر پھیلی ہوئی پہچان کو بہت دیر سے دانہ دانہ چگ رہی تھی لیکن جب بہت دیر بعد بھی بے خبر شیاہتوں کی گود لیے یاد کے .... بچے نے سر نہ اٹھایا تو اس کے دل میں سرسراتی خوشی مرجھاہٹ کی کھردُری مٹھیوں میں پھڑ پھڑا کر رہ گئی۔''

ان کے یہاں بے جان اشیاء بھی متحرک نظر آتی ہیں اور ذی روح اشیاء انسانی صفات سے متصف ہوتی ہیں اور چلتی پھرتی بولتی چالتی نظر آتی ہیں۔

''ایک عجیب خوفناک لمبوترے چہرے والا خوف دبے پاؤں گلی میں چلا آتا ہے مگر اب گلی کے ہونٹ چپ ہیں۔ اور چہرہ بے جان''

(''بند ہوتی آنکھوں میں ڈوبتے سورج کا عکس'')

''رات پنجے کی طرح تیزی سے اندھیرے کو دھنک رہی ہے اندھیرے کے ڈھیر کے ڈھیر لگ گئے ہیں۔''

(''بند ہوتی آنکھوں میں ڈوبتے سورج کا عکس'')

''یادیں اپنے پاؤں میں گھنگرو باندھتی ہیں اور وجود کے اجڑے کھنڈر میں چھن چھنا چھن ناچنے لگتی ہے''

(''یاہو کی نئی تعبیر'')

''اندھیرا آنکھیں ملتا ہوا رات کے بستر سے کہنیوں کے بل اٹھ رہا ہے اور کجلایا سویرا سمٹی سمٹائی دلہن کی طرح ملگجا گھونگٹ نکالے دبے پاؤں سیڑھیاں اتر رہا ہے۔''

(''یاہو کی تعبیر'')

ان تمام تبصروں کے مطالعہ سے یہ محسوس ہوتا ہے کہ رشید امجد نے زبان و بیان میں نئے اور کامیاب تجربے کیے۔ اس سلسلے میں امیجز کا سہارا لیا۔ دیومالائی تمثیلوں کے ذریعے اپنے افسانوں میں پر اسرار فضا پیدا کی اور انہیں شاعرانہ رنگ میں رنگنے کی شعوری کوشش کی اس طرح انہیں شاعری خصوصاً نثری شاعری سے قریب تر کر دیا۔ ''گملے میں اگا ہوا شہر'' اس کی اچھی مثال ہے ان کے اکثر افسانوں میں گہرا ربط پایا جاتا ہے جس کی مثالیں ''ریت پر گرفت'' مجموعے کے ابتدائی

افسانوں میں ملتی ہیں انہوں نے اپنے افسانوں میں ''آزاد تلازمہ خیال'' کے اچھے نمونے پیش کیے ہیں۔ ''بے لفظوں کا پل صراط'' میں اسی تکنیک سے کام لیا ہے۔

علامتی و تجریدی افسانوں میں بھی انہوں نے اپنی انفرادیت قائم رکھی۔ جن میں زیادہ تر شہری زندگی کو موضوع بنایا ہے ان کے افسانوں کے کردار غیر فطری حرکات کے مرتکب ہوتے ہیں اور کہیں کہیں تو انہوں نے مافوق البشر کردار بھی پیش کیے ہیں۔

احمد یوسف ایسے افسانہ نگار ہیں جنہوں نے زیادہ تر سماجی موضوعات پر زور دیا۔ انہوں نے ۱۹۴۹ء سے لکھنا شروع کیا ان کا پہلا افسانہ ''پکا ارادہ'' ۱۹۵۰ء میں ''نئی راہ'' میں شائع ہوا تھا۔

وہ انجمن ترقی پسند مصنفین کے سرگرم کارکن تھی انہوں نے تقسیم المیہ دیکھا ایک طویل عرصے کی خاموشی کے بعد ۱۹۵۶ء میں ''دیواریں'' سے دوبارہ اپنی ادبی زندگی کا آغاز کیا۔ ان کا فن ایک نئی آزاد نہ فضاء میں سانس لیا ساتویں دہائی میں انہوں نے کامیو کافکا اور سارتر سے فیض حاصل کیا۔ ان اثرات کے سبب ان کے فن میں تبدیلیاں آئیں۔ آٹھویں دہائی میں ان کا اسلوب بھی بدلا۔ اور انہوں نے اپنے افسانوں کو نئے سانچے میں ڈھالنا شروع کیا اور جدید افسانہ نگاروں میں شامل ہو گئے۔

اب تک ان کے دو افسانوی مجموعے ''آگ کے ہمسائے'' (۱۹۸۰ء) اور ''۲۳ گھنٹے کا شہر'' ۱۹۸۴ء میں شائع ہو چکے ہیں ان کے افسانے عصری حسیت کے حامل رہے ہیں۔ ان کا کہنا ہیکہ ماضی اور حال کی ایک ہی کہانی ہے وہی قتل وغارت گری، ظلم و جبریت، غرور و نخوت، مفلسی و ناداری کچھ بھی تو نہ بدلا یہ کہا جاسکتا ہیکہ صورتِ حال اور بھی خراب ہو گئی ہے۔ اس سلسلے میں وہ خود کہتے ہیں:

''ایک بالکل ہی اجنبی لمحہ ہمارے وجود کا ایک حصہ چرانے لگتا ہے ہم اس کا تعاقب کرتے ہیں کہ اتنے ہی میں ایک اور نیا لمحہ ہمارے ساتھ وہی مجرمانہ کھیل کھیلتا ہے اور آخر کار ہم یہ سوچنے پر مجبور ہو جاتے ہیں کہ شاید ہمارا ہی مقدر ہے۔''

(احمد یوسف ''اپنی داستان'' (افسانہ اور افسانہ طراز) ''عصری ادب'' ڈاکٹر محمد حسن، ڈسمبر ۱۹۷۰ء۔ ان کے افسانوں میں کہانی پن پایا جاتا ہے باوجود اس کے انہوں نے علامتی اسلوب کو اپنایا ''آگ کے ہمسائے'' کے افسانوں میں علامتی اظہار کی مثالیں ملتی ہیں ان کے افسانوں میں رمزیت بھی پائی جاتی ہے انہوں نہ سماجی احتجاج اور معاشرتی صورت حال کو علامتی انداز میں پیش کیا ہے اور اپنی علامت نگاری کو نئی جہات بھی دیں۔ اس ضمن میں 'خط منحنی' اور ''تین گھروں کی کہانی'' قابل ذکر ہیں ان کے افسانوں میں جو اقعات بیان ہوتے ہیں وہ پورے معاشرے کی آپ بیتی ہوتے ہیں۔

''قصہ حجام کے ساتویں بھائی کا'' اس افسانے میں ہجرت کا واقعہ بیان کیا گیا۔ یہاں بھی انہوں نے علامتی اسلوب اختیار کیا ہے وہ لوگ جو گونجتے طوفان اور کڑکتی بجلیوں سے سخت خوف کھا کر اسی سمتوں کی تلاش کرتے ہیں جس سے وہ چھٹکارا حاصل کر سکے۔ آفات ارضی و سماوی کائنات کے اس سرے سے اس سرے تک ہر جگہ آتے ہیں ان سے کہیں چھٹکارا نہیں مل

سکتا ہے پھر کیوں ہم اپنے گھر اپنے شہر اور اپنے ملک کے نامساعد حالات سے گھبرا کر ترک وطن کرتے ہیں اور اس حقیقت کو فراموش کر دیتے ہیں کہ سرحد بدلنے سے قسمت نہیں بدل جاتی۔

جدید افسانہ نگاروں میں سلام بن رزاق کا نام اہم ہے انہوں نے ۱۹۶۱ء سے لکھنا شروع کیا ہمیں ان کے افسانوں کے مطالعہ سے جدیدیت کا صحیح مفہوم ملتا ہے وہ ایک خلاق ذہن کے مالک ہیں جس کی مثالیں ان کے پہلے افسانوی مجموعے ''ننگی دوپہر کا سپاہی'' (۱۹۷۷ء) میں ملتی ہیں ان کا پہلا افسانہ ''رین کوٹ'' تھا جو ۱۹۶۲ء میں ''شاعر'' ممبئی میں شائع ہوا۔

سلام بن رزاق نے بڑی سوجھ بوجھ سے موضوع کا انتخاب کرتے ہیں اور ٹھوس اور سنجیدہ مسائل پر طبع آزمائی کرتے ہیں ان کے بیان میں بے جا رنگینی آرائش وزیبائش نہیں ہوتی۔ انہوں نے علامتوں کے ذریعے معاشرے میں اخلاقی وروحانی اقدار کی زوال پذیری، مذہبی عقائد کی بے اثری، فرد کا استحصال، جس کے پس پردہ سماجی وسیاسی محرکات پیش کرتے ہیں ان کیفیات کو خود پر گذار کر اپنا ذاتی تجربہ بنا کر اس طرح بیان کرتے ہیں کہ قاری کو خود اپنی واردات قلب معلوم ہوتی ہے ان کی کہانیوں میں ایک خاص قسم کا ڈر، خوف، یاسیت اور محرومی مختلف شکلوں میں موجود ہوتے ہیں۔

خوف، ناامیدی، اور محرومی کی فضاء نے ان کے افسانوں میں یکسانیت پیدا کر دی ہے۔ جس کی جھلک ان کے افسانوں ''واسو'' ''حمام'' اور کھوئے میں ملتی ہے ان کے پسندیدہ موضوعات بار بار دہرائے گئے ہیں بہتر ہوتا کہ اگر وہ ان موضوعات کو نئے انداز میں بدل کر پیش کرتے۔

سلام بن رزاق نے بیانیہ اور علامتی اسلوب میں بھی افسانے لکھے لیکن کہانی پن کے وصف نے ان کے افسانوں کو دلچسپ بنا دیا ہے انہوں نے استعاراتی زبان کا بھی مناسب استعمال کیا ہے۔ بات کو زیادہ تہ دار بنانے اور بہتر ڈھنگ سے کہنے کے لیے وہ علامت اور استعارات کو استعمال کرتے ہیں ان کے یہاں تضاد اور ڈرامائی عنصر بھی موجود ہے ان کے افسانوں میں احتجاج کی لیے بھی شامل ہے جس سے غم وغصہ کا اظہار ہوتا ہے جو ان کے فن کو استحکام بخشتا ہے۔ ان کے یہاں قصے اور کرداروں کی نشو ونما فطری انداز میں ہوتی ہے۔ ان کے تمام تر کردار روحانی زوال کے باوجود غیر فطری نظر نہیں آتے۔ ان کی کردار نگاری کے اچھے نمونے ان کا افسانہ ''دوسرا قتل'' میں ملتے ہیں۔

''دوسرا قتل'' میں عصر حاضر میں روحانیت، مذہبی عقائد، اور اخلاقی رویوں کا قتل یا زوال دیکھایا ہے جن کے بغیر آج انسان کا جینا دشوار ہوگیا ہے یہاں مادہ پرستی کا عروج دکھایا گیا ہے۔ انسان اپنی مادی آسائشوں کے لیے ناجائز ذرائع سے دولت کا حصول کرتا ہے اس صورت حال کا اس افسانہ میں ڈھانچہ تیار ہوا ہے۔ اس افسانے کا مرکزی کردار شنکر اپادھیائے ہے۔ وہ جس سوسائٹی سے تعلق رکھتا تھا وہ سوسائٹی کا مقصد ہی جائز وناجائز ذرائع سے دولت جمع کرنا تھا کیوں کہ مادی ترقی کے لیے پیسہ ضروری ہے شنکر اپادھیا سے بھی حصول زر کی ہوس میں اپنے دوست سریش کی بیوی کو اپنی ہوس کا نشانہ بناتا ہے۔ وہ صرف زر کی خاطر عشق کا ڈھونگ رچاتا ہے اور اس کی مدد سے اپنے دوست کو قتل کر کے ساری دولت پر قابض ہو جاتا ہے۔ لیکن

ایک وقت ایسا بھی آتا ہے کہ اس کو اپنے گناہ کا احساس ہوتا ہے جس کا ردعمل یہ ہوتا ہے کہ وہ اس پر گولی داغ دیتا ہے اور اپنی دانست میں اپنے دوسرے Self کو ختم کر دیتا ہے اور گناہ کے بوجھ کو اپنے کندھوں سے اتار پھینکتا ہے۔

موجودہ حقیقی زندگی میں ہر انسان ضمیر فروشی کر کے ہی زندہ رہ سکتا ہے یا زندہ رہنے پر مجبور ہے ہر شخص جینا چاہتا ہے اسی لیے بجائے اس کے کہ وہ خودکشی کرتا' اپنے ضمیر کو قتل کر کے جیتا ہے۔

سلام بن رزاق نے علامتی اسلوب کے ساتھ اپنے افسانوں میں کہانی پن کو برقرار رکھا۔ان کے افسانے عصری حسیت کے حامل ہیں جس کی مثالیں "ننگی دوپہر کا سپاہی"، "کالے ناگ کے پجاری"، "زنجیر ہلانے والے"، "ندی" اور کئی دوسرے افسانوں میں ملتی ہیں۔

ننگی دوپہر کا سپاہی کا موضوع معاشرتی نظام کی بدنظمی یا پھر ایمرجنسی کا دور بھی ہوسکتا ہے۔اس افسانے میں تپتی دھوپ دکھائی گئی۔ایمرجنسی تو عارضی تھی لیکن اس افسانے کے پورے کردار مستقل دھوپ کی زد میں آئے ہوئے ہیں۔اس تپتی دھوپ کو جہنم کی تپش سے تشبیہ دیتے ہوئے کہتے ہیں کہ اس دھوپ کا تعلق ملک کے پورے نظام کو خراب کرسکتا ہے جس سے سیاسی اور سماجی بے راہ روی عمل میں آتی ہے۔اس میں سائنسی و صنعتی ایجادات کے سبب مادہ پرستی کے نتیجے میں ایک مستقل بحرانی صورت حال اختیار کرتے ہیں اونچے عمارتوں پر لمبی قطاریں ہیں۔جو مادہ پرست ہیں اور سب ایک دوسرے پر بازی لے جانے کی کوشش میں ہے اس صورت حال کو دیکھ کر مرکزی کردار کا دل چاہا کہ "مشین گن سے قطار میں کھڑے ان سارے لوگوں کو بھون کر رکھ دے اور ان عمارتوں کو ڈائنامیٹ سے اڑا دے مگر نہ اس کے پاس مشین گن تھی نہ بارود' پیٹھ پر جھولا تھا اس پر موٹی وزنی کتابوں کے سوا اور کچھ نہ تھا۔"

اس کے وزنی جھولے میں بھری کتابوں میں اس سارے ہجوم کے سوالوں کا کوئی جواب ان کے مسائل کا کوئی حل نہیں تھا بہتر ہوا اس کے پاس مشین گن نہیں تھی۔ورنہ وہ جھنجھلا کر خود اپنے وجود ہی کو اس کی بارود کی نذر کر دیتا۔اس نے اپنے جھولے کی کتابوں کو پھاڑنے ہی پر اکتفا کی اور پیاسا تپتے راستے اکیلا ہی چل پڑا۔اس عمارت کے اندر کی ٹھنڈک بھی تلخ حقائق کے احساس کو مٹانے میں کامیاب نہیں ہوسکی۔کیوں کہ وہاں بھی تو لوگ چھت پر الٹے ٹنگے ہوئے تھے۔جو دور سے ایک جالے کی صورت نظر آرہے تھے جالے سے یہ تصور کرسکتے ہیں کہ اس میں گندگی' میل' مٹی بھری ہوئی ہوتی ہے۔وہ لوگ بھی پاک نہیں تھے۔ان کے ضمیر کالے اور ذہن جالے کی طرح الجھے ہوئے تھے۔یوں تو بوڑھ دو اطبقے سے تعلق رکھنے والے دانشور کہلاتے ہیں لیکن نیک و بد میں امتیاز نہیں کرسکتے تھے۔جانے انجانے وہ نیکی کو بدی اور بدی کو نیکی بتاتے تھے۔یہ دانشوار ایمرجنسی دور کے سیاسی رہنما بھی ہوسکتے ہیں جن کے ہاتھوں میں حکومت کی باگ ڈور ہوتی ہے اور جن کی ذرا سی نعزش سارے معاشرے کی تباہی کا سبب بن سکتی ہے یہاں سے گھبرا کر جب مرکزی کردار باہر نکلا تو ایک جلوس سے سابقہ پڑ گیا۔اب یہ جلوس اپنی اہمیت' مقصدیت اور معنویت کو کھوتے جارہے ہیں ان کی بڑھتی تعداد نے ان میں بے اثری پیدا کر دی ہے جلوس میں کچھ ایسے لوگ بھی شامل ہوجاتے ہیں جن کو اس کا مقصد' اس کی منزل کیا ہے اور کہاں ہے اس کا پتہ نہیں ہوتا۔اس کا

مطلب ہمارے سیاسی رہنماؤں اور سیاسی پارٹیوں کی طرف اشارہ ہے کہ جو عوام کو جلوس نکالنے کے لیے راضی کر کے اپنا مطلب پورا کر لیتے ہیں۔

اس افسانے کے مطالعہ کرنے سے سلام بن رزاق کی سماجی وابستگی اور معاشرے کی بدامنی کا صحیح پتہ چلتا ہے ان سب کے پیچھے معاشرہ میں تبدیلی اور ایک صحت مند زندگی کی دبی دبی خواہش کا نشان بھی ملتا ہے۔

''زنجیر ہلانے والے'' میں بھی عصری حسیت اور کہانی پن کے طریقے کو اپنایا ہے۔

اس افسانے میں ایک انجانا خوف' دہشت ناکی ہر طرف چھائی نظر آتی ہے اور احتیاط کی شعوری کوشش اور تحفظ کی سرگرمی ملتی ہے اس میں بھی اشارہ ایمرجنسی کی طرف ہوسکتا ہے۔

اس دہشت ناک اور عبرت ناک صورت حال نے ہماری اجتماعی زندگی کو متاثر کیا ہے ان لوگوں نے سزا و جزا کی ترازو اپنے ہاتھ میں لے رکھی ہے اور فکر و عمل کی ڈور اپنے جذباتی دل کے ہاتھوں میں دے رکھی ہے جو کبھی صحیح فیصلہ نہیں کر پاتا۔ ان کی پیدا کردہ ہولناک سچویشن نے لوگوں کے دماغوں کو ایسا ماؤف کیا کہ وہ اس صورت حال کا مقابلہ کرنے کی اپنے آپ ہمت نہیں پا رہے نہ ہی ان کے تدارک کی کوئی تدبیر تلاش کر پا رہے ہیں ایک شخص ہے جو اشاستروں کے حوالے سے اس معاملہ پر روشنی ڈالنا چاہتا ہے لیکن اس کی بات پوری نہیں ہو پاتی زنجیر ہلانے والوں کے گھوڑوں کی ٹاپوں کی آواز سب کو پھر گھر میں نظر بند ہونے پر مجبور کر دیتی ہے افسانے میں عام فہم علامات استعمال کی گئی ہیں۔ اس کے پلاٹ اور تکنیکوں میں کوئی پیچیدگی نہیں ہے۔ اسی لیے اس افسانے میں کہانی پن پوری طرح موجود ہے زبان سادہ اور عام فہم ہے اسے بے جا زیبائش و آرائش سے بوجھل نہیں بنائی گئی۔ کہانی میں جو کردار ہیں وہ اسی دنیا کے گوشت پوست کے انسان ہیں۔ البتہ زنجیر ہلانے والے کرداروں نے جن کا کوئی تعارف نہیں ہے افسانے میں پراسراریت پیدا کر دی ہے جو پڑھنے والے کے تجسس کو بڑھاتی اور آخر تک قائم رکھتی ہے اس کہانی میں گہری معنویت ہے جس سے فنکار ہر قسم کی گرفت سے آزاد رہتا ہے اس کہانی میں جو زنجیر ہلانے والوں کا ذکر کیا گیا ہے وہ اور تو سب کچھ ہوسکتے ہیں۔ لیکن دوست اور اپنے نہیں ہوسکتے جن کی طرف بڑے لطیف اشارے ہیں ذیل کا اقتباس ملاحظہ ہو۔

''ہاں کون تھے وہ لوگ......؟'' ''کوئی دوست؟'' ...... ''دشمن بھی تو ہوسکتا ہے'' ...... کہیں آخری رات کے پہر نکلنے والا شیطانوں کا کوئی قافلہ تو نہیں؟'' ...... ''لٹیرے بھی تو ہوسکتے ہیں'' ...... ''کسی نے ان کے چہرے دیکھے تھے'' آخری سوال پر یک بہ یک چاروں طرف خاموشی چھا گئی۔ تھوڑے توقف کے بعد کسی کونے سے آواز آئی...... نہیں''۔

سلام بن رزاق کے علامتی کہانیوں میں ''ندی'' اور ''درمیانی صنف کے سورما'' قابل ذکر ہیں اس میں جو مسائل پیش کیے گئے ہیں اس سے ساری دنیا پریشان ہے ہم ایک ندی کے باسی ہونے کے باوجود الگ الگ ٹاپوؤں میں بٹ گئے ہیں ہم نے اپنی حدوں کو توڑ کر دوسروں کے حدوں میں داخل ہو کر انہیں پریشان کرنے سے باز نہیں آتے ہم اپنے پڑوسیوں سے نفرت کرتے ہیں انہیں ذلیل و خوار سمجھتے ہیں ان کے مقابلے میں اپنی برتری جتاتے ہیں بڑی طاقتوں کی خوشامد کرتے ہیں

انہیں اپنا مربی سمجھتے ہیں جب کہ مرتبی ہونا کوئی اعزاز نہیں اس طرح 'انا' کا راگ الاپنے والے یہ نادان اپنی انا کو آپ لہولہان کرتے ہیں۔ ان سب کے لیے مگر مچھ اور مینڈک کی علامتیں استعمال کی گئی ہیں جب صورت حال بدلنے کی کوئی صورت نظر نہیں آتی تب عمر رسیدہ مگر مچھ خدا سے دعا کرتا ہے ''اے قطرے سے دریا بہانے والے اور ندیوں کو سمندر سے ملانے والا ہمارے رب! ہماری اس سوکھی ندی میں کسی صورت باڑھ کا سامان پیدا کر' تاکہ ہم جوان چھوٹے چھوٹے ٹاپوؤں میں تقسیم ہوگئے ہیں۔ پھر اسی ندی میں گھل مل جائیں' اور اس کے وسیع دامن میں جذب ہو کر اسی کا ایک حصہ بن جائیں سیلاب! صرف ایک تند تیز سیلاب کی ضرورت ہے جوان سب کو ملا کر ایک کردے! لیکن جب وہ دعا ختم کر کے آنکھیں کھول کر دیکھتا ہے تو اس کی دعا پر ''آمین'' کہنے کے بجائے تمام مینڈک ندی کے کم کم گدلے اور بدبودار پانی میں ڈبکیاں لگا کر گم ہو جاتے ہیں۔ اس سے ظاہر ہوتا ہیکہ وہ اس موجودہ صورت حال میں تبدیلی کے خواہاں نہیں ہے سیلاب کا اشارہ طوفان نوح کی طرف بھی ہوسکتا ہے جس میں مکمل تباہی کے بعد بہتر صورت حال کی علامات ظاہر ہوئی تھیں۔

جدید افسانہ نگاروں میں قمر احسن کا نام قابل ذکر ہے۔ قمر احسن موضوع پر ہیئت اور تکنیکی تجربوں کو زیادہ اہمیت دیتے ہیں ان کے فن میں جدیدیت کا ایسا گہرا رنگ چڑھا ہے کہ اس کی معنویت تک پہنچنا ہر کس و ناکس کے بس کی بات نہیں ہے ان کے پہلے افسانوی مجموعہ ''آگ الاؤ صحرا'' ۱۹۸۰ء کے بیشتر افسانے ناقابل فہم ہے عام قاری کو جدید افسانہ نگاروں سے یہی شکایت ہے کہ نت نئے تجربے کرتے وقت وہ اس حقیقت کو فراموش کر دیتے ہیں کہ کسی فن پارہ کو پڑھنے سے قاری کا مقصد یہ ہرگز نہیں ہوتا کہ فن کار نے کیسا اسلوب اپنایا ہے؟ کتنے نئے تجربے کیے ہیں؟ اور کس ڈھنگ سے بات کہی ہے؟ اسکا پہلا مقصد تو صرف یہ جاننا ہوتا ہے کہ اس نے کیا لکھا ہے اب وہ اسے اچھے ڈھنگ سے پیش کرے تو اس کی بات میں وزن بھی پیدا ہوتا ہے اور تاثر کا وصف بھی' لیکن کوئی بات ۔۔۔۔۔ ہی سے سمجھ میں نہ آئی تو آرٹ نہیں کہلائی جاسکتی۔ یہ خامی قمر احسن کے افسانوں میں پائی جاتی ہے۔ لیکن پھر بھی یہ افسانے ادبی اہمیت کے حامل ہیں۔

تجرباتی اور تجریدی افسانہ نگاروں کی صف میں وہ ایک اہم مقام پر کھڑے نظر آتے ہیں۔

شمس الرحمٰن فاروقی کا کہنا ہے کہ اپنے داتی ماضی' تہذیبی ماضی' اور ادبی ماضی' تینوں سے قمر احسن کا تعلق بیک وقت برقرار رہنے کی وجہ سے ان کے بیشتر افسانوں میں تاثر کی وحدت کا احساس ہوتا ہے قمر احسن کا بنیادی اسلوب تجریدی ہے۔ قمر احسن کا فن تینوں زمانوں کا احاطہ کر لیتا ہے ان کے افسانوں میں اساطیری رجحان پایا جاتا ہے اس ضمن میں ''نیا منظر نامہ'' ''تعاقب'' ''یا مصطفٰے'' قابل ذکر ہیں۔ کچھ افسانوں میں انہوں نے داستانی اسلوب اپنایا ہے۔ ''نیا منظر نامہ'' میں سرخ لباس والد فقیر اور برف کے دیوتا کے بیان میں اسطوری عمل ملتا ہے ''تعاقب'' میں اسلامی روایات کی طرف اشارے ملتے ہیں ان کے یہاں تمثیلی انداز بھی ملتا ہے۔ انہوں نے بعض افسانوں میں ایسے کردار پیش کیے ہیں جو یا تو بے نام ہیں یا ان کی شناخت کے لیے الف' ب' م' و' وغیرہ حروف استعمال کیے ہیں۔

''سلیمان سر بہ زانو اور سبا ویراں'' کے کرداروں کے شناخت ایسے ہی غیر منطقی قسم کے حروف سے کی گئی ہے۔

مرکزی کردار الف' ہے۔ پھولے منہ والے کردار کے لیے پ' م' اور ایک کردار کے لیے دوسرے وجوذ' کا استعمال کیا ہے۔ یہ کردار' کردار نگاری میں ان کی جدت طرازی کی اچھی مثال ہے۔ یہ کردار اپنی حیوانی صفات کے سبب حیوان کی جون میں تبدیل ہوتے نظر آتے ہیں' اور معاشرے کے ان لوگوں کی نمائندگی کرتے ہیں۔جن کی بربریت اور وحشیانہ خصائل انہیں انسانیت کے درجے سے گرادیتے ہیں۔اسی لیے ان کے افسانوں میں بھی یاسیت اور محرومی پائی جاتی ہے ان کے انجام المیہ ہوتے ہیں۔

بقول شمس الرحمٰن فاروقی دنیانہیں تشکیک اور خوف اور گم کردگی سے عبارت نظر آتی ہے۔

بیشتر افسانوں میں قمر احسن نے شاعرانہ زبان استعمال کی ہے ان کی عبارت تہ دار اور معنویت سے بھر پور ہوتی ہے استعاروں کا استعمال ان کی تحریر کی خاص خوبی ہے۔جس نے ان کے اسلوب میں انفرادیت پیدا کردی ہے۔آغا سہیل بھی جدید افسانہ نگار ہیں ان کے اب تین افسانوی مجموعے''بدلتا ہے رنگ آسماں'' (۱۹۷۵ء)''شہرنا پرساں''اور''عہد زوال'' شائع ہو چکے ہیں۔آغا سہیل موضوع کو ہیئتی تجربوں پر فوقیت دیتے ہیں۔ان کے موضوعات میں عہد قدیم سے لے کر عصر حاضر کے تمام واقعات کا احاطہ ملتا ہے ان کے موضوعات کا دائرہ بہت وسیع ہے قدیم وجدید مسائل جو حیات انسانی سے متعلق ہوتے ہیں ان کے افسانوں میں حقیقت کا رنگ بھر دیتے ہیں اس طرح انہوں نے صدیوں پر محیط وقت کے ایک ایک لمحہ کو اپنی گرفت میں لینے کی کوشش کی جو انسان کی اپنی کوتاہیوں کے سبب اس کے ہاتھوں سے پھسل چکے ہیں اور لہر بن کر اس کے گرد منڈلا رہے ہیں۔جن کے گروپ میں وہ پھنس گیا ہے وہ ایک ایسے معاشرہ میں سانس لے رہا ہے جو تہہ دو تہہ حلقوں میں بٹا ہوا ہے اور پھر حلقے ہیں ہزار ہا مگر مچھ منہ کھولے بیٹھے ہیں۔اور مگر مچھ کے منہ سے نکلنے کی فکر نے اسے ڈرپوک' مصلحت بین' اصول شکن اور مفافق بنادیا ہے۔اس کی عقل وقت کی گرداب میں پھنس گئی ہے۔اور آواز زمانے کی جال میں الجھ گئی ہے گویا اسے وقت نے نگل لیا ہے۔(اردو مختصر افسانہ فنی وتکنیکی مطالعہ۔از ڈاکٹر نکہت ریحانہ خان)

زوال آمادہ انسانی زندگی اور رانحطاط پذیر معاشرہ کو آغا سہیل نے فنی چابکدستی سے اپنی تخلیقات میں پیش کیا ہے۔اس ضمن میں۔''شگاف در''''ڈبویا مجھ کو......''بدلتا ہے رنگ آسماں''''وقت اٹھے گا''شہرنا پرساں''''موے آتش دیدہ'' کنجی''''ہاتھی کے دانت''ٹھکانہ کہیں نہیں''''بازی گر''''پرچم''''آخری مورچہ''''زبان خنجر''قابل ذکر ہیں۔جو ان کے ابتدائی دو مجموعوں میں شامل ہیں۔ان کا لہجہ نرم اور اسلوب سادہ رواں ہے جس میں کوئی پیچیدگی نہیں۔سادہ تکنیک کا استعمال ترسیل وتفہیم کا کوئی مسئلہ پیدا ہونے نہیں دیتا کیوں کہ وہ کسی بھی قیمت پر اپنی تخلیق اور قاری کے درمیان کوئی دیوار کھڑی کرنا پسند نہیں کرتے۔حیات انسانی کی سچی تصویر کے لیے وہ کردار بھی اسی عالم آب وگل سے منتخب کرتے ہیں۔ان کے اکثر افسانے مکالموں پر مشتمل ہیں۔بیانیہ افسانوں میں منظر نگاری اور تہذیبی عکاسی کی دلکش وموثر نمونے ملتے ہیں۔زندگی کے طربیہ او رالمیہ پہلوؤں کے بیان میں اسی کی مناسبت سے زبان کے استعمال نے تاثر کے وصف کو دگنا کردیا زبان و بیان کا وہ ہر موقعہ پر خاص خیال رکھتے تھے ان کے یہاں جملوں اور پیرا گرافوں کی تکرار ملتی ہے''ڈبویا مجھ کو......''

افسانہ جس پیراگراف سے شروع ہوا ہے اسی پیراگراف پر ختم ہوتا ہے اس قسم کی معنی خیز تکرار کی مثالیں ان کے اکثر افسانوں میں پائی جاتی ہیں پر معنی جملے عبارت میں تہ داری پیدا کر دیتے ہیں ذیل کی مثالیں ملاحظہ ہوں:۔

''اپنی دوربین سے مجھے محض یادگار پاکستان کے پیچھے کٹی ہوئی پتنگ نظر آ سکتی ہے جسے لوٹنے کے لیے نہ جانے کتنے لیٹرے خونخوار بھیڑیوں کی طرح جھپٹ رہے ہیں۔(شگاف در)

''اخبار کہتا ہے سب خیریت ہے''......''یہی تو میں کہہ رہا ہوں کہ جو نہیں ہے' اسے کہتے ہیں کہ کہو ہے اور جو ہے اسے کہتے ہیں کہ کہو کہ نہیں ہے......(''وقت اٹھے گا'') بلراج مینرا کے افسانے ''پورٹریٹ ان بلیک اینڈ بلڈ'' میں ''بے زمینی'' کے ''موجود'' کی ایک شکل دیکھی جا سکتی ہے اس افسانے کے بے نام کردار کبھی واحد اور کبھی وہ' اس اور میں کی شکلوں میں منقسم شخصیت محسوس ہوتا ہے وہ اسی اور میں کے درمیان ایک واقعہ کا رابطہ ہے ہم اس میں نہ صرف افسانہ کے برائے نام کردار کے ذہن سے واقف ہوتے ہیں بلکہ جا بجا محسوس کرتے ہیں کہ یہ واقعہ ہمارے لیے بھی وہی ہے جو ''پورٹریٹ ان بلیک اینڈ بلڈ'' کے خالق یعنی واقعہ سے دوچار ہونے والے نئے انسان کے لیے......

''اور وہ آئینہ خانہ جو پارسی ڈرگ اسٹور کہلاتا ہے......''''اور پھر یوں ہوا......اس نے محسوس کیا کہ تجارت اور تخلیق ہم معنی الفاظ ہو گئے ہیں اور چاروں طرف سیاہی پھیل گئی ہے اور سمتیں کھو گئی ہیں۔

''میں نے اتنا جانا......میں نے اپنے جسم کا ایک ایک مسام کھلا چھوڑ رکھا ہے......میں نے اتنا جانا کہ ابھی تجارت اور تخلیق میں کچھ فاصلہ باقی ہے میں نے اپنی بینائی داؤ پر لگا دی اور گھٹا ٹوپ سیاہی میں ایک طرف چل پڑا......''

اور اس نے دیکھا......اس کے ہاتھ میں حساب کتاب کا مسودہ ہے اور دوسرے ہاتھ میں پستان

(اردو افسانہ۔ روایت و مسائل۔ مرتبہ از گوپی چند نارنگ۔ نیا اردو افسانہ۔۶۰ ۔۷ ۔ ۱۹۶۰ شمس الحق)

اور اس کے ایک ہاتھ میں ترازو ہے اور دوسرے ہاتھ میں پستان اور دونوں آنکھیں انگارے ہیں اور منہ دال کا منبع ہے''۔

''اور شہر بلیک آوٹ کی زد میں تھا اور وہ سڑک کے عین وسط میں دھیرے چل رہا تھا۔ دائیں بائیں کے مکانوں کی خالی قطاریں معنی کھو چکی ہیں آسمان کالی خاموشی میں بے معنی ہوا پڑا تھا۔ صرف بجھے ہوئے لیمپ پوسٹ سوالات کی شکل میں کھڑے تھے۔''

وہ جاسوس ہے یا اسٹوڈنٹ......اور ''یا'' کے تو معنی ہوتے تھی ہیں اور نہیں بھی ہوتے اور وہ کال کوٹھری جو شہر تھی یا رات تھی صبح کی روشنی میں ڈھے گئی اور پھر وہ سڑک کے عین وسط میں دھیرے دھیرے چل رہا تھا۔''

''وہ پوچھیں گے میں کہاں تھا؟

میں کہاں تھا؟

ہوسپٹل......سمندر کے کنارے......کال کوٹھری اور میں کہاں ہوں؟

اس نے دیکھا......وہ چوراہے پر تھا اور چاروں سمت لوگ بھاگ رہے تھے۔ سب کی پشت اس کی جانب تھی۔ میں

کس سمت جاؤں؟ دیکھتے دیکھتے سارا شہر خالی ہوگیا اور چوراہے پر اکیلا کھڑا تھا اس کے کانوں نے کہا......ہم کچھ سن رہے ہیں!

فلائنگ اسکوئڈ کی بڑھتی ہوئی وین کی آواز' ایمبولنس کی آواز' فائر بریگیڈ وین کی بڑھتی ہوئی آواز

اس کی آنکھوں نے دیکھا......ہم کچھ دیکھ رہے ہیں۔

فلائنگ اسکوئڈ وین' ایمبولنس اور فائر بریگیڈ وین......

اس کے قریب آن کھڑی ہوئیں۔

اس کا جرم آوارگی ہے اسے گرفتار کرلو!

اس کا مرض آوارگی ہے اسے اسٹریچر پر لٹادو!!

اس کے اندر بھڑکی ہوئی آگ آوارگی ہے اسے بجھا ڈالو!!!

اور پھر یوں ہوا اور دیکھنے والوں نے دیکھا......چاروں سمت پانی ہے ایک آوارہ لاش ہچکولے کھا رہی ہے اور پانی کی ڈانواڈول سطح پر لاش لپٹوں میں لپٹی ہوئی ہے اور چاروں طرف بدبو پھیل رہی ہے' جیسے کہیں ربڑ جل رہی ہو۔''

وہ اس اور میں کسی واقعے یا سوچ سے متاثر ہوتے ہیں۔ تاثر اور واقع کے قائم ہونے میں وقت اور مقام کا تعین نہیں۔ یہاں آدمی کا تعارف وقت اور مقام نہیں بلکہ زاویہ تاثر ہے کہ کس جہت پر قائم ہوتا ہے۔ وہ اس اور میں ردعمل کی حدود میں ایک ہیں تو تین نہیں واحد ہیں نام انتظار حسین' انور سجاد اور احمد ہمیش ہوں یا وہ اس اور میں ایک مالا کے منکے اسی وقت شمار کیئے جائیں گے جب بندھنے کا طور ایک دوسرے سے لگا کھاتا ہو۔ وہ کرچی کرچی ہوا کہ بہت ساری لڑکیوں نے یہ یک آواز مانگ لی۔ اس نے تجارت اور تخلیق کا یکساں حشر دیکھا تو اسے ہر سمت کی روشنی ختم ہوتی محسوس ہوئی وہ اور اسی بناء پر میں کا حصہ ہیں یا میں اسی لیے وہ اور اس کا شریک تاثر ہے......واقع کے پس پشت کیا ہے؟ موجود کس آمد کا پیش خیمہ یا کس وقوع کا ردعمل ہے؟ حساب کتاب کا مسودہ' پستان ایف ایل' خارجی مظاہر و معروضات ہی شمار کیئے جائے تو داخلی عوامل و احساسات کی صف میں چاروں طرف پھیلی ہوئی سیاہی اور بلیک آؤٹ کی زد میں آیا ہوا شہر' شامل ہے۔ جرم آگاہی و آگہی کی بنا پر پیدا ہونے والی آوارگی ہو یا (انور سجاد کے ''کونپل'' میں) بکواسی ہونا' ردعمل ایک ہے:

(اردو افسانہ روایت و مسائل مرتبہ از گوپی چند نارنگ)

تم جاسوس ہو یا اسٹوڈنٹ؟''

اور

''......تمہارا صرف ایک جرم ہے تم طالب علم ہو' کسان' مزدور' کلرک ہو' شاعر ہو' تم شاعر ہو' خطرناک قسم کے بلڈی پوئٹ'' (کونپل سے'')

نتیجہ

فیصلہ ناممکن ہے کہ ''میں کہاں (کہاں) تھا؟''

اور کہاں کہاں ہے۔

میں اپنی تمام تر کمزوریوں اور قوتوں کے ساتھ چپے چپے پر موجود ہے۔ زمینی حد بندیوں سے بلند تر' سیاسی شعبدہ گری سے ماورا...... یہ ہر جگہ موجود ہے۔ اس کو پکارنے کے لیے قرۃ العین حیدر کہہ لیجئے یا انتظار حسین یا سریندر پرکاش یا خالدہ اصغر' انور سجاد یا میزا یا پھر ساتویں دہائی کا نیا افسانہ۔ (شب خون: اکتوبر ۱۹۷۲ء)

جدید افسانہ ۱۹۶۰ء کے آس پاس ادب میں طلوع ہوا۔

۱۔ جدید افسانہ کہانی سے انحراف کرتا ہے

۲۔ پلاٹ کردار' آغاز' انجام اور وحدت ثلاثہ وغیرہ روایتی اصولوں کا التزام یا احترام نہیں کرتا۔

۳۔ زبان کی شکست و ریخت اور شخصی علامات کے استعمال نے اسے نا قابل فہم بنا دیا ہے۔

۴۔ ہندسی اور ریاضیاتی وغیرہ علمی اشکال کے تعرف سے لغویت کی تشکیل کرتا ہے۔

۵۔ نثری لوازم کی بجائے شعری لوازم کی طرف مراجعت کرتا ہے۔

۶۔ اس نے نظم کی ہیت اختیار کر لی ہے۔

وغیرہ وغیرہ ایسے اعتراضات ہیں جنہیں اعتراضات سے زیادہ جدید افسانہ کی ظاہری خصوصیات تصور کرنا چاہئے اگرچہ صرف یہی خصوصیات اس کی پہچان نہیں مجموعی حیثیت سے چاہے انہیں جدید افسانے پر منطبق کیا جا سکتا ہو۔

جدید افسانے میں کچھ ایسے عوامل بھی موجود ہیں جس سے اس کی شناخت ہو سکتی ہے۔ یہ عوامل دراصل اس کے فنی اور فکری رجحانات ہیں جو اس کے باطن مواد اور موضوع اور طریقہ اظہار سے نمو پا کر اس کی خارجی سطح یعنی زبان و اسلوب' تخلیقی طریقہ کار اور ظاہری ہئیت تک پہنچ کر اسے عصری ادب کی ایک نمائندہ صف کا مقام دیتے ہیں۔

افسانے میں اس کو بروئے کار لاتے ہوئے فنکار دو سطحوں پر اپنا اظہار کرتا ہے۔ اولاً افسانے کا تخلیقی طریق کار یعنی فنی تکنیک اور ثانیاً افسانے کی ظاہری ہئیت کے توسط سے فنکار کے باطن کا مقصود بیان۔ پہلی سطح کو عمل ترسیل اور دوسری کو افسانے کی باز تخلیق کا عمل کہا جا سکتا ہے جس میں قاری یا سامع بھی حصہ لے سکتا ہے جدید افسانے کی موخر الذکر خصوصیات یا رجحانات کی تقسیم اس طرح ہو سکتی ہے۔

۱۔ داستانی

۲۔ اعتراضی

۳۔ علامتی

۴۔ ایہامی یا تجریدی

تکنیک اور اظہار کی ہر دو سطحوں پر ان رجحانات کے متعدد پہلو جدید افسانے میں نمایاں طور پر دیکھے جا سکتے ہیں۔

افسانے کے تعلق سے پہلا خیال اس صنف کے پہلے اور آج (ہر دور میں) غیر اہم ہونے کا واضح ہونے کا اعلان کرتا ہے جبکہ حقیقتاً آج کے دور کو نثری دور کہا جا سکتا ہے یہ خیال انتہا پسندانہ معلوم ہوتا ہے لیکن ایک قسم کی انتہا پسندی دوسری قسم کی انتہا پسندی ہوتی ہے۔ تاریخ ادب میں کوئی دور ایسا نظر نہیں آتا جس میں افسانہ غیر اہم ہو گیا ہو اسی طرح دوسرا قول افسانے کی بحث کا آغاز افسانے کی موت سے کرنا چاہئے افسانے کی تاریخ بیان کرنے یا صرف پرانے افسانے پر بحث کرتے محدود نظر آتا ہے کیوں کہ افسانہ وفات پا چکا ہے تو ظاہر ہے کہ آج مرنے والے کے اوصاف حمیدہ یا قبیحہ بیان کرنے کے سوا نقاد کے لیے دوسرا کوئی کام موجود نہیں۔

انتظار حسین، انور سجاد، سریندر پرکاش، اور بلراج میزا وغیرہ سے لے کر قمر احسن، انور خاں، شوکت حیات اور حمید سہروروی وغیرہ تک سینکڑوں فنکار افسانے کے نام پر جو صفحات سیاہ کیے جا رہے ہیں وہ کس فعل عبث میں مبتلا ہیں؟ ہر چند افسانہ نگار کہتا ہے کہ ''کہ ہے'' نقاد صدا لگاتا ہے ''نہیں ہے'' اسی ''ہے نہیں ہے'' کے پھیرنے دراصل افسانے کے متعدد نقادر پیدا کر دیئے ہیں۔

غور سے دیکھا جائے تو واضح ہوتا ہے کہ جدید افسانہ نہ صرف سماجی حقیقت نگاری کے ترقی پسند افسانے کا ردعمل ہے۔

جدید افسانہ نگار نے سب سے پہلے افسانے کی ہئیت پلاٹ اور کردار، حتیٰ کہ خود کہانی سے جو افسانے کا جوہر ہوتی ہے۔ لاتعلقی ظاہر کی۔ حقیقی سے ماورائے حقیقی ہو گیا۔ یا اس نے اپنے باطن کا رخ کیا۔ اس طرح شکست وریخت کے نمونے سامنے آئے۔ افسانے میں ہزاروں علامتیں آئیں۔ علامتیں اتنی کثیر تعداد میں برتی گئیں غیر روایتی زبان میں شعور کی رو کا اظہار، منتشر خیالی کے لفظی پیکر اور علامتی ابہام نے نثری اسلوب کو شعری اسلوب کی رو سے بھی ملایا۔ اور آزاد یا نثری نظم کی طرح چھوٹی بڑی سطروں میں افسانہ لکھا جانے لگا۔

داستانی فضا:

جدید افسانے میں واقعہ کو بیان کرنے کے لیے جو نئی تکنیکیں اختیار کی گئی ہیں۔ انہوں نے من وعن بیان کی شرط ختم کر دی ہے۔ بالراست بیانیہ ترک کر دیا ہے۔ حقیقت کو ماورائے حقیقی زاویوں سے دیکھا اور دکھایا جانے لگا۔ خیال کی راست ترسیل اور سریع تفہیم کے نظریات بے حقیقت ہو گئے ہیں چنانچہ فن افشائے فن کی بجائے فن کی پوشیدگی طرف مائل نظر آتا ہے۔ فن کی اس پوشیدگی نے افسانے سے پلاٹ، کردار، اور زماں ومکاں کے روایتی تصورات ختم کر دیتے ہیں۔ یہاں تک کہ افسانے سے کہانی غائب ہو گئی ہے ہر افسانہ دھند اور دھنویں میں لپٹا ہوا سامنے آتا ہے۔ یہ دھند اور دھوئیں کے پردوں کے پیچھے کیا ہو رہا ہے قاری کو اس کی خبر نہیں ہوتی۔ آج جدید افسانہ اس مقام پر ہے جہاں ادب میں صنفی اکائی کی حیثیت سے ایک صنف اپنا وجود منواتی اور تنقید کو اپنے ظاہر و باطن کی سمت متوجہ کراتی ہے۔

افسانے میں داستانی ماحول تخلیق کرنے کا رجحان جو قدم قدم پر نئے جہانوں کی سیر کراتا ہے۔

اس کے پڑھنے والے کو سرسری گذرنے نہیں دیتا۔ جدید افسانے میں زندگی سے ماخوذ کسی حقیقت کا محض یک سطحی اظہار نہیں بلکہ ہمہ گیر و ہمہ جہت، تہہ دو تہہ طبعی، نفسی و معاشی، سیاسی اور مذہبی مسائل کی فرد اور مجموع پر یکساں اثر اندازیوں کا نئے لسانی اسالیب، تمثیل، استعارہ، علامت، اور آفاقی حوالوں کے پیرایوں اور فوٹوگرافی کی طرح یک رخی حقیقت نگاری کی بجائے ماورائے حقیقی زاویوں میں مذکورہ مسائل کی فنکارانہ پیش کش کے روپ میں سامنے آیا۔ اس طرح جدید افسانے کی یہ قدامت، اس کے موضوعات سے قطع نظر جو وہ موجودہ عصر اور زندگی کے جدید تر حقائق سے اخذ کرتا ہے افسانے کے لسانی برتاو اور فنی طریق کار سے متلازم اس کے داستانی، حکایتی، تمثیلی، اور اسطوری فضا تخلیق کرنے سے مماثلت و مطابقت رکھنے کا دوسرا نام ہے۔

افسانے میں تخلیق کردہ ماحول کے پراسرار او راجنبی ہونے سے داستانی فضا عود کرتی ہے۔ جس میں متحرک کرداروں کے چہروں پر بھی اسرار کے پردے پڑے ہوتے ہیں۔ ان کے حرکات وسکنات ان کے مکالمے اور ان کے توسط افسانے کے موضوع کی حرکی کیفیات سب مل کر قاری کے سامنے قدیم داستانوں کی سی نا قابل شناخت اور نا قابل اعتبار دنیا الا کھڑی کرتے ہیں۔ جو اس کے حواس پر کسی طلسم واضوں کی طرح نازل ہو کر اسے افسانے کی گرفت میں پوری طرح جکڑے رہتی ہے۔ اعمال افعال میں خود اپنے اعمال وافعال کی جھلکیاں پاتا ہے تو یقین وگمان اور حقیقت واضوں کے ایک دوسرے سے تشابہ سے افسانے سے حاصل ہونے والے اس خط وتمانیت سے ہمکنار ہوتا ہے۔ جو فن کی تخلیق اور فن کے مطالعے کا مقصد ہوتا ہے۔

جدید افسانے کی داستانی فضا کے ضمن میں اساطیر اور فرد اور معاشرے سے جڑی ہوئی مافوق الفطرت روایات کا ذکر ناگزیر ہے افسانے میں دیومالائی کہانیوں کی کارفرمائی افسانے میں اسطور بیانی کا رجحان پسندیدہ رجحان ہے یہ کبھی حقیقت نگاری کی طرح اسطور بیانی برائے اسطور بیانی ہوتی ہے کبھی ایک مکمل اسطوری واقعہ کسی عصری حقیقت کے بیان کا ذریعہ بن جاتا ہے اس طرح جدید افسانے کی یہ داستانی فضاء معروف داستانوں سے ماخوذ واقعات، دیومالاؤں کے ماخوف الفطرت کرداروں سے منسوب کہانیوں، مذہبی صحائف میں مرقوم تمثیلوں اور حکایتوں اور عوام میں مقبول توہم پرستانہ روایتوں کی خطوط کی باز آفرینی اور اور ان کے از سر نو تخلیق سے پیدا ہوتی ہے۔ داستانوں سے منتخب جن کی چند مثالیں یہاں پیش ہیں۔

''اس میں دس جوانِ حسین اس قلعے سے نکلے میں انہیں دیکھ کر نہایت متعجب ہوا، اس واسطے کہ دسوں جواں داہنی آنکھ سے کانے تھے اور ایک بڈھا دراز قامت جس کی صورت نہایت متبرک تھی، ہمراہ ان جوانوں کے تھا۔

(قصہ تیسرے قلندر کا الف لیلیٰ۔ جلد اول)

تحیر اور ستعجاب جدید افسانے کی اہم خصوصیت ہے۔ جو افسانے کی ابتداء سے انتہا تک پائی جاتی ہے۔ جدید افسانے میں تحیر کی یہ فضا پوری تخلیق پر حاوی ہوتی ہے۔ قاری مطالعہ کے دوران جس کی گرفت میں ہوتا ہے اور مطالعہ کہ بعد یہ تاثر تادیر تک قائم رہتا ہے۔

اوپر کی مثال میں ''داہنی آنکھ سے کانے دس جوان'' ''اور'' ایک دراز قامت متبرک بڈھا'' کسی بھی جدید افسانے کو یہ متحیر کن فضاء دے سکتے ہیں۔

''شہزادہ مایوس ہوکر چاہتا تھا کہ کوئی شخص ایسا ملے جو مدداس کی ایسے وقت میں کرے۔اسی خیال میں شہر کے اندر کہ لب دریا آباد تھا' گیا اور دیر تک شہر کے کوچوں اور گلیوں میں پھرا لیکن کسی شخص سے ملاقات نہ ہوئی۔

(قصہ شہزادہ قمرالزماں کا: الف لیلیٰ۔جلد دوم)

انسان کے اشرف المخلوقات ہونے کے باوجود اس کے سفلی پن پر تیکھے طنز کے لیے ''باغ وبہار'' میں مذکورہ ''خواجہ سگ پرست'' کا احوال بذات خود ایک عمدہ افسانہ ہوسکتا ہے۔

فضا کار ایک درخت کے نیچے ایک شخص تسمہ کمر میں باندھے بیٹھا ہوا تھا۔عمر وکو دیکھ کر باچھیں اس کی کھل گئیں............... اس مقام میں تیرا پہنچنا تعجبات سے ہے۔ میں نے تو جانا تھا کہ میں خود اور مال بھی تلف ہوا۔لیکن حدانے حق دار بھیج دیا۔ بڑا امیرے حال پر کرم کیا عمرو نے مال جو نام سنا دم کو لے رہا' نہیں تو کہا چاہتا تھا کہ میں تیرا بھانجہ کا ہے کو ہوں کیوں اجنبی آدمی سے میں مسافرت پیدا کروں' عمرو نے اس کا حال پوچھا اسنے کہا کہ تو نے مجھے پہچانا نہ ہوگا......مکان پر جانے کا مقصد ہے جا نہیں سکتا...... چلنا کیسا' کھڑے ہونے سے بھی جی چراتا ہوں۔اگر تو مجھے اپنی پیٹھ پر لاد کر لے چلے تو مجھ پر دوہرا احسان کرے کہ میں مکان پر بھی پہنچ جاؤں اور تجھ کو تیری امانت بھی سونپ دوں یعنی جواہرات کا صندوقچہ......عمرو نے جو جواہرات کے صندوقچہ کا نام سنا منہ میں پانی بھر آیا۔اس تسمہ پا کو اپنی پیٹھ پر سوار کرلیا۔اس نے پیٹھ جاتے ہی اپنے پاؤں کو تسمے کی طرح عمرو کی کمر میں خوب لپیٹا اور گھٹنوں سے ایڑیں لگا کر کہنے لگا کہ ہاں میرے رہوار' قدم اپنے بڑھا' عمرو ہمہ تن جکڑ گیا ہر چند چاہا کہ ہاتھ سے اس کے پاوں کو اپنی کمر سے جدا کرئے۔اس بلا اور قید سے چھوٹے' اس نے ہاتھوں کو بھی جکڑا......عمرو ساری چالا کی اور عیاری بھول گیا' ناچا امیر کی طرف دوڑ ماری کہ امیر مجھے اس بلا سے چھڑادیں گے وہاں جا کر جو دیکھا تو امیر بھی تمام رفیقوں سمت اسی مصیبت میں گرفتار ہیں جو لگ شہہ سواری کا دعویٰ کرتے تھے ان پر اور لوگ سوار ہیں۔امیر نے عمرو کو دیکھ کر زبان عیاری میں کہا کہ ہم سمجھے تھے تم اس بلا میں مبتلا نہ ہوگے اور ہم لوگوں کو آ کر نجات دوگے سو تم بھی گرفتار ہوئے۔

(امیر کا قصہ ہندوستان: داستان امیر حمزہ: دفتر اول)

''پیر تسمہ پا'' کی یہ حکایت اپنی اصل داستان کے تناظر سے جدا رہ کر بھی ایک مکمل افسانے کی حیثیت رکھتی ہے۔ ''عمرو'' جیسا کہ اس کی معروف صفت ''عیار'' واضح ہے' یہاں ''عیاری'' کی تمثیل ہے ''پیر تسمہ پا'' ''اپنی عیاری کا آپ شکار'' ہوجانے کا استعارہ اور ''ناگہانی ابتداء'' اور بیرون سے لادے گئے جبر'' کی علامت بھی ہے ''امیر کی مدد پانے کے لیے دوڑنا'' عمرو یا کسی فرد کا اپنی ابتدء سے چھٹکارا پانے کے لیے اپنی دانست میں کسی بااختیار شخصیت کی طرف رجوع کرنا ہے اور ''امیر کا پیر تسمہ پیا کا گرفتار ہونا'' کسی کے بااختیار نہ ہونے کا اعلامیہ'' شہ سواری کا دعویٰ کرنے والوں پر اور لوگوں کے سوار ہونے'' کا طنز

بالکل واضح ہے۔

جدید افسانہ ان داستانی واقعات کی شکلیں بدل بدل کر جدید زندگی کی زاویوں اور ان میں گھرے ہوئے فرد کے مسائل کے اظہار کے لیے انہیں برت رہا ہے۔ داستان گو اپنی چرب زبانی سے انہیں خوب زرق برق بنا کر پیش کرتا ہے، مرد ہو یا عورت، جن ہو یا پری، حسن و خوبی میں لاثانی اور فتح و بدی میں بھی انتہائی اوصاف کے حامل ہوتے ہیں۔ اور یہ خصوصیت کسی ایک داستان سے مختص نہیں۔ تمام ہی داستانوں کے جدا جدا تمام قصوں کے کرداروں پر اسے منطبق کیا جاسکتا ہے۔ ان کے شہرآفاق کردار شہرزاد، امیر حمزہ، عمرو عیار، شہزادہ اسد، افراسیاب اور سندباد وغیرہ محض ہولے ہیں۔ یا اپنی شخصیت کے خصائل کی تمثیلیں۔

جدید افسانے کے کردار داستانی کردار ہیں بلکہ فنکار اپنی تخلیق میں جن کرداروں کو سامنے لاتا ہے۔ وہ بھی بے نام بے ہیئت، بے شناخت، یا الف ب ج سرخ چہرے والا سیاہ پوش، نووارد اور اجنبی وغیرہ ہوتے ہیں اسی صورت میں ہم انہیں صرف اس بنیاد پر پہنچان سکتے ہیں کہ وہ ہماری زبان میں ہمارے ہی کسی مسئلے کا ذکر کر رہے ہوتے ہیں۔

انتظار حسین خصوصاً اس داستانی تکنیک کو استعمال کرنے میں ماہر ہیں۔ انتظار حسین کا اپنی فنی نظریہ جس سے تقسیم ہند کے واقعے کے المناک پہلو سے ہجرت کا مزید المناک پہلو برآمد ہوتا ہے اور اسلام کے نظریہ ہجرت سے کسی قدر مشابہت رکھنے کے بعد جو ظاہر ہے کہ داستانی رنگوں کو افسانے میں متاثر کن جہات سے آشنا کرتا ہے۔ داستانوں سے ماخوذ مثالوں سے مشابہ جدید افسانوں سے ماخوذ ایک مثال پیش ہے۔

''تتھاگت نے جگ کو نتارنے کے کارن کتنے جنم لیے اور کیسے کیسے دکھ بھوگے، ہر ہر جنم دیودت ایسے وشٹ پیدا ہوتے رہے اور تتھاگت کے لیے کٹھنائیاں پیدا کرتے رہے۔ سندر سمود نے پوچھا ''ہے ودیا ساگر' کیا دیودت یدھ جی کا بھائی نہیں تھا؟''

''بھائی ہی تھا'' یہ کہہ کر ودیا ساگر پہلے ہنسا پھر رو دیا۔'' ہے گیانی، تو ہنسا کیوں اور رویا کیوں؟'' گوپال نے پوچھا
(کچھوے: انتظار حسین)

مہاتما بدھ کی جاتک تمثیلیں جو کلاسیکیت کی بناء پر ہر عہد میں بامعنی رہی ہیں ان کے پردے میں آج کے عہد کے دکھ بھوگ کا اظہار بھی نئے معنوں کا افشا کرتا ہے۔ فرد کے اخلاقی، سماجی اور سیاسی افکار کی فنی ترسیل کے لیے جاتک کہانیاں بہترین حال معنی لوازم کا کام کرتی ہیں نہ صرف ان کی تمثیلی حیثیت بلکہ ان کے ستعاراتی اور علامتی پہلو بھی افسانے میں ظاہر ہوئے ہیں۔ (قصہ جدید افسانے کا۔ سلیم شہزاد)

اعترافی رجحان:

اعترافی خصوصیت کا حامل افسانہ حاضر راوی کا اپنا افسانہ ہوتا ہے یعنی اعترافی افسانہ کا واقعہ راوی کی اپنی ذات پر گزرتا ہے وہ خود اپنے بیان کا اہم کردار اور واقع کے تمام نشیب وفراز سے بخوبی واقف ہوتا ہے جب وہ اپنی ذات پر بیتنے والے

واقعے یا حادثے کا بیان کرتا ہے تو صورت حال کی جزئیات اس کے سامنے روشن ہوتی ہے وہ افسانہ بیان کرتے ہوئے اسے دوبارہ واقع ہوتے دیکھتا اور اس کی تمام آوازیں سنتا ہے اعترافی افسانہ بازوقوعی واقعہ ہوتا ہے بازگوئی میں راوی جمال کو تفصیل سے یا اس کے برعکس مختصراً بیان کرسکتا ہے۔ راوی کو یہ قدرت حاصل ہوتی ہے کہ جس منظر کو چاہے ظاہر کرے جسے چاہے چھپادے وہ چاہے تو دلچسپی قائم کرنے کے لیے تاثر یا تحیر کی فضاء قائم کر کے واقعہ کی صورت ہی بدل دے۔ (دوسرے لفظوں میں جھوٹ بولے) بازوقوعی واقعہ جب بیان کیا جاتا ہے تو راوی کو سچ بولنے سے مفر نہیں ہوتا اور یہی خصوصیت اس طرز بیان کو اعتراف بنادیتی ہے۔

اعتراف کسی فرد کا اپنی ذات پر بیتے ہوئے ایک واقعہ یا چند واقعات کے وقوع کی شہادت دینا یا ان کے وقوع کو قبول کرنا ہے یہ عمل جب افسانہ بنتا ہے تو اس کا اطلاق خود افسانہ نگار کی ذات پر ہوتا ہے کہ وہ اپنی کوئی آپ بیتی اس طرح بیان کرئے کہ سننے والے کو سچ معلوم ہونے لگے۔ اگر افسانہ نگار کے پاس ایسا کوئی ذاتی واقعہ نہ ہو تو دوسرے مرحلے میں ایسا موضوع اختیار کرنا پڑتا ہے کہ وہ ہر قسم کے افسانے کے لیے ایک موضوع کا ضرورتمند ہے جسے حاضر راوی کے ذریعے اس طرح بیان کیا جائے کہ یہ اعتراف نہ صرف افسانوی کردار کا اعتراف ہو بلکہ قاری اسے خود افسانہ نگار کا اعتراف یقین کرے۔ گویا سچ بولنا اعترافی افسانے کی نمایاں خصوصیت ہے یہ سچ فرد یا اجتماع کے متعلق ایسا جھوٹ بھی ہوسکتا ہے جسے جھوٹ ہی کے روپ میں پیش کیا گیا ہو۔

جدید افسانہ جو اعترافی رجحان کا حامل ہو نہ صرف اپنی ذات کا ہو بہو عکس دکھاتا ہے بلکہ معاشرے کو بھی آئینہ دکھانے کا اہل ہے اعترافی افسانہ خودگشت سوانح یا آپ بیتی کے علاوہ خود کلامی کا افسانہ ہوسکتا ہے آپ بیتی سننے کے لیے جس طرح الاؤ کے گرد راوی کے علاوہ ایک یا چند نفوس کا موجد ہونا ضروری ہے۔ اسی طرح اعتراف سننے کے یے اعتراف خانے میں کسی سامع کا ہونا بھی ضروری ہے۔ مگر خود کلامی اس شرط کی پابند نہیں۔ متکلم اس عمل میں اپنی ذات پر جھیلے جانے والے حادثے کے کرب کا بیان اپنی ہی ساعت پر جھیلتا ہے وہ سوال کرتا ہے اور خود ہی جواب دیتا ہے تشکیک' بے معنویت' خلفشار اور غیر ہم آہنگی کو اپنی ذات سے نمودہ قرار دے کر اپنی ہی ذات کو ان کا شکار بھی قرار دیتا ہے یہ صورت حال اعترافی افسانے کے طنزیہ پہلو کا آشکار کرتی ہے۔ اعتراف کی خصوصیت یہ ہوتی ہے کہ وہ بلاواسطہ اور صاف وصریح بیان ہو۔ مجاز و تمثیل' رمز و علامت' یا لسانی پیچیدگی اعتراف نامے کی صداقت کو مشکوک بناسکتے ہیں۔ جدید افسانے کے اشکال ایہام اور علامت زدہ ہونے کی شکایت کے بعد جب افسانہ نگار نے کہانی کا گم ہوتا سرا پکڑا تو اس نے غالباً شعوری طور پر بیان کے ان لوازم کو ترک اور راست بیانیہ اظہار کو برتنا شروع کیا اور نتیجے میں اعترافی افسانہ سامنے آیا۔ جس کے کردار جانے پہچانے' مقام اور ماحول انسانی اور واقعات دیکھی بھالی زندگی سے ماخوذ ہے۔

اعترافی افسانے میں دروں بینی اور دروں بیانی کے سارے اطوار کا ہم بآسانی مشاہدہ کر سکتے ہیں۔
اس کی مثال ان چند سطروں میں بیان کی گئی ہے جو ایک افسانہ سے ماخوذ ہیں۔

بوڑھے خبیث سے نفسیاتی معالج نے پوچھا:

''کیا آپ کو گھوڑے بہت پسند تھے؟''

''جی نہیں''

''کیا آپ کبھی گھوڑے سے گرے ہیں آپ کو چوٹ آئی ہے؟''

''جی نہیں''

''کیا آپ پہلے بھی خواب میں گھوڑے دیکھتے تھے''

''جی نہیں''

''کیا آپ کے اردگرد کوئی ایسا شخص ہے جس کی شکل دیکھ کر آپ کو گھوڑا یاد آئے اور اس شخص سے نفرت یا محبت محسوس کرتے ہیں؟''

''جی نہیں''

''کیا آپ محسوس کرتے ہیں کہ آپ کے پیٹ میں واقعی گھوڑا ہے اور وہ اصلی گھوڑے جیسا ہی جسیم وتنومند ہے؟''

''جی ہاں''

''وہ گھوڑا چلتا ہے اس سے آپ کو پریشانی ہوتی ہے؟''

''جی ہاں''

''یہ گھوڑا ہنہناتا ہے، باچھوں سے فرفر کرتا ہے، پھر آپ کی آنتیں چبانے لگتا ہے؟''

''جی ہاں''

''آپ اس سے نفرت یا خوف محسوس کرتے ہیں؟''

''جی ہاں''

(اسپ کشپ مات: قمر احسن)

یہ منفی اور مثبت اعتراف کی نہائیت عمدہ مثال ہے جس میں نفسیاتی معالج کے روپ میں فرد کی ذات کو کھنگالنے والا ایک سائل بھی موجود ہے اور جواب دینے والا ''جی نہیں'' اور ''جی ہاں'' کے مختصر جوابات میں صاف اور صریح اعتراف کرتا نظر آتا ہے۔ اس کے مثبت جوابات میں بازوقوعی واقعے کی کیفیت ہے کیوں کہ متکلم کی ذات کی سری پیچیدگیاں معالج کے سوالوں کی شکل میں دوبارہ تخلیق ہو کر جواب دینے والے متکلم کے سامنے آتی جارہی ہیں۔

علامتی اظہار:

نثری اسلوب میں علامت ہونے کی وجہ سے افسانہ کسی قدر وسیع لسانی تناظر کا حامل ہوتا ہے اسی مقام پر فنی اظہار کے لیے ایک اضافی وسیلے کی حیثیت سے علامت اپنا عمل شروع کرتی ہے۔ کہ اضافی وسائل کے بغیر نثر بیجا انتشار اور

بے ربطی کا شکار ہو سکتی ہے۔ تب افسانہ نگار بیان میں ضروری ایجاز و اختصار کے نظریئے سے اپنے خیال کو کم سے کم لفظوں میں سمیٹتا۔ ان کے معنوی تلازمات کے سہارے بے لگام تخیل کو قابو میں رکھتا۔ اور مروجہ زبان ہی کے استعمال سے اپنی ایک نجی اشارتی زبان تخلیق کرتا ہے اس طرح مخصوص عصر و فکر کے پس منظر میں ایک یا چند کرداروں کے عمل یا بے عملی کے توسط سے کسی واقع کا بیان افسانہ بنتا ہے علامتی اظہار کی خصوصیت جس کی شناخت ہوتی ہے علامتی افسانے کی نجی اشارتی زبان ہی کی بنیاد پر افسانوی علامت اپنی معنوی جہات میں افسانوی کیفیات یعنی افسانوی یا واقعات حرکت و سکون' افسانوی تحیر اور افسانے کی بافت سے گہرا ربط رکھتی ہے۔ اظہار خیال میں ایک اضافی تلازمہ ہونے کی وجہ سے علامت اپنے ہیئتی یعنی لفظی اوور موضوعی یعنی معنوی دو سطحیں رکھتی ہیں۔ نثری یا افسانوی علامت بیک وقت ارتکاز اور انتشار کی خصوصیت رکھتی ہے اس لیے افسانے کی علامت کی ہیتی یا لفظی سطح شعری علامت کی مذکورہ سطح کے برعکس (بظاہر) ٹھوس' جامد اور بیانیہ سے اس طرح مربوط ہوتی ہے کہ اس کا معنوی سیاق و سباق کسی خاص حصہ بیان تک محدود نظر آتا ہے لیکن متعدد صفحات پر مشتمل افسانے کی علامت ہونے کی وجہ سے اس کی معنویت بیانیہ کی تمام جمالیاتی تشکیلات میں جاری و ساری ہوتی ہے یعنی افسانے کی علامت میں ہیتی سطح پر ارتکاز اور معنوی سطح پر انتشار پایا جاتا ہے انتشار سے مراد یہاں وسعت مراد ہے۔ مثالیں:

ا۔ لوگ گروہوں اور ٹولیوں میں بٹ گئے تھے اور ایک دوسرے سے پوچھ رہے تھے'' جنازہ کہاں گیا؟''

۲۔ دن کے وقت سمندر میرے گھر سے (۱۳۲۶) تیرہ سو چھبس کلو میٹر دور ہوتا ہے۔

۳۔ اس کے ذہن میں ساحل سمندر سے لگا گھوڑا ابھر آیا۔

مثالیں علامات

ا۔ جنازہ   معروف شئے یا تصور کا اچانک پراسرار ہو جانا

۲۔ سمندر دن کی مصروفیت میں نجی مسائل (سے توجہ سے انعطاف)

۳۔ گھوڑا نا معلوم سمتوں میں بڑھنے کی للک

مثالوں کی واضح میں معنوی سطحیں اگر چہ ماخوذ سطور ہی کی معنویت اجاگر کر رہی ہیں لیکن ان کا فشار افسانوں کی ابتداء سے انتہا تک پایا جاتا ہے۔ علامت کی ہیتی یا لفظی سطح کا تعلق تجس و ادراک سے ہے۔

درج بالا علامات (جنازہ' سمندر' گھوڑا) سے ان کی پیکریت واضح ہے جس کے تاثرات تمام حسیاتی سطحوں پر مرتب ہو کر قاری کے ادراک کو متحرک کرتے ہیں اور بیشتر معنوی العباد کو اجاگر کرتے ہیں اور یہ علامت کی دوسری معنوی سطح کی تفہیم کرنے والا عمل ہے۔

علامت اپنے معنوی پہلو سے کثیر المفہوم ہوتی ہے اس کا انحصار علامت کے انتخاب یا تخلیق پر ہے علامت کا انتخاب کوئی شعوری عمل نہیں بلکہ افسانے کے موضوع سے فنی برتاؤ میں' بیان کے لیے از خود کوئی علامت اخذ ہو جاتی ہے۔ اس کی پیکری اور معنوی خصوصیات کا انحصار افسانے کے موضوع ہی سے متعلق ہوتا ہے لفظی اور معنوی دونوں زاویوں سے علامت

ایک فنی مظہر ہونے کے ناطے افسانے میں اپنے اخذ وانتخاب کے تعلق سے ایک خود کار ذریعہ ترسیل ہوتی ہے اگر واقعے کی کوئی صورت اس سے متلازم ہو جائے تو افسانے میں اس کا دخل ناگزیر ہو جاتا ہے یہی علامت کی تخلیق عمل بھی ہے۔ افسانے میں علامت کے طریق کار کا مذکورہ خصوصیت سے گہرا ربط ہے۔ دی گئی مثالوں میں سے پہلی علامت ''جنازہ'' (لسانی مظہر: لفظ) افسانے میں برتے جانے سے پہلے بھی اپنی مخصوص روایتی معنویت کا حامل ہے جو افسانے اس جملے سے ظاہر ہے۔

جنازے کا جلوس جب بڑی سڑک سے قبرستان والی
بغلی سڑک پر مڑا......

لیکن ''جنازہ کدھر گیا؟'' (لسانی مظہر: جملہ استفہامیہ) یا ''جنازہ گم ہو گیا'' (لسانی مظہر: جملہ بیانیہ) جیسے افسانوی بیانات میں علامت ''جنازہ'' کی معنویت قطعی منقلب ہو گئی ہے پھر افسانے (مصنف رشید امجد) میں گمشدہ جنازے کو مختلف لوگ مختلف مقامات پر دیکھتے ہیں۔ لیکن یہ کسی کو معلوم نہ تھا کہ جنازہ گم کہاں ہوا ہے؟

آگے افسانے کا راوی ''وہ'' (افسانے کا کردار) اس طرح اپنی تشکیک کا اظہار کرتا ہے کیا معلوم جنازہ اٹھایا ہی نہ گیا ہو اور لاش ابھی تک سولی پر ہی لٹک رہی ہو۔

تو یہاں ''جنازہ'' گمشدہ ضمیر کی علامت بن جاتا ہے ''لٹکی ہوئی لاش'' بے ضمیر فرد کا استعارہ ہے جنازے کی تلاش کے دوران ''اندھیرا شہر کو نرغے میں'' لے لیتا ہے اور اسی تاریکی میں ''کوئی'' اس سے پوچھتا ہے ''تم کون ہو؟''

وہ جواب دیتا ہے ''میں' میں ہوں'' پھر اس نے اپنے آپ سے پوچھا ''میں کون ہوں؟'' اسے کوئی جواب نہ ملا...... کچھ یاد نہ آیا کہ لوگ ایک تابوت اٹھائے جارہے تھے اس تابوت میں شاید وہ تھا یا پھر شاید وہ نہیں تھا۔

ان سطور میں پہلی علامت ''جنازہ'' کی ہیئتی سطح تبدیل ہو کر ''تابوت'' بن گئی ہے معنوی سطح دونوں لسانی مظاہر کی ایک ہی ہے۔ اور یہاں ''جنازے کی گمشدگی'' کے علامتی حوالے (ضمیر کی گمشدگی) سے افسانے کا کردار ''وہ'' یا ''میں'' (لٹکی ہوئی لاش) خود اپنے ضمیر کی گمشدگی کے کرب میں مبتلا نظر آ رہا ہے۔ ''لٹکی ہوئی لاش'' جو بے ضمیر فرد کا استعارہ تھی اب ''وہ'' یا ''میں'' جیسے مجرد شخصی تصورات کے توسط سے بے ضمیری کی علامت بن گئی ہے ہیئتی اور معنوی تبدیلیوں کے ساتھ علامت کا یہ طریق کار پیچیدہ لیکن مربوط اور مسلسل ہے ''جنازہ'' یا ''تابوت'' اور ''لٹکی ہوئی لاش'' خالص افسانوی علامت ہیں:۔

دوسری علامت ''سمندر'' (لسانی مظہر: لفظ) افسانے میں متعدد معنوی ابعاد اختیار کرتی ہے۔ مثلاً

ا۔ (سمندر) نرم لچکی انگلیوں سے بند کھڑکی پر دستکیں دیتا اور میرا نام لے لے کر پکارتا ہے...... زندگی کے مسائل۔

۲۔ (میں) ہاتھ سمندر کے ہاتھ میں دے دیتا ہوں...... مفاہمت

۳۔ سمندر ہنستا ہے...... پر تشکیک ماحول میں جینے والے فرد پر لادا گیا جبر۔

۴۔ میں نے کھڑکی پوری طرح کھول دی ہے اور سمندر کے کندھے۔ پر پاؤں رکھ کر آہستہ سے نیچے اتر آیا ہوں۔

۵۔سمندر کے پھیلے جسم کے ساتھ کروٹ لے کر لیٹا ہوا ساحل ستا رہا ہے اور کن آنکھیوں سے پر شوب مہیب لہروں کو دیکھ رہا ہے عسر و یسر کی پیکر تراشی۔

۶۔ پیچھے تاریکی میں ڈوبا ہوا شہر اور سامنے انگڑائیاں لیتا سمندر......مسائل سے بے خبر معاشرہ۔

۷۔وجود دوڑ کر سمندر کے سینے پر چھلانگ لگا دیتا ہے......جبر کے مقابل ہونے کی کوشش اس افسانوی پیکر کی وضاحت افسانے میں اس طرح ہوتی ہے۔

(چبوترے پر چڑھا) شخص مجمع کی طرف منہ کر کے چیخ رہا ہے......''میں خودکشی کر رہا ہوں''

درج بالا وقوع کی وسیع تمثیلی صورت:

۸۔لوگ دوڑ کر ساحل پر آتے اور سمندر میں کود جاتے ہیں سمندر کے چہرے پر ایک پراسرار مسکراہٹ رقص کر رہی ہے جبر یا جابر کا اپنے استحکام پر یقین' یاں ''سمندر'' جابر کا اسقارہ ہے۔

۹۔مگر میرے ہاتھ چکناہٹ پر سے پھسل جاتے ہیں اور میں دھم سے سمندر کی قدموں میں آن گرتا ہوں......فرد کی جبر سے فرار کی کوشش اور جبر کی ہیشگی۔ایک ہی علامت کی ان متعدد معنوی ابعاد سے واضح ہوتا ہے کہ علامت بیک وقت پیکر' تمثیل' یا استعارہ بھی ہوسکتی ہے۔تیسری علامت ''گھوڑا'' واضح تر پیکری خصوصیت رکھنے کے باوجود معنویت اور بے معنویت کے تضاد کی وجہ سے اپنے تناظر میں ماورائے حقیقی اور تجریدی تلازمات رکھتی ہے گزشتہ علامت ''سمندر'' کی طرح اس علامت کی معنوی ابعاد بھی متعدد ہیں جن میں اس کی اخلاقی اور اسطوری جہت کی خاص اہمیت ہے۔

اس کے ذہن کے خیمے میں خون میں نہایا ہوا گھوڑا آن کھڑا ہوا...... پیاسا میدان اور خون خون خیمے تاریخی وقوعے کی علامیت اور بیان واقعہ کا تلازم علامت کی معنوی سطحوں کو وسیع کرتا ہے۔یہاں ''راستے پر مرتا ہوا گھوڑا'' تاریخی وقوع سے برآمد ''خون میں نہائے ہوئے گھوڑے'' سے مماثل ہوتا ہے۔تو ''گھوڑا'' عقیدے کے زوال اور خاتمے کی علامت بن جاتا ہے افسانے کے عنوان ''ریزہ ریزہ شہادت'' سے بھی ''خون میں نہائے ہوئے گھوڑے'' کا معنوی ربط نمایاں ہے۔''عقیدے کی وقعتی'' یا ''عقیدے کی موت'' سے افراد کی لاتعلقی کا اظہار۔

......لیکن وہ سر جھکائے گھوڑے کی جانکنی کا تماشا کر رہے تھے سے ہوتا ہے بلکہ اس کی موت کو ''تماشا'' بنا کر طنز وتضحیک کی بڑی افسانوی فضا ان اسطور میں خلق کی گئی ہے۔

''میں نے آج تک کسی گھوڑے کو مرتے نہیں دیکھا'' ''پلیز ذرا ایک طرف ہوجائے بے بی گھوڑے کو دیکھنا چاہتی ہے''

بے بی نے کار میں سے منہ نکال کر گھوڑے کو دیکھا:

''What an exciting scene''

اس بے حسی کے ماحول میں افسانے کا کردار ''وہ' مرتے ہوئے گھوڑے کی'' آخری سانس تک'' اس کے پاس رہنا چاہتا ہے

اگر چہ ''وہ'' بھی دیگر افراد کی طرح اس واقعہ سے لاتعلق ہے لیکن نامعلوم وجہ کی بناء پر اس ''شہادت'' کا شاہد بننا اس کی خواہش ہے۔

ہر جدید افسانہ علامتی نہیں ہوتا

افسانے کی علامت شر کی علامت سے جدا ہوتی ہے۔

علامت لفظ' فقرہ' یا جملہ' ہے

علامتی افسانے کی زبان نجی اشارتی زبان ہوتی ہے

علامت ہیئتی اور معنوی دو سطحیں رکھتی ہے'

افسانے سے باہر علامت کے معنی کچھ اور افسانے میں کچھ اور ہوتے ہیں یہ علامت کی دو عملی خصوصیت ہے۔

بیرون سے ماخوذ علامات کو ان کے روایتی مفاہیم سے جدا معنی دیئے جاسکتے ہیں اور علامت کی کثیر المفہومی ایہام پیدا کرتی ہے۔

تجرید اور ایہام:

ہر جدید افسانے کی اہم خصوصیت ایہام ہے لیکن جس طرح ہر جدید افسانہ علامتی افسانہ نہیں ہوتا اسی طرح ہر جدید افسانے میں ایہام بھی نہیں پایا جاتا۔ افسانے میں ایہام کی خصوصیت اس کے روایتی تصور سے انحراف کے سبب پیدا ہوتی ہے کردار یا واقعے کی تجرید سے افسانے میں ایہام پیدا ہوتا ہے کردار کی تجرید یہ ہے کہ انسانی یا حیوانی صفات سے جدا صفات رکھنے والے بے شناخت کردار افسانے میں لائے جائیں یعنی کالو بھنگی' یا محمد بھائی کی بجائے حقیقت سے اعراض کرتے ہوئے' الف' ب' جیم' یا بے سرکار آدمی ان کے نام ہوں واقعے کی تجرید یہ ہے کہ فطری یا غیر فطری طور پر واقع ہونے والا عمل غیر منطقی' لاشعوری اور زماں ومکاں سے عاری ڈھنگ سے وقوع پذیر ہو۔ یعنی

اس نے اپنے خادش زدہ کتے کو گود میں اٹھایا اور ساگو ان کے چوڑے پلنگ پر اسے پہلو میں لٹا کر سوگئی۔ (ہتک: منٹو)

اس فطری' منطقی' شعوری اور زمانی ومکانی واقعے کی بجائے افسانے میں کچھ ایسا عمل واقع ہو:

اور آنکھیں زندہ آنکھیں ...... بے جان جسم اور زندہ آنکھیں' زندہ آنکھیں اور بے جان جسم ......کون کس کی زندگی اور کون کس کی موت؟ (کمپوزیشن۔۵: بلراج میزا)

کردار ایک ٹھوس اور محسوس مظہر ہے اس کی تجرید سے اس تحسات ختم ہوجاتے ہیں۔ کسی تصور کی تجسیم اگر چہ کچھ حد تک ٹھوس اور محسوس معلوم ہوتی ہے لیکن یہ عمل بھی ابتدائی قسم کی تجرید ہی کا عمل ہے (کون کس کی زندگی؟) اس کے بعد کردار کی تجرید سے کردار کے خاکے یا ہیولے حاصل ہوتے ہیں (الف بے جیم) افسانے میں جن کی موجودگی سے ایہام رونما ہوتا ہے۔

کردار اور واقعے کی تجرید کا تعلق افسانے کی داخلی ہیت سے ہے۔لیکن تجریدی افسانے کا بیانیہ جو افسانوی اظہار کے وسیلے زبان سے متعلق ہے، غیر مربوط، روایتی، لسانی قواعد سے روگرداں اور بظاہر بے معنویت کا غماز ہوتا ہے پس کہا جا سکتا ہے کہ ان خواص کی حامل زبان سے بھی افسانے میں ایہام کی نمود ہوتی ہے۔خارجی ہیت کے افسانے میں نقطوں اور آڑی ترچھی لکیروں اور قوسوں کے استعمال سے ایہام اور اشکال پیدا کرنے کی کوشش بھی ملتی ہیں جن کی وجہ سے افسانے میں ہندسی اور ریاضیاتی وغیرہ خاکوں اور علمی اصطلاحوں کا چلن ہوتا ہے۔جدید افسانے جس طرح روایتی افسانے اور کہانی کے روایتی تصور کو درہم برہم کیا تھا، خاکوں اور صورتوں والے ایہام کے افسانے نے خود افسانے کا تصور پاش پاش کر دیا۔اور ایک جدید تر یا جدید ترین مبہم افسانے کا مبہم تصور فکشن کی تنقید میں روبعمل نظر آنے لگا ہے۔

اظہار اور رہئیت دونوں کے تجربے کی کلاسک مثالیں قرۃ العین حیدر کے متعدد افسانوں میں بھی یہ صورت ملتی ہے۔جدید افسانہ نگار نے جب قلم اٹھایا تو ان کے سامنے جدید عصر و فکر کی پیچیدہ صورتحال کے سارے نمونے موجود تھے۔

۱۹۶۰ء کے بعد اردو افسانہ ترقی کے کئی مراحل طے کر لیا اس میں علامت اور آئی اور علامت نے ایہام کو ہوا دی جلد از جلد شہرت حاصل کرنے کی دھن میں افسانہ نگار نے تجریدیت اور لغویت کی راہ اختیار کر کے لکھنے والوں کی بھیڑ میں خود کو نمایاں تو کر لیا لیکن اس سے جدید افسانہ خاصا بدنام ہوا۔اگر چہ تجریدیت اور لغویت کی تجرید پسندی میں ایک اہمیت ہے یہ فن اور غیر فن میں تفریق کرتی اور بے معنویت کی اس معنویت کو تسلیم کرتی ہے جس میں لایعنی کو لایعنی ہی کی طرح پیش کیا گیا ہو۔اس بحث سے ایہام و تجرید کے افسانے کی چند خصوصیات واضح ہوتی ہیں:

کردار کی تجرید سے افسانے میں ایہام رونما ہوتا ہے،

کردار کی تجرید ماحول اور منظر و پس منظر کی بھی تجرید ہے،

واقعے کی تجرید کردار کے تعملات کو متاثر کرتی ہے،

کردار اور واقعے کی تجرید سے افسانے کی خارجی اور داخلی ہیتیں متاثر ہوتی ہیں۔شعری اظہار اور شعری ہئیت افسانے کو مبہم بناتے ہیں سائنسی خاکے اور اصطلاحیں افسانوی ایہام کی انتہا ہیں اور تجرید پسندی افسانے میں ایہام کی بنیادی وجہ ہے۔

ان نکات سے مماثل چند مثالیں:

قاف ہی شروع

قاف ہی ختم......قاف ہی قاتل......قاف ہی مقتول

قاف ہی قصہ

قصہ یوں ہے

کہ

......

وہ بوڑھا یقیناً جہنمی تھا (قاف: انیس رفیع)

قاتل اور مقتول ہونے کی حیثیت سے ''قاف'' اس افسانے کا کردار ہے جو مقتیس سطور سے شروع اور انہیں پر ختم بھی ہوتا ہے البتہ آخری سطر (وہ بوڑھا یقیناً جہنمی تھا) افسانے میں صرف ایک بار آتی ہے۔

اور پھر دن رات کے ساتھ کئی چکر کاٹنے کے بعد مان لیجئے

کہ وہ اب ایک دائرہ ہے۔

(بریکٹوں کے درمیان ایک دائرہ: شوکت حیات)

افسانہ نگار نے اپنی تخلیق کے عنوان کو یوں لکھا ہے:۔

() { } ( ) کے درمیان ایک

یہاں ہندسی تمثیل کے ذریعے فرد کے وجود پر جو ابتداء میں صفر (یا نقطہ) ہے بیرونی مظاہر (مختلف قوسوں) کے اثرات کا اظہار مقصود ہے ''نقطے'' کے بعد اس میں ایک جملے کا بیان بھی آتا ہے جو نقطے کی ارتقاء کی حالت ظاہر کرنے کے لیے ضروری تھا۔

شام	کا	دیپک	جلا	من	کا
دیا	بجھنے	لگا	یا	ربوس	شام
کا	دیپک	ج	من	کا	دیا

(ہوزا۔میم۔فیہ۔قمر احسن)

افسانے کی خارجی ہیت کو بدلنے کی مثال جس میں قمر احسن کے افسانوں کی ابہامی خصوصیت اجاگر کی گئی ہے۔

دونوں کشتیاں اپنے اپنے چپوؤں کو سمندر میں ڈال چکی ہیں۔

مگرمچھ	مچھلیاں
مگرمچھ اپنے نزدیک طے کر چکے	مچھلیاں سمندر میں رہنا پسند کرتی ہیں
ہیں کہ انہیں صرف یہیں	انہیں ہر دو کشتیوں میں دلچسپی نہیں
اسی کشتی میں جاتا ہے	کیوں کہ وہ بھوک کو ضرورت کی حد تک
کیوں کہ مگرمچھ کبھی محسوس نہیں	اہمیت دیتی ہیں رانہیں اپنے
کرتے کہ ان کی بھوک ختم	حق پر اطمینان تھا...... (ہے!)

ہو چکی ہے/انہیں ڈر ہے کہ	
مچھلیاں ان کا حق نہ چھین لے	
خوف	کشتیاں: حمید سہروردی

مگر مچھ کشتیاں: اور مچھلیاں 'تمثیلی کردار ہیں اور ''تمثیل'' جیسا کہ کہا گیا تجرید کی ابتدائی صورت ہے دو خانوں میں کرداروں کا تجزیہ' ترچھی لکیروں اور قوسوں کا استعمال افسانے کی خارجی ہیئت کو بدلنے کی شعوری کوشش ہے۔ درستی اس مثلث سے پہلے یوں تھی:

میں ۲ میں ۱

دوستی

میں ۲ میں ۱

(رخش پا: اکرام باگ)

افسانے میں ان خاکوں سے پہلے ایک مثلث ( ) دیا گیا ہے جس کے ماضی کی تفصیل یہاں درج ہے۔

تم بالکل صفر ہو' یہ نقشہ دیکھو

(درست) لیکن (فیوز)

ایسی حالت میں............؟

عمل۔ (تم منشور ہو' تمہارا اپنا رنگ کونسا ہے)

----سرخ----

(----(بجلی کی دو نہیں دوڑتی): انور امام)

یہ زندگی کی طبعی میزان پر عمل اور حالت کو وزن کا مظاہرہ یا تجربہ ہے۔

(انہیں زندگی کی گاڑی کے دو پہیئے بھی کہا جا سکتا ہے)

افسانے کے عنوان میں ریاضی کی علامتوں کے استعمال کو لسانی اظہار سے مماثل کیا گیا ہے۔

اس نے لکھا:

علم زوال حسن

دنیا

گمراہی

غیر مرئی وجود نے لکھا۔

علم زوال حسن

دنیا

گمراہی فکر

(برف باری: انور خان)

''غیر مرئی وجود'' فرد کے کردار کی تجرید ہے جس کے '' لکھے'' کے عمل سے ماورائے حقیقی معنویت اخذ ہوتی ہے یہ دراصل فرد اور اس کے ضمیر کی کشمکش کا مظاہر ہے جو خانوں میں لفظوں کے کھیل کی صورت میں ظاہر ہوتا ہے اور جس سے افسانے میں بے ہیتی کی ایک ہئیت تشکیل پاتی ہے۔

افسانے کی اولین شرط مربوط یا غیر مربوط ہوتا ہے۔ چناں چہ کہا جاسکتا ہے کہ ایہام و تجرید کے نام پر افسانے میں نقطے، لکیریں، قوسین اور خاکے وغیرہ شامل کر دینے سے افسانہ نگار اپنی تخلیق کی بنیادی خصوصیت گنوا دیتا ہے جو تجرید افسانے بیانیہ کے سہارے لکھے گئے ملتے ہیں۔

ان میں شکستہ لسانی اظہار منتشر خیالی کا اسلوب، ہذیاتی کیفیات اور فتیج خوابی کے اثرات نمایاں ملتے ہیں۔ ان کے علاوہ وحشت و خوف، ناشناختگی، اور انسانی وجود کا حقیر کیڑے میں بدل جاتا یا سڑ گل جانا وغیرہ سے بھی فلسفیانہ تجرید کو افسانوی رنگ میں پیش کیا گیا ہے۔

اس سلسلے کی آخری مثال

معلوم نہیں آواز گم ہوگئی ہے یا لفظ ختم ہو چکے ہیں

آواز ایک پرندہ ہے

لفظ اس کی چہکار

سوچ ہفت رنگ فضا

نہیں شاید......

لفظ ایک پرندہ

آواز چہکار

سوچ......

نہیں نہیں......شاید یوں

سوچ ایک پرندہ

لفظ اس کی چہکار

اور آواز؟

آواز نہیں نکلتی، کوشش کے باوجود آواز نہیں نکلتی

بھاری غرارے والی خاموش ریکارڈنگ ہال میں ٹہل رہی ہے

(چپ فضاء میں تیز خوشبو: رشید امجد)

افسانے سے مقتبس یہ سطور کسی نثری نظم کا چربہ ہیں ان میں تشبیہ استعارہ اور تمثیل تینوں موجود ہیں۔ سوچ لفظ اور آواز کے تعلق کا ابہام خود افسانہ نگار یا راوی کے لیے نہایت مشکل ہے کہ وہ ان کے رشتے کو سمجھ نہیں پارہا اور اسے لفظوں اور معنوں کے ختم ہوجانے کی تشکیک لاحق ہے۔

''ہوزا۔میم۔ فیہ کی خانوں میں لکھے ہوئے پہلے مصرعے اور محولا بالا نثری نظم نما مثال سے یہاں افسانے اور شاعری کے ضروری یا غیر ضروری تعلق پر گفتگو کی جاسکتی ہے۔

شام کا دیپک بجھا، من کا دیا جلنے لگا۔

افسانے میں کوئی ظاہری تبدیلی لاکر اس کے ابہام کو مزید تہ دار بنایا جائے اسی طرح '' آواز ایک پرندہ'' ہے وغیرہ وغیرہ شعریت کے حامل خیالات کو افسانوی مقصد کے حصول کے لیے کسی شعری ہیئت کے چربے کے طور پر انہیں نثری تخلیق میں جگہ دینا بھی ابہام کا مقصد حاصل کرنے کے مترادف ہے کیوں کہ یہ ایک معلوم شعری مظہر ہے۔ اب اگر افسانوی ابہام فکار کا مقصد ہے تو وہ ایک ایسا ذریعہ کیوں نہ بروے کار لائے جو تیار شدہ مال کی طرح بآسانی دستیاب بھی ہے۔ لیکن افسانے میں یہ شعری تکنیک مقتضائے اظہار کے مطابق ہو تو قابل قبول ہوسکتی ہے اور اگر اسی کو مقصد بنالیا جائے تو پھر افسانے کی صنفی حیثیت پر یقیناً حرف آئے گا۔

افسانوی ابہام کے عوامل کی توضیح وتشریح کے لیے اس قدر مثالیں کافی ہیں۔

عصری معنویت:۔

عصری معنویت کے اظہار سے مراد ادب اپنے فنی وسائل کو بروئے کار لاکر ایک محدود مدت زماں اور قطعۂ مکاں میں رونما ہونے والے تند و تلخ صدق اور شیریں اور ترش کذب کو ان کے تمام پہلوؤں سے صفحۂ کاغذ پر نقش کردے۔ عصری معنویت کا اظہار زندہ کرداروں سے زیادہ قریب ہوتا ہے اسی کے توسط سے زیادہ توانائی اور زیادہ فنکاری سے اس کا اظہار ہوتا ہے۔ اس میں چاہے پریم چند وغیرہ کے افسانوں کی طرح کردار موجود ہوں یا سریندر پرکاش وغیرہ کے بعض افسانوں کی طرح غیر موجود ان کی تخلیق بہر حال عصر ہی سے ماخوذ موضوعات اور خیالات کے خام مواد سے ہوتی ہے۔

نثری اظہار کا ایک اہم ترفنی اسلوب افسانہ ہے جو (ہر عصر میں) اپنے عصر کا آئینہ دار ہوتا ہے داستانوں میں بیان کیے گئے طویل ومختصر افسانے اپنے تمثیلی، استعاراتی، اور علامتی پہلوؤں سے کسی عصر کی ذہنی، نفسی، روحانی یا معاشرتی سطحوں کا اظہار کرتے ہیں۔ ان میں فرد اور افراد کے باہمی یا بے رشتہ تعملات (عمل اور عمل) کے نشیب وفراز کی فنی عکاسی ملتی ہے۔ جیسے

تہذیب وثقافت کے عروج وزوال کے تصورات پر بھی معمول کیا جاسکتا ہے۔

حکایات اور تمثیلیں اخلاقی تادیب کے مؤثر ذرائع ہیں اور ان کے بیانیہ اسالیب پر بھی عصر کی چھاپ دیکھی جاسکتی ہے کہ جب معاشرہ اخلاقی، روحانی، یا سیاسی بحران کا شکار ہوتو اس بحران کا فنی اظہار افسانے کی انہیں حکایتی اور تمثیلی ہیئتوں کے توسط سے پراثر انداز میں کیا جاسکتا ہے۔

چھٹی دہائی میں افسانہ ایک نئے موڑ سے گزرتا ہے۔ اگرچہ کرشن چندر، عصمت چغتائی، خواجہ احمد عباس اور احمد ندیم قاسمی وغیرہ اپنی راہ پر گامزن رہتے ہیں لیکن بیدی، قرۃ العین حیدر اور انتظار حسین پرانی راہ سے ہٹ کر ایک نئی راہ اپنا لیتے ہیں۔ جس میں دھند، دھول اور دھواں چھایا ہوا ہے۔

۶۰ء کے بعد معنویت کے ساتھ بے معنویت کے بھی چرچے ہیں عصری معنویت کو عصری حسیت کے توسط سمجھا جانے لگا ہے اور کچھ لکھنے والے ادب کے یا شعر وافسانے کے ماورائے عصر ہونے کی باتیں بھی کر رہے ہیں اس صورت میں عصر، معنویت بے معنویت، حسیت اور ماورائے عصر سبھی تصورات کی از سر نو تحقیق وتدقیق کی جانی چاہئے۔

تاکہ کسی مدلل فیصلے کی روشنی میں ان تمام تصورات کا یا ان میں سے کسی ایک یا تحلیلی تصور کا اطلاق جدید افسانے پر کیا جاسکے۔

بعض نمایاں اسباب موجودہ عصر کو "جدید" کی صفت سے متصف کرتے ہیں اور انہیں اسباب کے تناظر میں جب جدید عصر ادب میں اپنی راہ بناتا ہے تو اس کے نئے فکری کوائف کے اظہار کے لیے فنکار کو لامحالہ اظہار کے نئے اسالیب اور اظہار کی نئی ہیئتیں اختیار کرنی پڑتی ہیں جدید عصر میں سرعت رفتار کے سبب زماں ومکاں کے روایتی تصورات یکسر بدل گئے ہیں اس لیے کائنات اور آفاق کی وسعتیں اور گہرائیاں دوری اور انتشار کی بجائے قربت اور ارتکاز کی غماز بن گئی ہیں۔ جس سے کسی مقام پر "ساکن" فرد کے لیے دوسرے "دور دراز" مقام پر ہونے والی عصری اور فکری تبدیلیوں سے "جاری زمانے" میں متاثر ہونا ممکن ہوگیا ہے افسانے میں جو غیر پابندی ظہور میں آئی ہے وہ گذشتہ ادبی ادواء کی کلاسیکی ادعائیت سے انقطاع ہی کا نتیجہ ہے ترقی پسند افسانے کی عصری معنویت کی طرح جدید افسانے کی عصری معنویت بھی جدید عصر کے خلفشار، بحران او رافراط وتفریط میں دیکھی جاسکتی ہے۔ دوسرے لفظوں میں یوں کہا جاسکتا ہے کہ جدید افسانہ عصری معنویت کا افسانہ ہے اور اپنے حیاتیاتی طریق کار اور آفاقی حقائق کو من وعن بیان کرنے کے سبب کلاسک بننے کی صلاحیت بھی رکھتا ہے۔

عصری بے معنویت (زمانہ حال کی معنویت اور بے معنویت کا تضاد) جو سریع رفتار مشینی، لاتعلق، بے سمت اور لہو زندگی کی دین ہے ادب میں خصوصاً فکشن میں اپنا فن اور فطری اظہار پاتی ہے یہاں کرداروں سے زیادہ کرداروں کے ہیولوں کے توسط سے کسی "غیر واقعے" کے وقوع کا بے ربط اظہار کیا جاتا ہے اور وقوع کی فضاء خواب کی فضا سے مماثل ہوتی ہے جس کی تخلیق میں داستان، تمثیل، اور حکایت وغیرہ کی تکنیکیں بروئے کار لائی جاتی ہیں عصری معنویت یا بے معنویت فنکار کی حسیت پر مبنی ہے ایک فنکار کے لیے جو تصور اور تجربہ بامعنی ہوتا ہے دوسرے فنکار کے لیے وہی تصور اور تجربہ بے معنی بھی ہوسکتا

ہے۔ مثلاً۔

''جب شرجیل نے اس کئی ہزار سال پرانے غار میں پہلا قدم رکھا تو اس کا سارا خوف اور وسوسہ ان تمام جانے پہچانے مناظر میں غائب ہوگیا اور اس نے بے دھڑک ان تہذیبی یادگاروں کو چھولیا......ارے! یہ تو بالکل بھربھری ہیں۔

(پہلا چہرے چوتھا چہرہ۔ دوسرا چہرہ۔ قمر احسن)

''تہذیبی یادگاریں بھربھری ہیں'' میں احساس لمس کا تضاد واضح ہے۔''نوجوان نے پمفلٹ کو چومنا شروع کردیا......اس شخص نے پمفلٹ' پرچی یا اشتہار کو غور سے دیکھا اس کے ہونٹوں پر مسکراہٹ بکھرنے لگی اور پھر وہ بے اختیار ہنسنے لگا......اس شخص نے ایک نظر غرسے بوڑھے کو دیکھا اور پھر پرچے کو دیکھنے لگا آہستہ آہستہ اس کا چہرہ بگڑنے لگا' غصے سے اس کا چہرہ لال ہوگیا' اس نے غضبناک ہوکر پرچے کو مسلنا شروع کیا اور پھر اس طرح اس کے پرزے کرنے لگا جیسے وہ اس بوڑھے کی تکا بوٹی کررہا ہو......(میں) زمین پر پڑے پرچوں کو اکھٹا کر کے انہیں جلدی جلدی الٹ پلٹ کر دیکھنے لگا۔ وہ سب ایک جیسے تھے سادہ......بالکل سادہ! (آئینے باٹنے والا: شبیر ہاشمی)

''پمفلٹ کو دیکھنے'' کے ایک ہی تجربے کا بیک وقت بامعنی (مختلف لوگوں کا اسے چومنا' اسے دیکھ کر ہنسنا اس کے پرزے اڑانا) اور بے معنی ہونا (ایک فرد کا پمفلٹ کا سادہ پانا) ان سطور سے واضح ہے بلکہ کسی واحد تصور کے تعلق سے افراد کے جذبات واحساسات کی طرفگی اور انفرادیت کا اظہار ان سطور میں بڑی فنکارانہ چابکدستی سے ملتا ہے۔

جدید افسانے میں اس قسم کی بے شمار مثالیں موجود ہیں۔ جن میں فن کار کی حسیت اور ذہنیت ایک ہی عصر کو کبھی بامعنی اور کبھی بے معنی دیکھتی ہے اس متضاد کیفیت میں فنکار کسی مخصوص عصر سے خود کو جڑا رکھنا نہیں چاہتا۔ اپنے اپنے فن کے سچے اظہار کے لیے چاہے وہ زمانۂ حال کے کسی واقعے کا بیان کررہا ہو۔ واقعے کو ماضی یا مستقب کے نقطوں پر ظاہر کرتا ہے اور اس صورت میں بھی کسی ایک نقطۂ عصر پر اکتفانہ کرتے ہوئے ایک ہی واقع کو کبھی حال کے آئینے میں دیکھتا۔ کبھی ماضی کے اندھیروں میں واقعے کی صداقت تلاش کرتا اور کبھی غیر یقینی مستقبل کی خوابناک فضاء میں سفر کرتا ہے۔ افسانے کی معنویت یا (بے معنویت) کا یہ ماورائے عصر تصور تمثیل اور حکایت کی ہیئتوں میں تجرید اور غیر حقیقت کے پہلو بہ پہلو چلتا ہے۔

ا۔ جب میں ٹرین سے اترا تو اسٹیشن ویران تھا۔

۲۔ اور وہ اپنے قد وقامت میں بڑھنے لگے۔

۳۔ میں نے فوراً پہچان لیا' یہ وہی لوگ تھے جن کو سیاہ پوش نے گڈے گڈیوں سے انسانی پیکر عطا کیے تھے۔

(طلسم آباد: انور قمر)

ا۔ موجودہ عصر کی تصویر ہے' (۲) سے ایک طلسمی فضاء' جو ماضی کی داستانی کہانیوں سے ماخوذ ہے' ظاہر ہوتی ہے اور (۳) کے وقوعے میں (ا) کا ''میں'' (۲) کے ''بڑھنے والوں'' کو مستقبل میں عمل کرتے ہوئے دیکھتا ہے دراصل یہاں نہ حال

اور ماضی ہیں اور نہ مستقبل بلکہ ایک زمانی اور غیر زمانی یا عصر ماوراء ہے جس میں غیر ممکن واقعات رونما ہو رہے ہیں۔

افسانے کی عصری معنویت کا مسئلہ دراصل عصری شناخت، عصری حسیت اور عصری افکار کے انجذاب کے بعد فنکار کے ذاتی تجربے اور مشاہدے کو افسانوی اظہار کی سطح سے یا افسانے کی ہیئت کے توسط سے صرف حقیقی یا صرف غیر حقیقی بیان واقعہ کے غیر فطری طرز کی بجائے دونوں کے امتزاج سے بے ساختہ اور فطری طرز کی تشکیل کا مسئلہ ہے۔ سماجی اور سیاسی اتھل پتھل کی وجہ سے ۳۰ء، ۴۰ء، ۵۰ء کی دہائیوں کی حسیتیں ایک دوسرے سے متغائر ہیں جبکہ ۷۰ء کے بعد ۶۰ء سے مختلف صورت حال کسی شعبے میں نظر نہیں آتی ۷۰ء اور ۸۰ء کے درمیان جو سیاسی فکری تبدیلیوں کا مختصر سا دور آیا تھا اس کے اثرات دور رس نہ تھے۔ جو اس کی تقصیر سے ظاہر ہے۔

''ہنگامی حالات'' کے افسانے کو اگر ۶۰ء کے بعد کے رجحان سے ممیّز کیا جائے تو اس کی حیثیت وقتی اشتہار نامے سے زیادہ نہیں رہتی اس لیے اس جدید افسانے کے دھارے سے الگ کر کے نہیں دیکھنا چاہیے۔

۷۰ء کے بعد کی حسیت ہی کے نام افسانے کو دوبارہ حقیقت نگاری (بلکہ سماجی حقیقت نگاری) کے دھڑے پر لگانے کی کوشش بھی کی جا رہی ہے افسانہ بلند تر درجہ کا حامل جب ہوتا ہے جب اس کے قرار اور واقعے حقیقی ہوں اب اگر اس کی پشت پر دوبارہ کسی نظریئے کی چٹان لاد کر اسے ریت کے پہاڑ پر چڑھایا جا رہا ہو تو وہ کسی بلندی تک جا سکے گا اس کا اندازہ بآسانی لگایا جا سکتا ہے۔

عصری معنویت اور حسیت اگر ادب کے پروان چڑھنے کے لیے ضروری عوامل ہیں تو انہیں صرف فلسفیانہ، نفسیاتی، یا عمرانی تناظر میں نہ دیکھتے ہوئے ان کے توسط سے افسانے کی فنی حقیقت دیکھنی چاہیے۔ کہ اگر کسی شخص کے پیٹ سے گھوڑا برآمد ہو رہا ہے'' تو معنویت اور حسیت اس عمل کی تفہیم میں کہاں تک معان ہو رہے ہیں؟ گھوڑا صرف گھوڑا ہے یا ایک شخص کا ذہنی خلفشار (علامت؟) اور یہ آدمی کے پیٹ سے نکلنے والا حقیقی گھوڑا ہے تو اس ماورائے حقیقی بیان کے وسیلے سے قمر احسن کس لغو صورت حال کا بیان کر رہا ہے؟

عصری تغیرات کے درمیان کی حسیت کا تشخص ہونے کے لیے برسوں لگ جاتے ہیں منٹو کی حسیت نے موجودہ عصری معنویت یا بے معنویت کو چھو لیا تھا تو اسے جدید کہا جاتا ہے۔ اس نے اپنے افسانوں میں سماجی حقیقت نگاری کے کمال بھی دکھائے ہیں تو وہ ترقی پسند ہے۔ مگر اس کے تعلق سے حتمی فیصلہ نہیں کیا جا سکتا یہی بات ہر فنکار کے تعلق سے پیدا ہو جائے تو ۶۰ء کی حسیت ہو یا ۷۰ء کی سب کچھ بے معنی ٹھہرتا ہے۔

☆ پانچواں باب

جدیدیت کا زوال اور مابعد جدیدیت کا آغاز

جدیدیت میں جو بے گانگی' لایعنیت قدروں کی شکست وریخت' ان سب کو پڑھنے والے اوب گئے۔ نیا فن کاران تمام فارمولوں سے نجات چاہتا تھا۔ زمانہ بڑی تیزی سے بدل رہا تھا۔ نیا فن کار اپنی ایک علحدہ شناخت بنانا چاہتا تھا۔

جدید افسانے میں سب سے بڑی خرابی یہ تھی کہ اس نے روایت کا احترام نہیں کیا بلکہ اچھی روایتوں سے انحراف کیا اور خلا میں جھولنے لگا۔ نرمی پسندی ہو کہ جدیدیت اردو کے نوجوان لکھنے والے ان تحریکوں سے منہ موڑنے لگے وہ الگ اپنی شناخت چاہتے تھے۔

ادب خلا میں تو نہیں لکھا جاتا چاروں طرف تبدیلی کے آثار ہیں ہمارے چاروں طرف دوسری زبانوں میں بھی تبدیلی آرہی تھی نیا ادب کسی بندھے ٹکے رویئے۔ فارمولے یا نظریئے میں یقین نہیں رکھتا۔ لیکن نئی ادبی نشانیاں لے کر آرہا ہے جس سے پہچانا جاسکتا ہے کہ وہ اپنے سے پہلے والے ادب سے مزاجاً الگ ہے البتہ جو لوگ سچائی سے آنکھیں بند کر لیتے ہیں یا مصلحت کا شکار ہیں انہیں کچھ دکھائی نہیں دیتا۔

وہ لوگ جو معقولیت سے کام لیتے ہیں دیکھ رہے ہیں کہ جدیدیت کے خوف' دہشت اور اجنبیت والے (جو مغربی وجودیت کی اتران تھا) اور خالص ہئیت پسندی سے جس نے اردو کو بڑی حد تک سماجی ثقافتی ڈسکورس سے بے تعلق کر دیا تھا۔ نئی پیڑھی کے لکھنے والے علی الاعلان اس سے گریز کر کے نئے ڈسکورس سے جڑ چکے ہیں جدیدیت کے آتش کدے میں آخری چنگاری بھی ٹھنڈی ہو چکی ہے تو پھر نئے دور کو تسلیم کیوں نہ کیا جائے اور اس کو کوئی نام کیوں نہ دیا جائے۔ جب اس بات کو بالعموم مانا جانے لگا ہے کہ اس وقت صورت حال مختلف ہے' سروکار مختلف ہے' ادبی اور اقداری توجیحات مختلف ہیں' ذہنی ترغیبات مختلف ہیں تو پھر یہ دور مختلف کیوں نہیں؟ کیا یہ بے نام دور ہے؟ البتہ اس وقت کوئی احتشام حسین ہے نہ محمد حسن عسکری نہ خلیل الرحمٰن اعظمی کہ معقولیت سے کام لے اور ہوش گوش کی بات کی۔

ادب میں ایسے زمانے آتے ہیں جب ہر سوچنے والا انسان بدلتا ہے یہ گناہ نہیں نہیں بدلتے تو پتھر نہیں بدلتے۔

ترقی پسندی کے دور میں اردو ملک کے بائیں بازو کے ساتھ تھی اور تکثیریت حامی طاقتوں کے ساتھ صحیح راستے پر تھی۔ جدیدیت میں گویا اردو اس راستے سے ہٹ گئی۔ اردو میں جدیدیت کا ہراول دستہ بائیں بازو کی روشن خیالی کے ساتھ تھا۔ گویا روشن خیالی دائیں بازو کی مرکزی رو تھی۔ لیکن رفتہ رفتہ اس کی آواز کو نظر انداز کر دیا گیا اور جب

جدیدیت کی باقاعدہ نظریاتی دستار بندی کی گئی تو سب سے زیادہ نفی آئیڈیولوجیکل سوچ کی گئی یوں گویا اردو ادب خود اپنی تکثیری بنیادوں کے خلاف جاپڑا۔ جدیدیت کا مسلک غیر مشروطیت تھا یہ نہ بائیں بازو کے ساتھ تھی نہ دائیں بازو کے نتیجہ یہ ہوا کہ نہ چاہتے ہوئے بھی ''الگاؤ'' کی طاقتوں کو بڑھاوا ملا اور کلیت پسند اثر ونفوذ کی راہ کھل گئی۔

اس بات کو اب پوری طرح واضح ہو جانا چاہئے کہ غیر مشروطیت کا زمانہ گزر گیا۔ غیر مشروطیت کے نام پر بے وقوف بنانا اب اتنا آسان نہیں رہا۔ ہر لکھنے والے کو اپنے نقطۂ نظر کی آزادی ہے نقطۂ نظر کے بغیر کوئی ادب ادب نہیں بنتا پر لکھنے والا جس طرح انفرادی طور پر ادبی اقدار کا شعور رکھتا ہے وہ سماجی ثقافتی نقطہ نظر بھی رکھتا ہے جس کا اظہار اس کی تخلیق میں لامحالہ ہوتا ہے یہی چیز آئیڈیولوجیکل موقف ہے یا سماجی سروکار جس سے مفر نہیں یہ موقف ظاہر بھی ہوسکتا ہے اور مضمر بھی۔

جدیدیت میں واضح غلطی یہ ہوئی کہ تدابیر کو بجنسہ فن یا ادب سمجھ لیا گیا جیسا کہ شاہ نصیر یا ناسخ کی شاعری ہے جو فنی نک سک سے تو درست ہے لیکن معشیاتی حسن کاری نہ ہونے کی وجہ سے بڑی حد تک بے روح اور سپاٹ ہے۔ بے شک ادب کے لیے فن کے تقاضے پورے کرنا پہلی شرط ہے۔ جدیدیت اور مابعد جدیدیت میں فرق صرف یہ ہے کہ مابعد جدیدیت فن کے میکانکی تصور کی نفی کرتا ہے۔ فن ہر گز یہ نہیں کہتا کہ زندگی سے منہ موڑا جائے۔ زندگی سے منہ موڑ کر تو فن بھی فن نہیں رہتا۔ ادبی قدر کا مجرد تصور ہی غلط ہے کیوں کہ سچی ادبی قدر زندگی کے معنی کی حامل ہوتی ہے اور سماجی احساس اور ثقافتی سروکار سے بے نیاز نہیں ہوتی۔

ترقی پسندی اور جدیدیت نے ایک نظریئے کو آخری سمجھا اور اس کی پیروی کو فرض سمجھا جب کہ مابعد جدیدیت کسی نظریئے کو آخری سچائی نہیں سمجھتی نہ کوئی حکم نامہ جاری کرتی ہے البتہ ہر تخلیق کار آزادانہ اپنا کوئی نقطۂ نظر رکھتا ہے جو کسی نہ کسی نظریئے کی ترجمانی کرتا ہے یہی سماجی سروکار ہے نئی فکر کسی نظریئے کے بارے میں گارنٹی نہیں دیتی کہ راہ نجات اس میں ہے غرض ادیب کو آزادی ہے کہ جس نظریئے سے چاہے تخلیقی معاملہ کرے۔ صورت حال سابقہ تمام صورتوں سے مختلف ہے۔

ترقی پسندی صرف ایک نظریئے پر اصرار کرتی تھی جدیدیت میں سر سے نظریئے ہی سے انکار تھی۔ جب کہ مابعد جدیدیت کسی آئیڈیولوجیکل کو حتمی یا آخری سچائی نہیں مانتی' تاہم آزادانہ نقطۂ نظر یا انفرادی آئیڈیولوجیکل موقف کی ناگریزیت کو تسلیم کرتی ہے۔ یہ موقف پچھلے دونوں موقف سے مختلف ہے۔

مابعد جدیدیت کا آغاز

مابعد جدیدیت نہ ترقی پسندی کی ضد ہے اور نہ جدیدیت کی اور چوں کہ یہ نظریوں کی ادعائیت کو رد کرنے اور طرفوں کو کھولنے والا رویہ ہے اس کی کوئی بندھی ٹکی فارمولائی تعریف ممکن نہیں ہے۔

مابعد جدیدیت دیکھا جائے تو ایک کھلا ذہنی رویہ ہے تخلیقی آزادی کا' اپنے ثقافتی تشخص پر اصرار کرنے کا' معنی کو سکہ بند تعریفوں سے آزاد کرنے کا مسلمات کے بارے میں از سر نو غور کرنے اور سوال اٹھانے کا' دی ہوئی ادبی لیک کے جبر کو توڑنے کا' ادعائیت خواہ سیاسی ہو یا حقیقت کے خلق کرنے کا' زبان یا متن کے حقیقت کے عکس محض ہونے کا نہیں بلکہ معنی

کے معمولہ رخ کے ساتھ اس کے دبائے یا چھپائے ہوئے رخ کے دیکھنے دکھانے کا' دوسرے لفظوں میں مابعد جدیدیت تخلیق کی آزادی اور تکثیریت کا فلسفہ ہے جو مرکزیت یا وحدیت یا کلیت پسندی کے مقابلے پر ثقافتی بوقلمونی' مقامیت' تہذیبی حوالے' اور معنی کے دوسرے پن' کی تعبیر پر اور اس تعسیر میں قاری کی شرکت پر اصرار کرتا ہے۔اردو کا مسئلہ ہے ہی مابعد جدیدی مسئلہ اس میں نئی پیڑھی کے افسانہ نگار اب حد سے بڑھی ہوئی سماجی بیگانگی' داخلیت' شکست ذات' اور لایعنیت سے اوب چکے ہیں اور اس حصار سے بہر نکل کر کھلی فضا میں سانس لینا اور زندگی کے نئے مسائل سے رشتہ جوڑنا چاہتے ہیں اسی طرح افسانے میں اب کہانی پن کی واپسی پوری طرح ہو رہی ہے اور قاری کی بحالی پر بھی توجہ دی جانے لگی ہے یہ سب مابعد جدیدیت کے دور میں داخل ہونے کی نشانیاں ہیں۔

جب جدیدیت کا آغاز ہوا تو ترقی پسندوں نے مخالفت کی جب مابعد جدیدیت کا آغاز ہو تو جدیدیت والوں نے مخالفت کی تو ہمیں ان کی نفسیات کو سمجھنے کی ضرورت ہے اس سے پریشان ہونے کی ضرورت نہیں ہے۔ایسا تو ہر دور میں ہر عہد میں ہوتا آیا ہے۔

مابعد جدیدیت کسی نظریئے کو آخری سچائی نہیں سمجھتی نہ کوئی حکم نامہ جاری کرتی ہے البتہ ہر تخلیق کار آزادانہ اپنا کوئی نہ کوئی نقطۂ نظر رکھتا ہے جو کسی نہ کسی نظریئے کی ترجمانی کرتا ہے یہی سماجی سروکار ہے نئی فکر کسی نظریئے کے بارے میں گارنٹی نہیں دیتی کہ راہ نجات اس میں ہے۔غرض ادیب کو آزادی ہے کہ جس نظرئے سے چاہے تخلیقی معاملہ کرے۔

دوسرے لفظوں میں مابعد جدیدیت کو آئیڈیولوجی (Idiology) کو حتمی یا آخری سچائی نہیں مانتی' تاہم آزادانہ نقطۂ نظر یا انفرادی (Idiological) آئیڈیالوجیکل موقف کی ناگزیریت کو تسلیم کرتی ہے یہ موقف پچھلے دونوں موقف سے مختلف ہے۔

جدیدیت جو مزید گنجائش رکھتی ہے وہ مابعد جدیدیت ہے لیکن مابعد جدیدیت کیا ہے؟ اس کی وضاحت کے لیے ہمیں یہ بات تسلیم کرنی چاہئے کہ مغربی مابعد جدیدیت کے دامن میں جو کچھ ہے کم از کم اردو کے حوالے سے یہ کہا جاسکتا ہے کہ اردو بہت پیچھے ہے مغرب میں مابعد جدیدیت پس ساختیات کے ساتھ آگے کا مرحلہ ہے ہمارے ہاں مابعد جدیدیت جدیدیت سے آگے کا سفر ہے۔

مابعد جدیدیت ثقافت کے حوالے سے اس بات پر اصرار کرتی ہے کہ ہر زمانے میں اپنے زمانے کی ثقافت سچائیاں وضع کرتی رہی ہے اس لیے کسی ایک سچائی کو ہر زمانے کے لیے ٹھیک باور کرنا درست نہیں ہے اعتقادات میں اختلاف کی وجہ یہی ہے۔مابعد جدیدیت ایک Complex صورت ہے۔جس سے نے روشن خیالی' آزادی' جنس بلکہ زندگی کے بیشتر گوشوں کو نئے اور متنوع ڈسکورس سے ہمکنار کر دیا ہے۔

مابعد جدید افسانہ' جدید افسانہ کے نام نہاد منفی عناصر کی ادعائیت سے انکار اور زندگی اور ثقافت کے مثبت عناصر کی بحالی کی تحقیقی کوششوں پر دال ہے۔

۱۹۷۰ء کے آس پاس نام نہاد جدید افسانے کے انحطاط کا بتدائی زمانہ۔افسانہ کی بے سروسامانی' عالامیت' تجریدیت' غیر کہانی پن' ذات کا نوحہ...... یہ سب چیزیں Terror اختیار کر چکی تھیں۔

۱۹۷۰ء کے بعد والوں نے جدید افسانے سے اپنی نسل کے بڑے بھائیوں سے پروپیگنڈہ' نعرے بازی' اور اشتہاریت سے گریز کا سبق مبتدی کی طرح سیکھا۔مخصوص عہد کے تناظر میں۔ ''کمپیوزیشن سیریز'' کی اہمیت اور برأت کا اظہار کرتے ہوئے آگے بڑھ کر ''سچویشن سیریز'' کے افسانے لکھ کر زندگی کے بدلے ہوئے سنگین منظرناموں کو گرفت میں لیتے ہوئے سماجی سروکاروں اور مسائل اور سیاسی بصیرتوں سے اپنے فن کو ہم آمیز کیا۔ان کی بغاوت کو اپنے افسانوں کی ٹولس کا حصہ بناتے ہوئے اسے روایت کا درجہ دیا۔

۱۹۱۰ء کے بعد کا افسانہ عصری وآفاقی حقیقتوں کی آمیزش سے زندگی کو نئی سطحوں پر دریافت کرنے اور معنوی ابعاد پیدا کرنے سے دوچار ہے اس طرح وہ افسانہ ۱۹۸۰ء اور ۱۹۹۰ء کے بعد بڑے رینج' ویژن' اور بڑے کینوس کا متحمل ہوتا چلا جارہا ہے۔

آج مابعد جدید افسانے توسیعی صورت اختیار کرتے ہوئے آج کی عام زندگی کے زندگی پن' اس کے کھردرے پن' اور ٹھوس پن سے آنکھیں چار کر رہا ہے آج کی انسانی صورت حال کا سامنا کر کے افسانے کی معروفیت اور اثر پذیری کو دوچند کر رہا ہے' وسیع تناظر میں اپنے متنوع اسلوب' تازہ لہجے اور رویوں سے زندگی کے آلام' جدوجہد' حرارت' تمام منفی قوتوں کو نیست ونابود کرنے کی چھٹپٹاہت کو پیش کرتا ہوا افسانوی ذخیرے میں رنگارنگ تجربے کا اضافہ کر رہا ہے۔

مابعد جدید افسانے نے زندگی اور افراد کو پوری Totality (ٹوٹلیٹی) میں پیش کیا۔فرد اور سماج کو لازم وملزوم گردانا۔انہیں جزو لاینفیک قرار دیا۔شمس الرحمٰن فاروقی افسانیکی بدلی ہوئی صورت حال کا اعتراف ان الفاظ میں کیا ہے۔

> ''آج کا فن کار بعض چیزوں پر جدیدیوں کے مقابلے میں زیادہ زور دیتا ہے۔بعض چیزوں پر کم جن چیزوں میں آج کا فن کار جدیدیوں سے ذرا مختلف معلوم ہوتا ہے۔ان میں ایک تو یہ ہے کہ جدیدیوں کو تجربے کا شوق زیادہ تھا اور اسی اعتبار سے ابہام کو وہ بالا رادہ بھی اختیار کر لیتے تھے۔آج کا فن کار تجربے کی طرف اتنا راغب نہیں ہے اور ابہام کو وہ ادادی طور پر اختیار نہیں کرتا۔اگرچہ ترقی پسندوں جیسی وضاحت اور دو اور چار والی منطق کو کبھی مسترد کرتا ہے''۔(۱)

گوپی چند نارنگ ایک مضمون میں لکھتے ہیں:۔

> ''کسی بھی زندہ زبان کا ادب ایک مقام پر رک نہیں سکتا۔ادب میں تبدیلی ناگزیر ہے اور اتفاق وانحراف کے جزرومد سے نئی نئی صورتیں اور نئے رجحانات پیدا ہوتے رہے ہیں کبھی تبدیلیوں کا بخوبی احساس کراتے ہیں اور بدلے ہوئے افسانوی

رویوں کی طرف توجہ مرکوز کرتے ہیں۔'' (۲)

آج کے افسانے زیادہ مثبت' جیتے جاگتے اور زندگی کی حقیقتوں سے سرشار ہیں وہ پوری زندگی سے نہ صرف وابستہ بلکہ اس میں پیوستہ ہیں۔آج کا افسانہ نگار زندگی کی صلیب کو جو اس کے ہاتھوں میں

(۱) ''جدیدیت آج کے تناظر میں''، شمس الرحمٰن فاروقی شب خون ص۔۱۷۶۔

(۲) گوپی چند نارنگ: اردو مابعد جدیدیت پر مکالمہ ص ۳۱۸۔

قلم کی صورت میں موجود ہے بطور ہتھیار استعمال کرنے کی تخلیقی فعالیت سے مابعد جدید افسانوں کو نئی ذرخیزی' ہوش مندی' اور جہاں بینی عطا کر رہا ہے۔گوپی چند نارنگ نے اپنی کتاب ''ساختیات' پس ساختیات'' اور مشرقی شعریات میں بڑی بلاغت سے لکھتے ہیں۔

''مابعد جدیدیت کا تصور ابھی زیادہ واضح نہیں ہے اور اس میں اور پس ساختیات میں جو رشتہ ہے اس کے بارے میں معلومات عام نہیں' اکثر دونوں اصطلاحیں ساتھ ساتھ اور ایک دوسرے کے بدل کے طور پر استعمال کی جاتی ہیں البتہ اتنی بات صاف ہے کہ پس ساختیات تھیوری ہے جو فلسفیانہ قضایا سے بحث کرتی ہے۔جبکہ مابعد جدیدیت تھیوری سے زیادہ صورتحال ہے یعنی جدید معاشرے کی تیزی سے تبدیل ہوتی ہوئی حالت' نئے معاشرے کا مزاج' مسائل' ذہنی رویے یا معاشرتی و ثقافتی فضا یا کلچر کی تبدیلی جو کرائس کا درجہ رکھتی ہے مثال کے طور پر کہہ سکتے ہیں Post Modern Condition مابعد جدیدی حالت لیکن پس ساختیاتی حالت نہیں کہہ سکتے لہذا پس ساختیات کا زیادہ تعلق تھیوری سے ہے اور مابعد جدیدیت کا معاشرے کے مزاج اور کلچر کی صورت حال سے

......

تھیوری کا بڑا حصہ وہی ہے جو پس ساختیات کا ہے یعنی مابعد جدیدیت کے فلسفیانہ مقدمات وہی پس۔جو پس ساختیات کے پیں یہ معلوم ہے کہ دوسری جنگ عظیم کے بعد جو ذہنی فضا بنی شروع ہوگئی تھی اس کا بھرپور اظہار لاکاں' آلتھیوسے' فوکو' بارتھ ددید اور لیوتار جیسے مفکرین کے یہاں ملتا ہے......یہی وجہ ہے کہ پس ساختیات اور مابعد جدیدیت میں حد فاصل قائم نہیں کی جاسکتی' چنانچہ اکثر و بیشتر ساختیاتی مفکرین کہہ دیا جاتا ہے اور یہ دونوں اصطلاحیں ایک دوسرے کے بدل کے طور پر استعمال کی جاتی ہیں۔'' (۱)

مابعد جدید افسانہ وہ تخلیقی صنف ہے جس میں بیک وقت فکر' استدلال' لاشعور' تحت الشعور' شعور' ڈلبریشن' واردات' تکنیک' ہئیت' اسلوب ادراک' ویژن رچے بسے اور گھلے ملے ہوتے ہیں۔اسی لیے تمام تخلیقی اصناف میں اس صنف کا آج کی

زندگی اور لازوال زندگی کے تناظر میں بیش قیمت رول اور اہمیت تسلیم کرنا پڑتی ہے۔

مابعد جدید افسانے کرداروں کو ان کے چہرے واپس کیے ہیں ان کے ہاتھوں اور پیروں میں پڑی ہوئی بیڑیوں کو توڑا ہے۔انہیں زندگی کی آزاد فضاء میں از خود نقل و حرکت کا موقع فراہم کیا ہے۔

مابعد جدید افسانے کے دائرے سے کچھ چھوٹتا نہیں اور جو کچھ چھوٹتا ہے وہ از کار رفتہ اور تخلیقی طور پر غیر کار آمد ہوتا ہے۔

آج افسانے کو ریڈیکل افسانہ، مابعد جدید افسانہ، اکیسویں صدی کا افسانہ خواہ کوئی بھی نام دیا جائے اس کا اولاً اضافہ ہونا اور زندگی اور قاری سے جڑا ہونا ہی اس کی معراج ٹھہرتا ہے۔

اردو افسانہ مابعد جدید دور میں کسی ادبی تھیوری سے متاثر ہو کر نہیں بلکہ گذشتہ منفی ادبی رجحانات سے بیزار ہو کر اپنی ہئیت کی تشکیل نو میں مصروف ہے وہ زمان و مکان کی قیود سے آزاد ہونے کے بجائے اسلوب اور موضوعات کی ہر قید سے آزاد ہونا چاہتا ہے۔

(۱) گوپی چند نارنگ۔''اردو میں مابعد جدیدیت پر مکالمہ۔ص۔۱۰۱۔

نتیجتاً آج کے افسانہ نگار کی تخلیقی قوت نے مصنف کی غیر شعوری نظریات کو قاری کی فکر سے ہم آہنگ کر کے ہر تخلیق میں ایک نئے نظریئے کی تشکیل کی اور اس طرح مصنف کے تخلیقی عمل میں قاری بھی برابر کا شریک ہے۔

مابعد جدید افسانے کے متن میں کسی مخصوص نظریئے کو پیش نہیں کیا جاتا بلکہ وضع کیا جاتا ہے۔رفتہ رفتہ افسانے میں علامتیں، استعارے، اور تمثیلیں غائب ہونے لگیں۔کیوں کہ کسی افسانے کی تخلیق میں مصنف اور قاری مل کر کر رہے ہوں تو کسی بھی Concrete Symbol استعارے یا تمثیل کی متن میں گنجائش نہیں ہوتی۔اور نہ ہی افسانہ نگار اپنے کرداروں کی نفسیات، ایک ماہر نفسیات کی طرح پیش کرتا ہے بلکہ کرداروں کو وضع کرتا ہوا ان کے نفسیاتی عمل سے گذرنے کی روش اختیار کرتا ہے۔

مابعد جدید افسانہ نگار سید محمد اشرف اپنے افسانے''روگ''میں بچے کی مٹھی میں دبی ہوئی ماچس سے کوئی طے شدہ اور منصوبہ بند کام نہیں لیتا اور کہانی کا اختتام''ہونے''اور نہ''ہونے''کی کشمکش میں جاری رہتا ہے کہانی ان جملوں پر ختم ہوتی ہے۔

> ''ندیم نے کسی سے آنکھیں ملائے بغیر گھوم کر ہاتھ بڑھا کر بچے کی مٹھی کھولی۔اس چیز کو دیکھا۔ایک لمحے تک کچھ سوچا اور پھر مٹھی ویسے ہی بند کر کے مڑا اور باقی سب کی طرح سر جھکا کر خاموش بیٹھ گیا۔''(۱)

ترقی پسند افسانہ نگار اور جدید افسانہ نگار''کچھ سوچا''کے بجائے اس موقع پر یہ بتانے کو اپنا فرض سمجھتا کہ اس نے ''کیا سوچا''مگر مابعد جدید افسانہ نگار جب یہ کہتا ہے کہ اس نے''کچھ سوچا''تو وہ اس لمحے مصنف اور قاری کے مزاج اور

مشترکہ سمجھ کا اظہار کر رہا ہوتا ہے۔ مابعد جدید افسانہ میں کبھی کبھی
(۱) گوپی چند نارنگ ''اردو مابعد جدیدیت پر مکالمہ ص ۳۲۴۔
مصنف اور قاری گفتگو کرتے نظر آتے ہیں۔

رضا امام کی کہانی ''ایک تھا راجہ'' جو جولائی ۱۹۹۶ء میں آج کل میں چھپی اس کہانی میں قاری کی شمولیت ہے بلکہ قاری کی طرح مصنف بھی اپنے کردار راجہ کے قصے کی تکمیل میں ناکام ہوتا ہے اس افسانے میں مصنف اور قاری کے باہمی تخلیقی عمل اور تکمیل کی ناکامی کا مشترکہ تجربہ ہر واقعے میں موجود ہے۔

اس افسانے کے چند اقتباسات:۔

> ''اس صورت میں آپ چاہیں تو میری کہانی کے کردار کو راجہ کہہ کر پکار سکتے ہیں' یا جی چاہے تو کوئی اور نام دے سکتے ہیں بلکہ میں تو یہ کیوں گا اسے پرجا کہہ کر پکارا جائے کیوں کہ یہی اس کی اصلیت ہے' مگر شاید مناسب نہیں ہوگا کیوں کہ کوئی بھی ایسا نام رکھنا پسند نہیں کرتا......'' (۱)

رضا امام کے اس افسانے میں راجہ جیسے کردار کے بارے میں مصنف اور قاری دونوں اتنا ہی جاننے کا اظہار کرتے ہیں' جتنا کہ خود راجہ اپنے بارے میں جان سکتا ہے لہذٰا وہ اس افسانے کا اصل قصہ راجہ کے صرف تین مکالموں کے ذریعہ بیان کرتے ہیں لکھتے ہیں۔

> (۱)''جب آپ اس سے اس کے بارے میں پوچھیں گے تو وہ آپ سے کہے گا:
> (۲) جب دوسری ماں نے میری سمن کو بہت مارا تو میں اسے لے کر بھگ لیا:''
> (۳) جب پولیس والے کو آتے دیکھا تو میں نے میری سمن کو سیڑھیوں کے نیچے چھپا دیا۔''
> (۳) میری سمن بہت تھک گئی تھی اور اسے بھوک لگ رہی تھی۔ میں اسے بٹھا کر پل کی سیڑھیوں

(۱) رضا امام ''اردو مابعد جدیدیت پر مکالمہ ص۔۳۲۷۔

پرجا کے بھیک مانگنے لگا۔ جب آٹھ آنے مل گئے تو میں چنے خریدئے اور اسے کھلا کر سلا دیا۔''

اس کہانی کا اختتام ارتکاز کی جگہ انتشار اور تکمیل کی جگہ عمل پر ہوتا ہے مگر ایسا انتشار اور ایسا عمل جس میں بے شمار امکانات پوشیدہ ہیں۔ کہانی اس طرح ختم ہوتی ہے۔

''اور تب شاید ساری تھیوریاں بھول کر آپ بھی میری طرح سوچیں گے کہ زندگی کتنی ہی کڑوی کیوں نہ ہو' کہیں ایک چھوٹا سا دیپ ہمارے دل میں برابر جلتا رہتا ہے۔ اور راجہ کا بیٹا اپنے اڑنے والے گھوڑے پر اپنا سفر جاری رکھتا ہے۔'' (رضا امام کی کہانی ''ایک تھا راجہ'')

رضا امام کی کہانی کے متن میں معنی پوشیدہ نہیں' لہذٰا قاری معنی تلاش کرنے کی نہیں' پیدا کرنے کی کوشش کرتا

ہے۔مابعد جدید افسانہ میں قاری اور مصنف مل کر متن میں معنی پیدا کرتے ہیں۔

مابعد جدید افسانہ نگار جدیدیوں کی طرح آفاقی مسائل کی تلاش میں بے زمینی اور بے سمتی کا شکار نہیں ہیں بلکہ ان کی فکر کا انکور اپنی تہذیب' ثقافت' اور زمین سے پھوٹتا نظر آتا ہے۔اسی لیے آج کے افسانے مقامی اور زمینی رنگ سے مزین ہیں۔نیر مسعود کے افسانے اس کی بہترین مثال ہیں مابعد جدید افسانے کے سلسلے میں جب تہذیبی' زمینی' اور ثقافتی رنگ کی بات ہوتی ہے تو تہذیب اور ثقافت کے مختلف دائرے مل کر ایک وسیع دائرہ بناتے ہیں۔

مابعد جدید افسانہ اپنے پیش رو افسانے سے مکمل انحراف نہیں کرتا۔اس کے علاوہ مابعد جدید افسانے میں استحصال کا ظاہری تصور بدل کر پیچیدہ ہو گیا ہے۔

نیر مسعود اپنے مضمون ''افسانے کا نیا منظر نامہ'' میں لکھتے ہیں۔

''نیا افسانہ دیکھتا ہے کہ دنیا اب بھی ظالم' جابر اور مجبور' استحصال کرنے اور استحصال کا شکار ہونے والوں میں بٹی ہوئی ہے لیکن یہ سب سامنے کا کھیل تھا۔اب پس پردہ ہو کر ایک پیچیدہ اور نازک فن بن گیا ہے۔پہلے ایسے واقعات بہت پیش آتے تھے اور ان پر افسانے بن جاتے تھے کہ مثلاً کوئی رکشہ کسی کار سے چھو گیا تو کار والے نے نیچے اتر کر رکشہ والے کو مارتے مارتے ادھ مرا کر دیا۔اور سب دیکھتے رہے۔اب یہ ممکن ہے کہ رکشہ والا موٹر کی ٹکر لگتے ہی لپک کر اس کا دروازہ کھولے اور موٹر نشین کو گریبان پکڑ کر نیچے کھینچ لے۔یہ بھی ممکن ہے کہ رکشہ والے کی حمایت کرنے والوں کو بھیڑ لگ جائے اور موٹر کو آگ لگا دی جائے۔انقلاب عظیم معلوم ہوتا ہے۔لیکن یہ انقلاب ہے نہیں' اس لیے کہ ایک پیچیدہ نظام کے تحت موٹر والے اور رکشا والے میں استحصال کرنے والے اور استحصال کا شکار ہونے والے کا وہ پرانا رشتہ اسی طرح استوار ہے۔

سڑک کا یہ پر فریب منظر اخبار کی رپورٹ بن کر ایک عام پریشان حال اور آسائشوں سے محروم شہری کو وقتی طور پر خوش کر سکتا ہے لیکن ایک ذہین افسانہ نگار اس سے دھوکا نہیں کھاتا وہ اس ظاہر کے باطن کو دیکھ لیتا اور اسے اپنے فکر کا مرکز بناتا ہے۔''(۱) (آج کل۔جولائی ۱۹۹۶ء)

شمس الرحمٰن فاروقی لکھتے ہیں:۔

''جن چیزوں میں آج کا فن کار جدیدیوں سے ذرا مختلف معلوم ہوتا ہے ان میں ایک تو یہ ہے کہ جدیدیوں کو تجربے کا شوق زیادہ تھا اور اسی اعتبار

(۱) گوپی چند نارنگ ''اردو میں مابعد جدیدیت پر کالمہ ص۔۳۳۱۔

سے ابہام کو وہ لوگ بالا رادہ بھی اختیار کر لیتے تھے۔آج کا فن کار تجربے کی طرف اتنا راغب نہیں ہے اور ابہام کو وہ ارادی طور پر نہیں اختیار کرتا۔اگر ترقی پسندوں جیسی وضاحت اور دو اور چار والی منطق کو بھی مسترد کرتا ہے۔''(۱)

مابعد جدید تھیوری یوں تو ادب کو پرکھنے، جانچنے اور Accept کرنے کے رویوں پر مبنی ہے مگر جب ادب کو Accept کرنے کے رویئے بدلتے ہیں تو ادب تخلیق کرنے کے طریقے خود بخود بدلنے لگتے ہیں۔یہ الگ بات ہے کہ یہ طریقے نئے تنقیدی اصولوں کے اثر سے نہیں بدلتے بلکہ ادب کو Accept کرنے کا جو عمومی رویہ نمو پار ہا ہوتا ہے اس کا اثر سب سے پہلے تخلیق کار قبول کرتا ہے۔

جدیدیت کے ذوال کے بعد مغرب میں مابعد جدیدیت زندگی کی پوری وسعت کو سمیٹنا چاہتی ہے۔یہی وجہ ہے کہ اس کی تعریف کرنے والے کہیں نہ کہیں گم ہو جاتے ہیں ایسے لوگوں میں وہ بھی ہیں جو بے حد اعتبار کا درجہ رکھتے ہیں۔

لیوتار نے مابعد جدیدیت کے عہد کو یوں سمجھنے کی سعی کی ہے As a time of incredulity towards meta narratives اور یہ سچ بھی ہے۔ان عظیم قصوں پر سے اعتماد اٹھتا جاتا ہے لیوتار کہتا ہے کہ ایسے قصوں کی تعداد بے حساب ہے اور اب یہ ہمارے ذہن و دماغ کو چھوتے نہیں یہی باتیں ڈیوڈ ہاروے نے اپنی کتاب میں بھی قلم بند کی ہیں۔

آخر مابعد جدیدیت کے موضوعات کیا ہیں۔

اسٹینر کے ول (Stainer Kvale) کے بقول

(۱) شمس الرحمٰن فاروقی۔''جدیدیت آج کے تناظر میں''شب خون۔۱۷۶۔

(۱) معروضی سچائی کہ وہ حقیقت کا عکس ہے شک کی بات ہے۔

(۲) کوئی سوسائٹی اپنی سچائیوں کے اظہار کے لیے مخصوص زبان وضع کرتی ہے (جو متعلقہ سوسائٹی کا پرتو ہوتی ہے)

(۳) تجرید کو رد کرنا، مخصوص اور مقامی جو کچھ بھی ہے اس پر اعتبار کرنا۔

(۴) بیانیہ اور قصہ گوئی میں نئی دلچسپی

(۵) جو چیز جس طرح ہے اسے قبول کرنا......یعنی جو چیز جس طرح سطح پر ہے اسے اسی طرح تسلیم کرنا نہ کہ اس میں ماورائیت کا پہلو پیدا کر دیتا۔

(۶) سچائیاں ایک نہیں ہیں ان کا اظہار مختلف پہلوؤں سے ہوسکتا ہے۔

مابعد جدیدیت کسی کے خلاف ردعمل نہیں ہے افسانے میں تبدیلی بتدریج آئی ہے خود فن کار نے اس تبدیلی کو پہچانا ہے اس تبدیلی کی بڑی وجہ تیزی سے بدلتا ہوا منظر نامہ ہے۔جدید ٹکنالوجی افسانے پر بھی اثر انداز ہوئی ہے۔

فوٹو گرافی کی تکنیک کا استعمال کیا جانے لگا۔ایک منظر کے بعد دوسرا منظر۔پہلے منظر کے معنویت کا اضافہ کرتا ہے طارق چھتاری کا افسانہ''گلوب''اس کی بہترین مثال ہے۔

عورت نے گہری سانس لی سینے کا ابھار بڑھا اور راجو کی نظروں کے سامنے برف کی ڈھکی ایک چٹان آ گئی اس کے پاؤں برف میں دھنسے ہوئے تھے اور پہاڑی کے اس طرف والے مندر کے پجاری کے سامان لادے آگے بڑھتا جا رہا تھا شانے اب بھی تھرک رہے تھے اس نے بڑھ کر اس کو پکڑنا چاہا۔ مگر عورت نے پھر کروٹ لی شراب اس کی آنکھوں میں اتر آئی تھی۔ اور وہ انگاروں کی طرح دہکنے لگتی تھی۔ دہکتے انگاروں کی گرمی سے راجو کا بدن جھلس رہا ہے سامنے دو بڑی بھٹیاں دہک رہی ہیں۔

جن میں دن بھر اسے کوئلے ڈالتے رہنا کارخانے کے مالک کا حکم ہے۔

محمد اشرف کی کہانی ''تلاش رنگ رائیگاں'' میں ایسے منظر ملتے ہیں۔

''کیا کوئی ایسی صورت نہیں کہ آپ عائشہ کا بیاہ میرے ساتھ کر دیں''

اس نے ایک دم سے کہہ دیا۔

وہ اس کی طرف بہت شفقت سے دیکھتی رہیں ان کی آنکھوں میں موتی چمکنے لگے وہ انہیں اور اٹھ کر انہوں نے ارشد کے سر پر ہاتھ پھیرا۔

نہیں بیٹے اس سلسلے میں ہم سب مجبور ہیں۔ مجھے اتنی سی دیر میں تم سے محبت محسوس ہونے لگی ہے۔

اتنی سی دیر میں تم سے محبت محسوس ہونے لگی ہے۔

لیکن یہ میرے مرحوم شوہر کی عزت اور ان کی بیوہ کی بات کا سوال ہے۔

میں تمہیں واضح طور سے انکار کر رہی ہوں تاکہ تم اب یکسو ہو جاؤ۔

بندوق کی گولی نے ٹیلے کی ریڑھ کی ہڈی توڑ دی تھی اگلی دونوں ٹانگوں سے گھسٹ گھسٹ کر دائرے کی شکل میں آگے بڑھ رہا تھا۔

بیگ احساس صاحب کے افسانے'' کرفیو'' میں یہی تکنیک ہے آپ کی شادی ہوئے کتنا عرصہ ہوا؟

دو سال

اوہ۔ لگتا نہیں بائی دی وے آپ کی عمر کیا ہوگی۔

اٹھارہ سال سے زیادہ کی نہیں لگتیں۔

سرکس کی نیم برہنہ لڑکی کو جیسے دائرہ نما گھومتے ہوئے تختے پر باندھ دیا گیا تھا۔ وہ دم سادھے رہی۔ آنکھوں پر پٹی باندھے ہوئے مرد نے سنسناتا ہوا خنجر پھینکا۔

نہیں بائیس کی ہوگئی ہوں۔ وہ بال بال بچی خنجر میں دھنس گیا۔

کہانی کہنے کا یہ انداز بیانیہ اور تجرید سے مختلف ہے اس میں کہانی بیان کرنے کے بجائے دکھانے کی کوشش کی جاتی ہے۔ یہ ٹیلی ویژن کے دور کی کہانی ہے لیکن افسانے کی یہ تکنیک اسکرین پلے یا ٹیلی پلے سے مختلف ہے ایک منظر کے بعد

دوسرا منظر کرداروں کی نفسی کیفیات وجذبات کا نمایاں کرتا ہے اور ایک نئی دنیا کو تخلیق کرتا ہے جس میں موجود ساری اشیاء الگ ہوتے ہوئے بھی ایک ہیں خارجی دنیا کی مدد سے داخلی دنیا کو پیش کرنے کا یہ انداز خالص مابعد جدید افسانے کا ہے۔ (بیگ احساس صاحب افسانہ کرفیو:)

محسن خان، ساجد رشید، مقدر حمید اور سلام بن رزاق نے اس تکنیک کا استعمال کیا ہے۔

وہاب اشرفی لکھتے ہیں:

مابعد جدیدیت ثقافت کے حوالے سے اس بات پر اصرار کرتی ہے کہ ہر زمانے میں اپنے زمانے کی ثقافت سچائیاں وضع کرتی رہی ہے اس لیے ایک سچائی کو ہر زمانے کے لیے ٹھیک باور کرنا درست نہیں۔ اعتقادات میں اختلاف کی وجہ یہی ہے کہ سچائیاں بنی بنائی نہیں ہے وضع کی جاتی ہیں۔ (مابعد جدیدیت پر ایک مکالمہ ص ۹۹)

نورالحسنین کا افسانہ ''گڑھی میں اتری شام'' اس کی غمازی کرتا ہے شیر کا شکار کرنے والے کریم الدین ماموں کی بندوق جب پولیس ایکشن میں چھین لی جاتی ہے تو وہ تیتروں کا شوق کرنے لگتے ہیں ان کی گڑھی رئیسوں سے خالی ہو جاتی ہے ان کی جگہ گونڈ، پھانس پادری، گھسٹری کی کاڑی بس جاتے ہیں ماموں نچلی ذات کے لوگوں کے تیتروں سے تیتر لڑاتے ہیں۔ حمید کی پرورش بھی وہی کرتے ہیں اسے پڑھایا لکھایا نہیں وہ آوارہ گھوما کرتا ہے۔ ماموں نیچ ذات کے گھسٹریوں سے بازی لگاتے ہیں ان کے پاس اچھی نسل کا تیتر نہیں ہے گھسٹری ہیں کہ اگر ان کا پٹھا یہ بازی جیت گیا تو وہ اسے آزاد کردیں گے۔ رحیمو سے بھی کہتے ہیں کہ وہ روپیہ لے کر چلا جائے۔

تیتروں کا مقابلہ ہوتا ہے ان کا تیتر بازی جیت لیتا ہے وہ پرندے کو آزاد کردیتے ہیں کریم الدین بالکل اکیلے رہ جاتے ہیں۔ گڑھی میں واپس جانے کی ان میں ہمت نہیں ہے جب وہ گڑھی واپس آتے ہیں تو دیکھتے ہیں کہ رحیمو ان کی چارپائی پر بیٹھا ہے اور اس کے کندھوں پر پٹھا بیٹھا ہے۔

اس افسانے سے صاف پتہ چلتا ہے کہ ثقافت کس طرح سچائیاں وضع کرتی ہے زمانہ بدل گیا ہے۔ اعلیٰ نسل کے تیتر باقی نہیں رہے۔ گڑھی کھنڈر ہوگئی ہے۔ لوگ ان کا مذاق اڑاتے ہیں۔

زمانے کی سچائی کو تسلیم کرتے ہوئے وہ رحیمو اور تیتر کو آزاد کردیتے ہیں اور یہ فرض کر لیتے ہیں دونوں کبھی لوٹ کر نہیں آئیں گے۔

لیکن حالات ایک نئی سچائی وضع کرتے ہیں وہ سچائی ہے رحیمو اور تیتر کی وفاداری۔ تیتر کے ساتھ ساتھ رحیمو بھی ان کی لاج رکھ لیتا ہے۔

مابعد جدید افسانہ نگاروں میں:

طارق چھتاری، نورالحسنین، ساجد رشید، مشرف عالم ذوقی، نیر مسعود، گلزار، قمر جمالی، ترنم ریاض، غزال ضیغم، شمس الرحمٰن

فاروقی، سلام بن رزاق، انور قمر، علی امام نقوی، شوکت حیات، حسین الحق، عبد الصمد، محمد اشرف، غضنفر، بیگ احساس، مظہر الزماں خاں، معین الدین جینا بڑے، مقدر حمید، م ناگ، شموئل احمد، پیغام آفاقی، انجم عثمانی، عارف خورشید، عبید قمر، محسن خان، نگار عظیم اور بہت سارے ہیں، بالکل نئے لکھنے والوں میں مظہر سلیم، ایم۔ مبین، احمد رشید، اور رحمٰن عباس وغیرہ شامل ہیں اس طرح اردو افسانے کی موجودہ فضاء ساز گار اور اطمینان بخش ہے۔

☆ چھٹا باب

مجموعی جائزہ

جدیدیت ایک رجحان ہے اس رجحان نے اردو نثر پر گہرا نقش چھوڑا ہے مجموعی جائزے میں ہم نے یہ جاننے کی کوشش کی ہے کہ اس نے افسانے پر کیا اثر ڈالا ہے۔

پس منظر

جدید سائنس اور ٹکنالوجی نے بے پناہ ترقی کی ہے جہاں وسائل کا دائرہ کار وسیع ہوا ہے۔ دنیا قومی اور بین الاقوامی مسائل سے بھی دو چار ہے دوسری طرف صنعتی تمدن کی وجہ سے اس کی آدمیت ختم ہوتی جارہی ہے انسانی قدریں گھٹتی جارہی ہیں۔ آدمی کی شناخت ختم ہوتی جارہی ہے ہر فرد اپنے حصار میں گم ہے۔ انسان کی تنہائی اور محرومی میں ناقابل برداشت اضافہ ہوا ہے۔ ہر شعبۂ زندگی میں حد سے زیادہ مقابلہ و مسابقت نے انسان کو خودغرض بنادیا ہے۔ موجودہ دور میں انسان ہر لمحہ مٹ جانے کے خوف سے پریشان ہے مذہب، زبان، رنگ، قوم و ملت اور نسل کی بنیاد پر ساری دنیا میں فسادات، تصادم اور خوں ریزی بڑے پیمانے پر جاری ہے۔ ضمیر فروشی، حق تلفی، جھوٹ، بے ایمانی، بزدلی اور مکاری کا سیاست اور مصلحت کے اہم معنی قرار دینے کا عالمگیر رجحان اس عہد کے کھوکھلے پن، سطحیت اور خود غرضی کا آئینہ دار ہے۔

کثرت آبادی، دولت فراوانی کے امکانات کے ساتھ ساتھ غربت اور افلاس ذات پات، رنگ و نسل، اور قومیت کی تفریق کی بناء پر ذرائع معاش اور مواقعہ روزگار کی کمی نے بے کاری، سماجی دباؤ گھٹن اور تشدد کی نفسیات کو بڑھاوا دیا ہے۔

یہ وہ پس منظر ہے جس کی وجہ سے جدیدیت کے رجحان کا آغاز ہوا ہے۔ جدیدیت کی جڑیں، وجودیت کے فلسفے سے ملتی ہیں۔ اردو میں ترقی پسند تحریک کے زوال کے دور میں اس طرز فکر کو مقبولیت حاصل ہوئی۔ پہلی جنگ عظیم کے بعد سامراجی آمریت اور تحریکات آزادی کے وجہ سے ہمارے ملک میں اشتراکی نقطہ نظر کا استقبال کیا گیا۔

لیکن تقسیم ہند کے خونی ڈراموں اور عالمی سطحوں پر انسانی ہلاکیوں اور سرمایہ داری کے بول بولے کے باعث ترقی پسند تحریک کا اثر بتدریج کم ہوتا گیا۔

ترقی پسند تحریک کے دور زوال ہی میں وجودیت اور تجریدیت کے رجحان نے اپنی جگہ بنائی شروع کی یہاں تک کہ ۱۹۶۰ء کے آس پاس ایک نیا رجحان سامنے آیا جسے جدیدیت سے موسوم کیا گیا اس نئے رجحان کا خمیر و جدیت اور تجریدیت سے تیار ہوا۔

جدید لکھنے والے فلسفہ وجودیت کو سب سے موثر قوت تسلیم کرتے ہیں جدید افسانہ نگاروں نے ایسے ہی

رجحانات کو اپنی کہانیوں میں شامل کیا ہے جیسے ڈر، خوف، ذہنی انتشار، ہجرت، جلاوطنی، سفر، داخلی و ذہنی کیفیات، کرب، تنہائی، احساس محرومی و مایوسی، احتجاج اور ماضی کی بازیافت کھولے ہوئے انسانوں کی تلاش وغیرہ۔

آل احمد سرور نے جدیدیت کی تعریف اس طرح بیان کی کہ جدیدیت آدمی کی تلاش کا نام ہے۔ جدید دور میں یہ کسی بھی آئیڈیولوجیکل کے خلاف ردعمل ہے۔ آج کا ادیب اس غلامی کو قبول کرنا نہیں چاہتا۔ وہ انسانی زندگی کو آزانہ دیکھنے اور برتنے کا حق مانگتا ہے اسی کا نام جدیدیت ہے وحید اختر کہتے ہیں جدیدیت کی مختصر ترین تعریف یہ ہوسکتی ہے کہ جدیدیت اپنے عہد کی زندگی کا سامنا کرنے اور تمام خطرات اور امکانات کے ساتھ برتنے کا نام ہے۔ جدیدیت ایک مستقل عمل ہے جو ہمیشہ جاری رہتا ہے۔ شمس الرحمٰن فاروقی تمام فلسفوں اور نظریوں کی حدود توڑے کا نام جدیدیت بتاتے ہیں جدیدیت نہ صرف انحراف بلکہ تنسیخ کا نام ہے۔

پروفیسر گوپی چند نارنگ لکھتے ہیں ''دونوں کے فن کی پہچان تقسیم کے تہذیبی المیے سے پیدا ہونے والے مسائل کے ذریعہ ہوئی.......... (اردو افسانہ روایت و مسائل ص ۳۷۷)

قرۃ العین حیدر کے یہاں وقت کا تصور اور اس کا جبر موضوع ہے انتظار حسین آج کے انسان کے مسائل کا رشتہ کتھا، حکایت اور جاتک کہانیوں سے جوڑتے ہیں ایسے افسانہ نگاروں میں رام لعل، جوگندر پال، اقبال متین، اقبال مجید رتن سنگھ، غیاث احمد گدی، جیلانی بانو، آمنہ ابوالحسن، کلام حیدری، شرون کمار، قاضی عبدالستار، ستیش تبرا، فیصر تمکین، عوض سعید وغیرہ شامل ہے ان میں سے بعض نے تجربے بھی کیے علامتی اور تمثیلی رنگ بھی ان کے یہاں مل جاتا ہے لیکن بغاوت نہیں ملتی۔

۱۹۶۰ء کے بعد اردو افسانے میں نئی فکر اور نئے احساس کی ترجمانی ملتی ہے کہانی سے انحراف، پلاٹ، کردار، آغاز، انجام اور وحدت تلاشہ اور ربط ضروری نہیں سمجھا گیا۔ زبان کی شکست و ریخت اور شخصی علامات کا استعمال کیا جانے لگا۔ انور سجاد، بلراج مین را، سریندر پرکاش، اور احمد ہمیش نے افسانے کے اسٹرکچر کو بالکل بدل کرر کھ دیا۔

جدید افسانے کی خصوصیات یا رجحانات کی تقسیم اس طرح ہوسکتی ہے۔ داستانوی، علامتی، ایہامی یا تجریدی داستانوں میں درخت اور پرندے کی بڑی اہمیت ہوتی ہے پرندہ اپنی خوش رنگینیوں اور خوش الحانیوں کے سبب فطرت کی خوش رنگینیوں اور خوش الحانیوں کا اسقارہ ہے فرد کے جذبات اور خواہشات کی تمثیل ہے جیسے داستانوں میں بڑی اہمیت دی گئی۔

یہاں داستانوی انداز میں افسانہ نگار کردار و عمل کا فقدان، ہجوم رہ کر فرد کی تنہائی، مصنوعات کی فراوانی لیکن سب میں اصلیت اور فطری پن کی عدم موجودگی کا اظہار کرتا ہے۔

علامتی اظہار:

تشبیہ اور استعارے کی طرح بھی فنی اظہار کا ایک اضافی وسیلہ ہے۔ علامت کثیر المفہوم ہوتی ہے۔ علامت کا انتخابی شعور نہیں ہوتا بلکہ افسانے کے موضوع کے اعتبار سے علامت اخذ ہوجاتی ہے علامت بیک وقت پیکر، تمثیل، اور اسقارہ بھی ہوسکتی ہے علامت کا مقدر یہ ہونا چاہئے کہ علامت کے سامنے آتے ہیں معنی کی ترسیل ہوجائے۔

تجرید وابہام:

جدید افسانہ روایت تصور سے انحراف کرتا ہے' بے ماجرا' بے کردار' بے واقعہ افسانہ ابہام پیدا کرتا ہے۔ کردار واقع کی تجرید سے افسانے میں ابہام پیدا ہوتا ہے۔

تجریدی افسانے کے نام سے نقطوں' آڑی' ترچھی لکیروں اور قوسوں کے استعمال سے ابہام اور اشکال پیدا کرنے کی ایسی کوششیں بھی ملتی ہیں جن کی وجہ سے افسانے میں ہندسی اور ریاضیاتی وغیرہ خاکوں اور علمی اصطلاحوں کا چلن ہوتا ہے۔

جدیدیت کا زوال اور مابعد جدیدیت کا آغاز

جدیدیت میں سب سے بڑی خرابی یہ تھی کہ اس نے روایت کا احترام نہیں کیا بلکہ اچھی روایتوں سے انحراف کیا اور خلاء میں جھولنے لگا۔ جدیدیت میں بے گانگی' لایعنیت' قدروں کی شکست و ریخت' ان سب کو پڑھنے والے اوب گئے نیا فن کاران تمام فارموں سے نجات چاہتا تھا۔ نیا فنکار اپنی ایک نئی شناخت بنانا چاہتا ہے۔

اس لیے مابعد جدیدیت کا آغاز ہوا۔ مابعد جدیدیت فن کے میکانی تصور کی نفی کرتا ہے۔ فن ہرگز یہ نہیں کہتا کہ زندگی سے منہ موڑا جائے زندگی سے منہ موڑ کر تو فن بھی فن نہیں رہتا۔ مابعد جدیدیت نہ ترقی پسندی کی ضد ہے اور نہ جدیدیت کی اور چوں کہ یہ نظریوں کی ادعائیت کو رد کرنے اور طرفوں کو کھولنے والا رویہ ہے۔ اس کی کوئی بندھی ٹکی فارمولائی تعریف ممکن نہیں۔

دوسرے معنوں میں مابعد جدیدیت تخلیق کی آزادی اور تکثیریت کا فلسفہ ہے۔ جومرکزیت یا وحدیت' یا کلیت پسندی کے مقابلے پر ثقافتی بوقلمونی' مقامیت' تہذیبی حوالے' اور معنی کے دوسرے پن' کی تعبیر پر اور اس تعبیر میں قاری کی شرکت پر اصرار کرتا ہے۔

مابعد جدیدیت کسی نظریئے کو آخری سچائی نہیں سمجھتی نہ کوئی حکم نامہ جاری کرتی ہے البتہ ہر تخلیق کا آزادنہ اپنا کوئی نہ کوئی نقطۂ نظر رکھتا ہے جو کسی نہ کسی نظریئے کی ترجمانی کرتا ہے مابعد جدیدیت ثقافت کے حوالے سے اس بات پر اصرار کرتی ہے کہ ہر زمانے میں اپنے زمانے کی ثقاوت' سچائیاں وضع کرتی رہی ہے اس لیے کسی ایک سچائی کو ہر زمانے کے لیے ٹھیک باور کرنا درست نہیں ہے اعتقادات میں اختلاف کی وجہ یہی ہے۔

۱۹۷۰ء کے بعد کا افسانہ عصری آفاقی حقیقتوں کی آمیزش سے زندگی کو نئی سطحوں پر دریافت کرنے اور معنوی ابعاد پیدا کرنے سے دوچار ہے۔ آج مابعد جدیدیت افسانہ توسیعی صورت اختیار کرتے ہوئے آج کی عام زندگی کے زندگی پن' اس کے کھردرے پن' اور ٹھوس پن سے آنکھیں چار کر رہا ہے۔ اردو افسانہ مابعد جدید دور میں کسی ادبی تھیوری سے متاثر ہو کر نہیں بلکہ گزشتہ منفی ادبی رجحانات سے بیزار ہو کر اپنی ہیئت کی تشکیل نو میں مصروف ہے۔ مابعد جدید افسانے کے متن میں کسی مخصوص نظریئے کو پیش نہیں کیا جاتا بلکہ وضع کیا جاتا ہے۔

کتابیات ۔ مطالعہ اور استفادہ

	مصنف کا نام	نام کتب	مقام اشاعت	سن اشاعت
۱	اعجاز حسین	مختصر تاریخ ادب اردو	دہلی	باردوم ڈسمبر ۱۹۶۴ء
۲	الطاف حسین حالی	مقدمہ شعروشاعری	علی گڑھ	۱۹۳۲ء
۳	اطہر پرویز	اردو کے تیرہ افسانے	الہ آباد	باراول ۱۹۷۸ء
۴	احمد ہمیش	مکھی	حیدرآباد	باراول ۱۹۶۸
۵	ابن فرید	میں ہم اور ادب	علی گڑھ	۱۹۷۷ء
۶	ابوالکلام ناسمی	تخلیقی تجزیہ	لکھنو	۱۹۸۶ء
۷	اکرام باگ	کوچ	گلبرگہ	۱۹۸۶ء
۸	احتشام حیسن	روایت اور بغاوت	لکھنو	
۹	آل احمد سرور	جدیدیت اور اقبال	علی گڑھ	۱۹۸۵ء
۱۰	آل احمد سرور	جدیدیت اور ادب	علی گڑھ	
۱۱	اعجاز حسین	نئے ادبی رجحانات	الہ آباد	۱۹۵۷ء
۱۲	احتشام حسین	افکار ومسائل	لکھنو	۱۹۵۴ء
۱۳	آل احمد سرور	نظر اور نظریئے	دہلی	باراول اگست ۷۳ء
۱۴	ادبی کمیٹی انجمن ترقی اردو ہند	کاروان ادب	دہلی	باراول ۱۹۷۵ء
۱۵	باقر مہدی	آ گہی و بیباکی	بمبئی	۱۹۶۴ء
۱۶	باقر مہدی	تنقیدی کشمکش	بمبئی	۱۹۷۹ء
۱۷	تقی حسن خسرو	کوندے	کراچی	۱۹۷۸ء
۱۸	جیلانی بانو	پرایا گھر	حیدرآباد	۱۹۷۹ء
۱۹	جمال آراء نظامی	مختصر افسانے کا ارتقاء پریم چند تا حال	کراچی	جون ۱۹۸۵ء
۲۰	جعفر رضا	پریم چند فن اور تعمیر فن	الہ آباد	۱۹۷۷ء
۲۱	حامد بیگ مرزا	افسانے کا منظر نامہ	الہ آباد	۱۹۸۳ء

۲۲	حسن عسکری، محمد	جدیدیت یا مغربی گمراہیوں کی تاریخ کا خاکہ	لاہور	۱۹۷۹ء
۲۳	دیویندر اسر	فکروادب	دہلی	باراول ۱۹۵۸ء
۲۴	دیویندر اسر	ادب اور جدید ذہن	دہلی	۱۹۶۸ء
۲۵	ڈاکٹر اختر اورینوی	تحقیق وتنقید	پٹنہ	
۲۶	ڈاکٹر خورشید الاسلام	تنقیدیں	لکھنو	۱۹۵۷ء
۲۷	ڈاکٹر بیگ احساس	شور جہاں	حیدرآباد	۲۰۰۵ء
۲۸	ڈاکٹر رضیعہ سلطانہ	اردوادب کی ترقی میں خواتین کا حصہ	حیدرآباد باراول ۱۹۵۱ء	
۲۹	ڈاکٹر گوپی چند نارنگ	اردوافسانہ روایت ومسائل	دہلی	باراول ۱۹۸۱ء
۳۰	ڈاکٹر محمد طاہر فاروقی	نمائندہ مختصر افسانہ	علی گڑھ	
۳۱	ڈاکٹر مغنی تبسم	بازیافت	حیدرآباد	باراول مارچ ۱۹۶۹ء
۳۲	ڈاکٹر خلیل الرحمٰن اعظمی	اردو میں ترقی پسند ادبی تحریک	الہ آباد	باردوم ۱۹۷۹ء
۳۳	ڈاکٹر صادق	ترقی پسند تحریک اور اردو افسانہ	دہلی باراول	۱۹۸۱ء
۳۴	ڈاکٹر سید محمد عقیل	نئی علامت نگاری	الہٰ آباد	۱۹۷۴ء
۳۵	ڈاکٹر سید عبداللہ	اردوادب کی ایک صدی	لاہور	۱۹۶۷ء
۳۶	ڈاکٹر گوپی چند نارنگ	انتظار حسین اوران کے افسانے	علی گڑھ	۱۹۸۶ء
۳۷	ڈاکٹر محمد حسن	جدید اردوادب	دہلی باراول	۱۹۷۵ء
۳۸	ڈاکٹر ابواللیث صدیقی	آج کا اردوادب	الہٰ آباد	۱۹۷۵ء
۳۹	ڈاکٹر محمد طاہر فاروقی	نمائندہ مختصر افسانے	علی گڑھ	
۴۰	ڈاکٹر گیان چند جین	تجزیے	دہلی	۱۹۷۳ء
۴۱	ڈاکٹر وحید اختر	جدیدیت کے بنیادی تصورات	علی گڑھ	۱۹۷۲ء
۴۲	ڈاکٹر وحید اختر	فلسفہ اور ادبی تنقید	علی گڑھ	ڈسمبر ۱۹۷۸ء
۴۳	ڈاکٹر نکہت ریحانہ خاں	اردو مختصر افسانہ فنی وتکنیکی مطالعہ	دہلی	نومبر ۱۹۸۶ء
۴۴	ڈاکٹر تبسم کاشمیری	نئے شعری تجزیئے سنگ میل پبلیکیشنز	لاہور	۱۹۷۸ء
۴۵	رام لعل	اردوافسانے کی نئی تخلیقی فضاء	دہلی	۱۹۸۵ء
۴۶	رشید امجد	پت جھڑ میں خود کلامی	راولپنڈی	۱۹۸۴ء
۴۷	سریندر پرکاش	برف پر مکالمہ	دہلی	۱۹۸۱ء

۴۸	سریندر پرکاش	بجی ژاں، شب خون	الہ آباد	اکتوبر ۱۹۶۹ء
۴۹	سید وقار عظیم	داستان سے افسانے تک	کراچی	۱۹۶۰ء
۵۰	سید وقار عظیم	نیا افسانہ	الہ آباد	۱۹۷۳ء
۵۱	سید احتشام حسین	روایت اور بغاوت	لکھنو	۱۹۷۲ء
۵۲	سید ممتاز حسین	نئے تنقیدی گوشے	دہلی	۱۹۶۴ء
۵۳	سعادت حسن منٹو	نئے ادب کے معمار	بمبئی	۱۹۴۸ء
۵۴	سید ممتاز حسین	ادب اور شعور	کراچی	۱۹۶۱ء
۵۵	سعیدہ غزدر	آدھی گواہی	کراچی	۱۹۸۶
۵۶	سید وقار عظیم	فن افسانہ نگاری		
۵۷	سلیم اختر	افسانہ حقیقت سے علامت تک	لاہور	۱۹۷۶ء
۵۸	سلطان علی شیدا	وجودیت پر ایک نظر	لکھنو	۱۹۷۸ء
۵۹	سلام بن رزاق	ننگی دوپہر، سپاہی	ممبئی	۱۹۷۷ء
۶۰	شمس الرحمٰن فاروقی	افسانے کے حمایت میں	دہلی	۱۹۸۲ء
۶۱	شمیم حنفی	جدیدیت کی فلسفیانہ اساس	دہلی	۱۹۷۷ء
۶۲	شہزاد منظر	پاکستان میں ''جدید اردو افسانہ'' معیار	دہلی	۱۹۸۳ء
۶۳	عزیز احمد	ترقی پسند ادب	دہلی	
۶۴	عنوان چشتی	اردو شاعری میں جدیدیت	دہلی	۱۹۷۷ء
۶۵	علی احمد فاطمی	ترقی پسند ادب	دہلی	
۶۶	عبدالقادر سروری	دنیائے افسانہ	حیدرآباد	۱۹۳۵ء
۶۷	عزیز احمد	ترقی پسند ادب	حیدرآباد	۱۹۴۵ء
۶۸	غیاث احمد گدی	پرندہ پکڑنے والی گاڑی	بہار	۱۹۷۷ء
۶۹	کلیم الدین احمد	فن داستاں گوئی	لکھنو	۱۹۶۵ء
۷۰	لطف الرحمٰن	جدیدیت کی جمالیات		۱۹۹۳ء
۷۱	مجنون گورکھپوری	ادب اور زندگی	علی گڑھ	۱۹۶۴ء
۷۲	ممتاز شیریں	معیار تنقید	لاہور	باراول ۱۹۶۳ء
۷۳	مہدی جعفر	اردو افسانے کے افق	لکھنو	۱۹۸۳ء

۷۴ یاسمین فاطمہ جدید اردو افسانے میں عصری حسیت حیدرآباد ڈسمبر ۱۹۸۷ء

فہرست رسائل

	رسائل کا نام	جلد	شمارہ	ایڈیٹر کا نام	سن اشاعت
۱	نقوش ادب عالیہ		۷۹_۸۰	محمد طفیل	جولائی ۱۹۶۰ء
۲	افسانہ نمبر		۱۱۹		ستمبر ۱۹۷۴ء
۳	برگ آوارہ			منظر حنفی	گسٹ ۱۹۷۰ء
۴	آہنگ گیا		۱۱۳	کلام حیدری	نومبر ۱۹۷۹ء
۵	تحریک (سلور جوبلی نمبر)	۲۶	۵،۶،۷	گوپال متل	پہلا ایڈیشن دوسرا ایڈیشن
۶	الفاظ (افسانہ نمبر)	جلد اول ۶	۱_۲	نور الحسن نقوی	جنوری ۱۹۷۴ء
۷	اظہار	۴		باقر مہدی بمبئی	گسٹ ۱۹۷۸ء
۸	شاعر (بمبئی)	۴۶	۱_۲	اعجاز صدیقی	۱۹۷۶ء
۹	فنون	۱۶	۳_۲	اعجاز صدیقی	۱۹۷۶ء
۱۰	آج کل دہلی	۲۴	۲		ستمبر ۱۹۹۵ء
۱۱	ماہنامہ صبا				۱۹۷۵ء
۱۳	سب رس (حیدرآباد)			صفیہ اریب ۱۹۵۴ء	۱۹۶۹ء
۱۴	عصری ادب	۴۰		ڈاکٹر محمد حسن	ڈسمبر ۱۹۷۰ء
۱۵	شب خون		۱۰	سید اعجاز حسین	مارچ ۱۹۶۷ء
۱۶	معیار نئی دہلی			بلراج مین را	مارچ ۱۹۷۷ء
۱۷	عصری آگہی دہلی	۱	۷؛۸	ڈاکٹر قمر رئیس	اکٹوبر ۱۹۷۹ء
۱۸	نیا دور کراچی		۲۳،۲۴	جمیل جالبی	

1-Edreen-H-Jeff and vergil scot,study in short story, Newyork 1959.
2-Hary,Shaddgills Biment-Reading the short story,Newyork
3-Aston-M-Ryte-American short storiy in(20's) twenties shicago, U.S.A
4-Ellmann Richarh, James Joyce London 1959.

5-Hincliff, Arnold,p, The Absurd, London 1969.
6-David Loj Language of English.London.1967.
7-Fraser, George,s The Modern Tradition Newyork-1965-